电子商务类专业
创新型人才培养系列教材

U0720195

微课版
★
第 2 版

网店数据化运营

选品 引流 优化 核算

李红 段建 / 主编　　**徐圣 安刚** / 副主编

人民邮电出版社

北京

图书在版编目（CIP）数据

网店数据化运营：选品 引流 优化 核算：微课版 / 李红，段建主编. -- 2版. -- 北京：人民邮电出版社，2023.4

电子商务类专业创新型人才培养系列教材

ISBN 978-7-115-60486-6

Ⅰ. ①网… Ⅱ. ①李… ②段… Ⅲ. ①网店－运营管理－高等学校－教材 Ⅳ. ①F713.365.2

中国版本图书馆CIP数据核字(2022)第221893号

内 容 提 要

电子商务是一个与时俱进的行业，其规则总在不断变化。如今的网店卖家迫切需要重新整理自己的开店思路，学会用数据分析方法来寻求网店运营问题的症结所在。

本书是一本网店数据化运营教程，以淘宝平台为依托，汇集了网店主营商品的选择、网店商品的定价、网店流量结构分析、商品成交转化率分析、网店客单价分析、网店搜索引擎优化、DSR 动态评分深入解读、淘宝客服数据分析、网店利润分析及数据化运营案例分析等内容，同时列举了大量案例，帮助读者快速实现对数据化运营的深入认识。

本书结构清晰、语言简洁、案例真实，不仅可以作为高等职业院校电子商务、市场营销等专业相关课程的教材，也可以作为电子商务企业的培训用书，还可以作为相关从业人员的参考书。

◆ 主　　编　李　红　段　建

副主编　徐圣　安　刚

责任编辑　白　雨

责任印制　王　郁　彭志环

◆ 人民邮电出版社出版发行　　北京市丰台区成寿寺路 11 号

邮编　100164　　电子邮件　315@ptpress.com.cn

网址　https://www.ptpress.com.cn

天津千鹤文化传播有限公司印刷

◆ 开本：787×1092　1/16

印张：12.5　　　　　　　　　2023 年 4 月第 2 版

字数：326 千字　　　　　　　2025 年 5 月天津第 6 次印刷

定价：49.80 元

读者服务热线：(010)81055256　印装质量热线：(010)81055316

反盗版热线：(010)81055315

前言
FOREWORD

在数据爆炸的时代，数据分析越来越受到人们重视。数据的真正价值在于数据驱动决策，当决策者有更多的证据来支持业务决策时，其做出的决策自然比基于本能、假设或认知偏见做出的决策更可靠。同样，在网店运营过程中，数据化运营也是极其重要的。卖家可通过数据驱动的方法判断行业趋势，展开有效行动。

编者通过全面、深入地了解网店数据化运营的工作流程及岗位主要技能要点，以培养适应电子商务发展需要的电子商务运营人才为目标编写了本书。本书以网店数据化运营为核心，从基础、技能、实战3个方面讲解数据化运营的基础知识及操作技能，配合真实的企业案例及清晰的数据分析图表，帮助读者对数据化运营形成全面的认知。

本书共10章，第1章依托阿里指数和百度指数数据平台，详细讲解如何选择网店的主营商品；第2章从定价出发，讲解如何利用科学的定价方法为商品定价；第3章根据网店流量结构分析，主要讲解网店的引流渠道；第4章围绕商品成交转化率进行讲解，解析影响商品成交转化率的因素，并讲解如何优化这些影响因素；第5章讲解提高网店客单价的方法和技巧；第6章解析如何借助淘宝SEO提高商品的排名；第7章全面深入地解读DSR动态评分；第8章从网店内部管理出发，重点介绍如何对淘宝客服人员实行KPI考核并打造金牌客服；第9章主要讲解应该如何通过数据分析对网店的利润进行精准预测；第10章展示了3个经营不同品类商品的网店的数据化运营案例，给读者提供思考方向，引导读者举一反三。

本书具有以下特点。

※ 以数据化思维为导向。本书以数据化思维分析问题、解决问题并预测可能会出现的问题，为网店提供更加科学的数据化决策依据。书中以Excel为主要分析工具，操作过程简单易懂。

※ 深入浅出，循序渐进。本书以开店运营的流程为主线，从开店选品、定价到数据化运营，再到网店搜索引擎优化，最后到网店内部管理，让读者清晰地了解开店、运营的整个流程，并学会在各个流程中利用数据进行分析和决策。

※ 图文结合，实战性强。本书有大量图表，能帮助读者更好地理解各项数据指标，并采用理论与实际相结合的方式，帮助读者了解数据化运营的具体操作。同时，本书引领读者从党的二十大精神中汲取砥砺奋进力量，并学以致用，推进电子商务行业高质量发展。

※ 内容全面，专业性强。本书涵盖数据化运营的入门知识，以及关键词设置等数据化运营的关键内容，能帮助读者掌握数据化运营的操作方法。

※ 即学即用，实用性强。本书在讲解理论知识的同时，列举了许多真实案例，书中用到的数据化运营案例可直接用于实践，以引导读者学以致用，将数据化运营的方法和技巧运用到实际的淘宝网店运营中。

※ 配套资源丰富。本书提供课件PPT、教案、数据资源，读者可登录人邮教育社区（www.ryjiaoyu.com）自行下载获取相关资源。同时，本书配套"1+X"电子商务数据分析职业技能等级证书考核相关视频，读者可登录i博导官方网站，搜索本书即可下载。

本书由北京信息职业技术学院李红、北京博导前程信息技术股份有限公司段建担任主编，武汉职业技术学院徐圣、北京博导前程信息技术股份有限公司安刚担任副主编。在本书的编写过程中，编者得到了很多企业运营人员和院校专业人士的大力支持和帮助，在此一并表示感谢。

由于编者水平有限，书中难免存在疏漏之处，敬请广大读者批评指正。

编　者
2023年3月

目录
CONTENTS

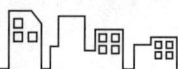

第 1 章

网店主营商品的选择

在大数据时代的今天，电子商务（以下简称电商）正处于高速发展时期。其中，淘宝开店创业就是典型的电商数据化的案例。越来越多的人加入在电商平台开店的创业大军。世界无时无刻不在发生改变，依靠互联网技术迅速发展起来的电商行业更是如此。

21世纪初是我国电商平台的萌芽阶段，2003年，淘宝网正式成立，在接下来的10年中，各大电商平台顺势而起，纷纷出现在大众的视野之中。时至今日，我国电商已经发展了20多年，在全世界处于领先地位，已形成一套完整的产业体系，渗透到人们生活的方方面面。尤其是近几年兴起的农村电商，它助力农村经济发展，提高了农民收入，成为推动农村发展的一股不可小觑的力量。

在淘宝开店创业已经成为当今社会的热潮，开店的第一步就是选择自己网店的主营商品。如果没有经过数据化的统计和分析，完全凭借主观臆想和猜测，盲目地选择网店的主营商品，最终可能会导致创业失败。因此，淘宝卖家必须先对市场进行调查和分析，了解淘宝买家的需求是什么，淘宝市场现阶段是否处于饱和状态，同行之间的竞争情况如何，所在的行业是否属于热门行业，自己的网店定位是什么。只有在掌握市场趋势的基础上选好主营商品，才能让自己的网店立于不败之地。

● 关键知识点

- 阿里指数
- 百度指数
- 选择适合网店的商品类目
- 选择适合网店的货源市场
- 货源市场的考核标准

● 思维导图

1.1 利用数据平台分析市场趋势

淘宝卖家在选择网店的主营商品之前，需要先对整个淘宝市场有充分的认识和了解。首先，要分析淘宝市场的整体发展趋势；其次，对自己所在行业的发展趋势进行深入的考察和研究，掌握所在行业采购市场的行情和动态，熟悉所在行业客户市场的走势和特性。新手卖家可以利用哪些数据平台分析市场趋势呢？下面主要介绍利用阿里指数和百度指数两个专业的数据平台分析市场趋势。

1.1.1 阿里指数

阿里指数是专业的针对电商市场动向的数据分析平台，它可对整个淘宝市场的行业价格、供求关系、采购趋势数据进行统计和分析，帮助卖家充分掌握采购市场动态。阿里指数的首页如图1-1所示。阿里指数根据不同的功能划分了行业大盘、属性细分、采购商素描等六大模块。

对淘宝卖家而言，这些数据并非都能帮助卖家分析淘宝市场的行业动态，毕竟阿里指数是电商领域的一个数据分享平台，而非淘宝专用的数据分析平台。因此，如果卖家要了解淘宝市场的采购情况，只要关注淘宝采购指数、热门行业、潜力行业和采购关联行业4项指标就能分析整个淘宝市场的采购趋势。

图1-1 阿里指数的首页

1. 利用行业大盘查看淘宝采购指数

淘宝采购指数是根据某行业在淘宝市场的成交量计算得出的一个综合数值。该数值越高，表示该行业在淘宝集市店（集市店俗称淘宝C店，是个人网上交易平台，与之对应的天猫店则是大型的电商购物平台）的卖家采购量越大。图1-2所示为通过阿里指数首页中的查询窗口搜索"连衣裙"得到的采购趋势。

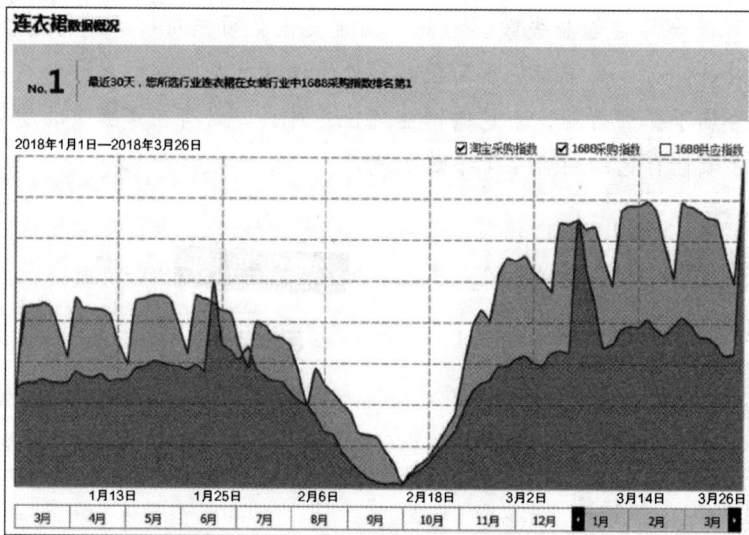

图1-2 连衣裙的采购趋势

从图1-2可以看出，淘宝网店上连衣裙的采购在2月中旬处于低迷期，而下旬开始，其采购状况又逐渐好转。仔细研究这个时间点，不难发现2月中旬差不多是春节期间。但是随着时间的推移，在2月下旬，连衣裙的采购指数骤然上升，且其市场逐渐明朗，这主要是因为节后人们的生活逐渐恢复正常。可见淘宝市场的采购趋势与人们的生活节奏息息相关，这才形成了市场的动态变化过程。因此，卖家在采购商品前需要考虑特殊日期和特殊事件，这些因素都会影响客户的购物趋势。

2. 利用行业大盘了解热门行业和潜力行业

在行业大盘数据中，卖家还可以了解与某行业相关的热门行业和潜力行业。图1-3所示为与连衣裙相关的热门行业，我们从图中可以看出绝大多数卖家在采购连衣裙的同时还采购了女士T恤、女士牛仔裤、女士衬衫、其他短外套、女士卫衣等。阿里指数平台根据这些相关的热门行业的采购情况对其淘宝市场的需求做出预测，有的"小幅上升"，有的"保持平稳"，有的"大幅下降"。因此，卖家在选择主营商品时，可以关注与之相关的热门行业。

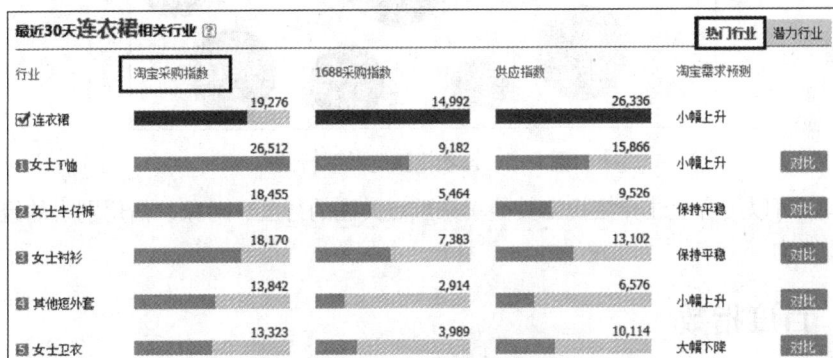

图1-3　与连衣裙相关的热门行业

同样，卖家在行业大盘中还可以查看涨幅较大的潜力行业。图1-4所示为与连衣裙相关的潜力行业。从图中可分析出，女士T恤是很多卖家在采购连衣裙的同时重点采购的对象，而小西装的采购指数相对较低。因为这些服装类商品都与季节有很大的关系，所以卖家在选择服装类商品时，一定要结合当期的季节进行选择。而选择对季节不敏感的其他商品，如电子产品时，要重点关注与它们相关的类目。总之，热门行业和潜力行业的数据能帮助新手卖家摸清行业趋势，洞察同行业中其他卖家的采购趋势。

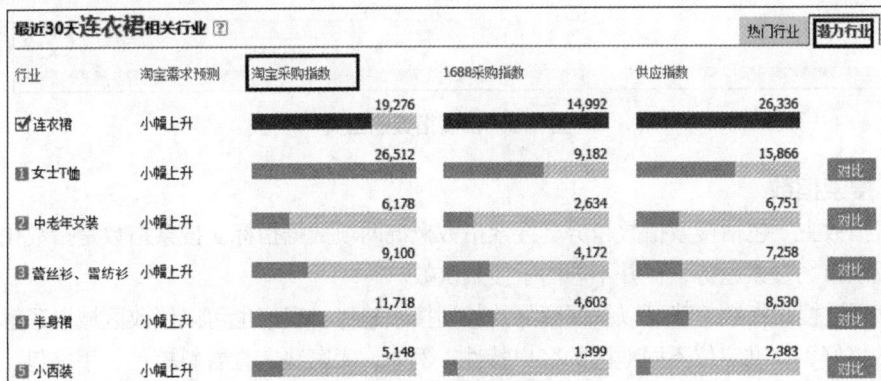

图1-4　与连衣裙相关的潜力行业

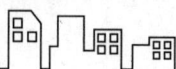

3. 利用采购商素描分析采购关联行业

通过阿里指数的采购商素描模块，卖家可以查看所搜索行业的关联行业。图 1-5 所示是搜索"连衣裙"后给出的采购关联行业，它与行业大盘中的热门行业和潜力行业类似，都是根据相关性得出的搜索结果。但是采购商素描模块中的采购关联行业会按照相关性的强弱排名，排名越靠前的，与所搜索的商品的关联性就越强。因为这些数据都是根据采购指数进行动态分析得出的，所以本身也是一个动态变化的结果。

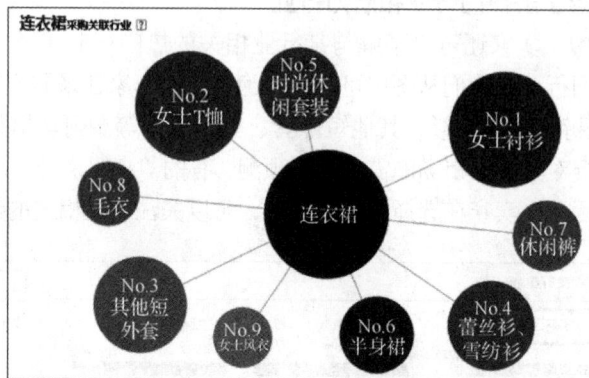

图1-5　连衣裙采购关联行业

新手卖家可以结合上述介绍找出其他卖家重点关注的行业、对象，借用别人的经验来提升自身的分析能力。

1.1.2　百度指数

百度指数是研究客户兴趣、习惯的重要数据参考平台。淘宝卖家通过百度指数可以查看商品的长期走势、客户的人群特性、商品搜索量和成交量的排行榜等内容。图 1-6 所示为百度指数的首页，淘宝卖家可以在搜索栏中输入想查询的商品类目的关键字，通过搜索指数、人群画像等指标对该商品进行全方位的分析。

图1-6　百度指数的首页

1. 搜索指数

搜索指数主要包括搜索指数趋势、搜索指数概况两项数据指标。搜索指数是指数化的搜索量，能反映市场搜索趋势，但并不等同于搜索次数。

卖家通过搜索指数趋势可以掌握商品的长期搜索趋势。卖家也可以修改区域以了解不同地区客户的喜好，精准定位不同地区的客户特性。例如，卖家决定查看斜挎包、手提包、双肩包的搜索指数趋势，首先在图 1-6 所示的百度指数的搜索栏中输入关键字"斜挎包,手提包,双肩包"（逗号在英文状态下输入），可得到斜挎包、手提包、双肩包的搜索指数趋势，如图 1-7 所示。

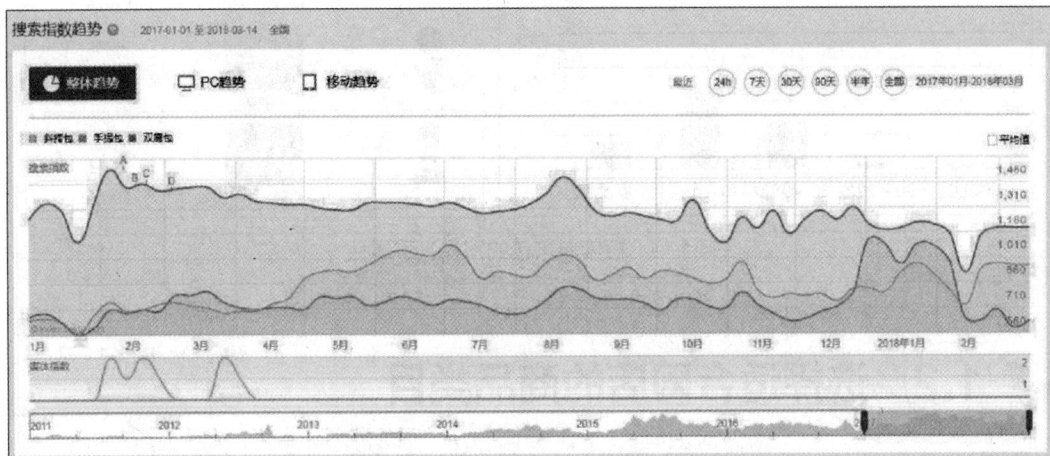

图1-7 斜挎包、手提包、双肩包的搜索指数趋势

通过搜索指数概况，卖家可清晰地了解商品近 7 天、近 30 天的搜索指数与同期的变化情况。仍以上述搜索为例，卖家从搜索指数概况中可以得知斜挎包近 7 天的搜索指数整体同比上升了 33%，整体环比下降了 1%，大体上掌握了斜挎包的搜索指数概况，如图 1-8 所示。同时，卖家可以通过搜索指数趋势的变化提前对未来一段时间的市场行情变化做出判断。

图1-8 手提包、斜挎包、双肩包的搜索指数概况

2. 人群画像

如果卖家需要进一步了解搜索斜挎包的都是什么样的客户，可使用百度指数的人群画像。百度指数人群画像对搜索人群的地域分布、人群属性做出精准的数据统计与分析，以便卖家更加准确地了解该商品客户群体的特性。

（1）地域分布

例如，搜索斜挎包的网民地域分布结果显示，广东、北京、山东、辽宁等地区的网民近 7 日对斜挎包的关注度较高。另外，该功能还可以针对区域或城市继续进行排名分析。

（2）人群属性

搜索斜挎包的网民人群属性如图 1-9 所示。从年龄分布来看，搜索斜挎包的网民年龄主要集中在 30～49 岁，其中 30～39 岁用户占 28%，40～49 岁用户占 51%。从性别分布来看，搜索斜挎包的网民中女性用户占 66%。综合以上两项数据指标分析，卖家在斜挎包的风格特色、功能作用、价格定位方面都应重点考虑 30～49 岁女性用户的需求和消费特点。

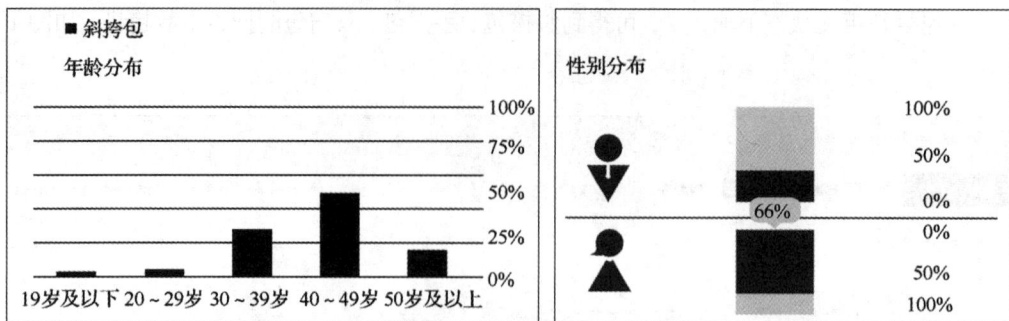

图1-9 搜索斜挎包的网民人群属性

1.2 选择适合网店的商品类目

淘宝卖家在全面考察淘宝市场的整体趋势后，要结合行业的整体趋势和自身的实际情况选择网店商品类目。商品类目的选择不仅影响着网店赢利与否，更是整个网店的定位与发展的决定性因素。下文将从市场趋势、地理优势、自身条件3个层次为淘宝卖家讲解如何选择适合网店的商品类目。

微课视频

商品选品

1.2.1 根据市场趋势选择商品

对市场趋势进行调查是淘宝卖家在开网店前要完成的一个非常重要的环节。专业的数据分析调查显示，截至2022年6月，我国网络购物用户规模达到8.4亿人，约占网民总体规模的81.60%。通过对这些网络购物用户进行大数据分析，卖家可了解不同消费群体具备的不同特征，如图1-10所示。清楚网店商品主要消费群体的特征，为不同的消费群体提供完善的服务，是提升网店整体竞争力的关键。

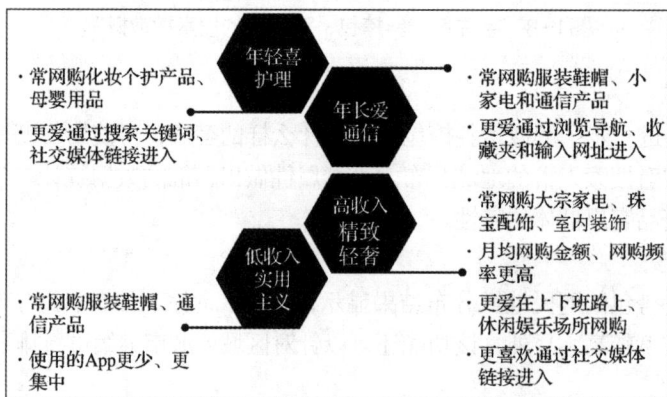

图1-10 不同消费群体具备的不同特征

1. 符合市场需求

网店的商品必须是符合市场需求的适销商品。适销商品指类目、价格、质量等方面与市场的消费需求相适应的商品。也就是说，网店销售的商品要能够让客户有购买的意愿，且成交率越高越好。

怎样才能知道什么样的商品是适销商品呢？淘宝卖家通过淘宝网排行榜可以看到整个淘宝市场相关类目的搜索和销售排行榜。图1-11所示为淘宝网排行榜的食品类目下巧克力的销售上升榜。

图1-11　淘宝网排行榜的食品类目下巧克力的销售上升榜

但是热销商品除了意味着高销量和高利润外，背后也隐藏着高风险。淘宝卖家在选择网店商品之前，要先预测其风险，不要盲目从众。

2. 符合市场行情

淘宝卖家在选择网店商品时要分析网店商品所在的行业是否处于饱和状态，是否为当前热门行业，是否为潜力行业，行业的竞争是否过于激烈，国家对该行业是否出台了特殊的法律法规等。前期的市场行情调查是非常辛苦的，但是淘宝卖家调查得越透彻，对整个市场的行情就了解得越清楚，越能为后期网店的运营打下坚实的基础。

淘宝卖家对市场的行业现状、发展前景与空间、发展规模与趋势进行分析后，可确定自己网店的定位、在同行之间的水平，以及网店所在的行业的整体发展趋势。选择网店商品所在行业时，既可以选择热门行业，迎合市场大众的消费需求；也可以选择冷门行业，独辟蹊径，打造网店的风格与特色。例如，淘宝网店经营的商品一般要求物流流通性强，但是仍然有独具慧眼的卖家在淘宝网上售卖瓷器制品、商品房、汽车等，并且取得了不错的经营效果。第一个吃螃蟹的人虽然面临很大的风险，但也可能获得意想不到的成功。淘宝网店的开设也需要创新思维，"条条大路通罗马"，在透彻掌握市场行情的基础上，淘宝卖家可以选择一条适合自己的道路。

1.2.2　根据地理优势选择商品

淘宝卖家在选择网店的主营商品时，应该考虑地理环境这一因素，针对所在地区的地理优势，采取因地制宜的方法，这样不仅可以助力家乡的经济建设，还能更好地提高品牌知名度。例如，某个淘宝卖家所在的区域是全国著名的"鱼米之乡"，其网店的主营商品可首选鱼类制品或稻米制品。因地制宜主要体现在以下两个方面。

1. 地方特产

我国地大物博，物产种类极其丰富。每个地区的特产各有千秋。例如，洛川苹果、北京烤鸭、江西景德镇瓷器等都各具地方特色。

淘宝卖家可以把所在地区的地方特产作为网店的主营商品，因为地方特产独具特色，市场竞争相对较小；而且便于卖家熟悉货源市场，卖家可以直接从供应商处进货，减少进货成本。淘宝卖家，尤其是新手卖家，只要把握好市场的供求关系，就很容易在众多的淘宝卖家中脱颖而出。

例如，A、B两个淘宝卖家都以海产品为网店的主营商品，A卖家在广东湛江，B卖家在甘肃兰州。图1-12所示为A、B卖家进货成本比较，A卖家靠近货源市场，可以在第一时间了解市场行情，进货成本低，且运输距离较短，商品损耗程度低，故总成本较低；而B卖家距货源市场较远，不熟悉市场行情，进货成本较高，且商品在运输过程中产生的运费多、损耗大，故总成本较高。

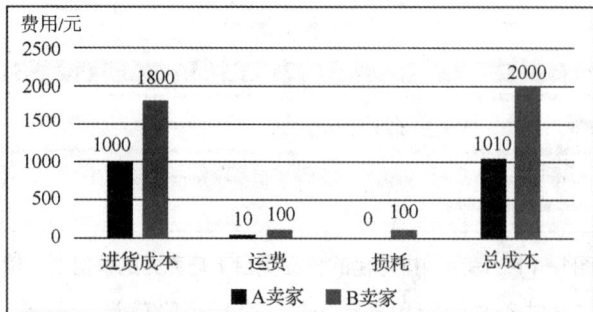

图1-12　A、B卖家进货成本比较

2. 地域文化特色

许多极具地域特色的商品，如服饰、鞋帽、乐器、手工制作的工艺品等，往往因为色彩艳丽、纹饰讲究而深受买家的青睐，大部分买家会选择服饰、帽子、手链作为自用的装饰品或赠送亲朋好友的礼物。因此，具有地域文化特色的商品既可以作为艺术品收藏，又可以作为普通商品出售。淘宝卖家必须看准商机，抓住不同买家的不同需求，打造独具地域文化特色的商品。

1.2.3　根据自身条件选择商品

淘宝卖家应客观地根据自身的经济情况、兴趣爱好等因素选择网店的主营商品。经济情况决定网店的经营程度，自身的兴趣爱好影响网店运营的稳定程度。

1. 经济情况

淘宝卖家可以根据自身实际的经济情况选择合适的商品。图1-13所示为一般的淘宝网店运营的成本构成：商品成本占总费用的25%，其中包括商品的进货成本和运费；运营费用占总费用的40%，其中包括办公区费用（水电费用、网络费用）、人力资源费用（网页制作、美工、客服等人员的工资）等；推广和宣传费用占总费用的30%；其他费用占总费用的5%。卖家可据此评估经营成本、经营程度。

2. 兴趣爱好

淘宝卖家根据自身的兴趣爱好选择网店的商品，有利于克服困难、稳定运营。

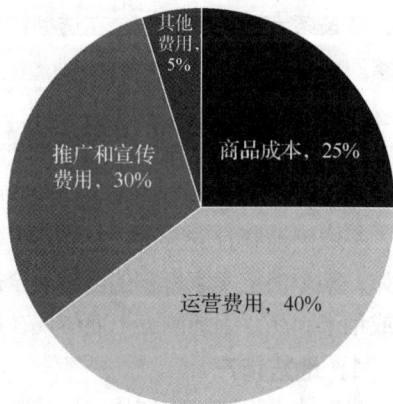

图1-13　一般的淘宝网店运营的成本构成

1.3　选择适合网店的货源市场

　　淘宝开店初期，最关键的就是选择货源市场。万丈高楼平地起，没有坚实基础的高楼只是空中楼阁。如果货源市场是地基，那么运营淘宝网店就是建设高楼，唯有在坚实牢固的地基上，高楼才能慢慢建设起来。

1.3.1　货源市场的考核标准

　　淘宝卖家开店首先要选择货源市场，很多新手卖家在开店初期最大的困扰就是如何选择货源市场，那么，针对货源市场的考核标准有哪些？淘宝卖家应该主要从货源市场的整体水平、商品的全面评估、商品的利润空间3个方面对货源市场进行分析。

1. 货源市场的整体水平

　　货源市场的整体水平决定了其能否为买卖双方提供一个良好的交易平台。一个好的货源市场商品类目要丰富、价格要公正、市场的交易制度要完善。

　　淘宝卖家通过对多个货源市场的整体水平进行对比，找出整体水平排名前3的货源市场，选择一个整体水平最高的货源市场作为网店的主要进货渠道，并将另外两个货源市场作为网店进货的备用渠道。当主要渠道不能满足进货需求时，淘宝卖家就可以从备用渠道进货。

2. 商品的全面评估

　　货源市场商品的品质决定了淘宝网店商品的定价和盈利。淘宝卖家在选择商品的时候，应该先对商品的价格、质量、类目等多方面进行评估。货源市场商品的价格决定了淘宝网店商品的定价，而商品的高质量是淘宝网店的核心，类目丰富则可以满足不同消费群体的需求。

3. 商品的利润空间

　　获取利润是淘宝网店运营的最终目的，淘宝卖家在选择商品之前应充分考虑该商品的利润空间。值得注意的是，同一件商品在不同时间段的利润空间不同。例如，A卖家选择羽绒服作为网店的主营商品，假设一件羽绒服的进价为300元，按照60%的利润计算，羽绒服的定价应该为480元。一季度售出800件，二季度售出100件，三季度售出300件，四季度售出1000件，每个季度的盈利情况不同，如图1-14所示。

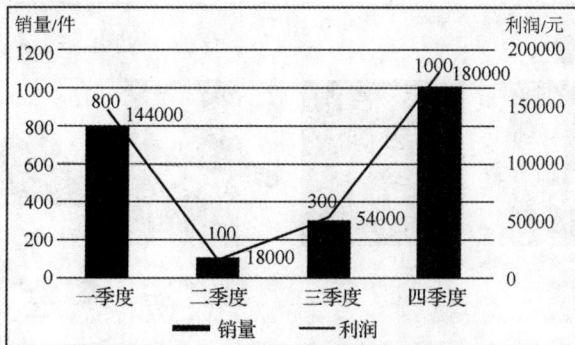

图1-14　同一商品在不同时间段的盈利情况

1.3.2　选择货源渠道

不同行业和地区的淘宝卖家对货源渠道的选择有所不同。影响货源渠道的客观因素主要有行业的特性、行业的入门门槛，以及地区的经济发展水平；主观因素主要有卖家自身的喜好、对行业的熟知度等。淘宝卖家货源渠道的分布如图1-15所示，由此可知，对于中小卖家而言，线上的网络渠道和线下的批发市场是网店进货的主要渠道。这两个渠道的门槛较低，淘宝卖家的自主选择权相对较大。随着淘宝网店经营规模扩大，网络渠道和批发市场已经不能满足淘宝卖家进货的需求，大型卖家在选择货源渠道时更倾向于代工工厂和品牌商，或者是自主生产。淘宝卖家要针对自身的实际情况选择货源渠道。淘宝卖家在选择货源渠道时一定要遵守《中华人民共和国电子商务法》，不能因为贪图便宜而选择不正当的货源渠道，这是违反《中华人民共和国电子商务法》的行为，是要受到法律制裁的。因此，淘宝卖家在选择货源渠道时，一定要谨慎，选择质量达标、符合买家要求的商品。

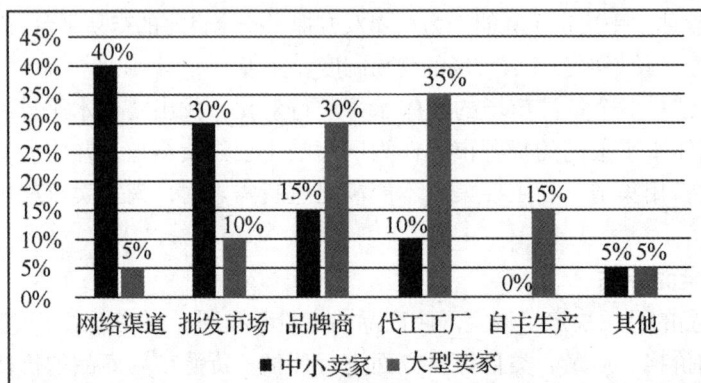

图1-15　淘宝卖家货源渠道的分布

1. 网络渠道

在制造业和商贸业都不发达的地区，网络渠道成为当地淘宝卖家首选的货源渠道。淘宝卖家可以直接在1688网站选择货源的供应商，如在搜索栏中输入关键词"皮鞋"，可以看到1688网站中所有类目的皮鞋，如图1-16所示。淘宝卖家可以根据选购热点、鞋面材质、产地、价格、分类等指标进行筛选，再通过对多个供应商的商品详情介绍、累计销量和评论、网店的信誉进行综合对比选择供应商。

图1-16　1688网站中所有类目的皮鞋

1688网站是网络进货的主要渠道之一。另外，很多起始资金相对匮乏的卖家还可以选择分销平台进行货源选择，这样就不会积压商品，可在有了订单后按照订单采购。

2. 批发市场

批发市场是指向批发商和零售商提供商品的商业性市场。我国东南沿海地区以及一些交通枢纽城市的商贸业和制造业都很发达，那里的批发市场往往是卖家首选的货源渠道，如浙江、福建、广东、上海及河南等地，淘宝卖家可以去当地知名度较高、口碑较好的批发市场进货，对商品的品质、供应商的供货系统、供应商的售后保障进行全方位的实地考察。在批发市场进货具有极大的灵活性，选择哪个价位的商品、选择什么类目的商品、进货的数量是多少、采用什么物流方式，淘宝卖家完全可以根据自身的实际情况来决定。

在批发市场进货的缺点是进货成本是由进货商品的数量和进价决定的，而当进货数量较大时，网店可能会有压货的风险。例如，甲、乙两个淘宝卖家同时从A批发市场批发同一品牌的衬衫，甲卖家批发了1000件，乙卖家批发了500件，假设一件衬衫的进价为50元，根据80%左右的利润率设置衬衫的售价。一段时间后，乙卖家的衬衫已经全部售出，而甲卖家因为推广不到位，还剩下600件衬衫。此时正值换季，消费市场对衬衫的需求量大幅减小，甲卖家把剩下的衬衫全部以45元的价格售出。甲、乙卖家的利润对比如表1-1所示。

表1-1 甲、乙卖家的利润对比

卖家	进货量/件	进货成本/元	售价/元	压货量/件	二次售价/元	利润/元
甲	1 000	50 000	90	600	45	13 000
乙	500	25 000	90	0	0	20 000

3. 品牌商

在内陆地区，如四川、云南、湖南、江西等地，商贸业和制造业远不及东南沿海地区发达，品牌商是卖家优先选择的货源渠道。品牌商是指经营一个或多个商品品牌的生产型的个人或企业。品牌意味着高质量、高信誉、高收益。淘宝卖家通过品牌商进货，借助品牌效应带动网店销量，在彰显买家身价的同时，也无形中提高了商家的品位，如某一淘宝卖家所在的行业是箱包，则其可选择的品牌商众多，不同品牌箱包的市场份额如图1-17所示。

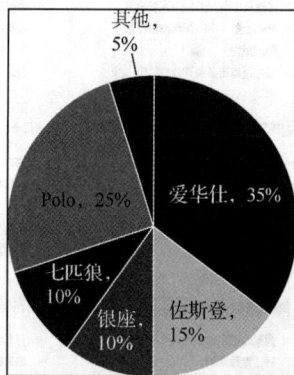

图1-17 不同品牌箱包的市场份额

4. 代工工厂和自主生产

代工工厂供货是指大型卖家以个人或公司名义委托第三方厂家对商品进行加工。自主生产是指大型卖家自主设计、生产并销售商品。在商贸业和制造业发达的东南沿海地区，如江苏、上海、浙江、福建、广东等地，大型淘宝卖家往往选择代工工厂供货或自主生产。

5. 其他

其他的货源渠道主要包括库存、境外代购、外贸尾单等。这种小众货源渠道仅适合一小部分的淘宝卖家，如能够精准把握市场行情、能挖掘库存商品、有亲戚朋友在境外、对外贸流程熟悉的卖家。

以上为淘宝卖家的主要货源渠道，不同行业、不同地区的淘宝卖家应当结合自身的实际情况来选择货源渠道。淘宝卖家可以参考两个原则：一是对比不同货源渠道的优势和劣势，通过对不同货源市场的优势和劣势进行对比分析，确保自己获得相对的优势，尤其是商品的价格和质量的优势；二是确保货源市场能提供一定的售后保障，如货源市场承诺7天无理由退换货，特别是因为商品问题引起的退换货。

【数据分析工具】

店透视

店透视专注于为拼多多卖家提供市场数据分析、选品分析、竞品店铺分析等全方位的大数据分析服务，能有效帮助拼多多卖家更好地管理店铺，店透视首页如图1-18所示。

图1-18　店透视首页

【素养提升小课堂】

网络是虚拟的，网店卖家在进货的时候，要认清商品的真伪，以防上当受骗，如果情况允许，卖家最好能亲身接触商品，不能仅看网络信息和图片。在互联网上，很多东西都可能是经过美化或者是被盗用的，并不是真实的。正规的货源渠道和厂家一般在网上有比较齐全的联系方式和资格审查信息，但是有些网络诈骗分子也会利用卖家着急找物美价廉的货源的心理，通过各种手段和虚假信息诱骗卖家，大家一定要谨慎，维护自身合法权益。

要点提示： 电商企业要懂得维护自身合法权益。

【课后思考题】

新手淘宝卖家小王决定在淘宝网上开店创业，但是想来想去，也不知道自己准备开的网店该卖什么商品。小王所在的地方是著名的小商品批发城——浙江义乌。于是，小王先走访了当地有名的线下批发市场，通过实地考察，小王发现：服装、手工制品及针织业是当地的特色产业；货源批发市场分布较密集，进货的渠道广，商品的类目多。通过对线下批发市场的初步考察，小王暂时决定选择服装作为网店的主营商品。

请根据本章所学知识，帮助小王利用数据化分析的方法选择网店的主营商品。

第2章

网店商品的定价

　　《孙子兵法》云："知己知彼，百战不殆。"在给网店商品定价时，"知己"指的是卖家需要了解自己网店商品（网店中销售的商品，俗称商品）的价位等级，"知彼"指的是卖家需要清楚地掌握同行竞争对手的定价情况。卖家在给商品定价时不能一概而论，需对商品进行不同价位的划分，既要有低价位和中等价位，也要有高价位；商品的定价不能脱离实际，必须参照市场行情，卖家在定价时需要了解目前淘宝市场上的同行卖家有多少、同行卖家的网店的整体定价是多少、淘宝市场上同款商品或相似商品的定价是多少等。卖家在定价过程中还要遵守《禁止价格欺诈行为的规定》等相关法律法规，本着诚信的原则，合理定价，不能欺骗、诱导消费者进行交易。

● 关键知识点

- 全方位规划全店商品价格
- 传统定价法
- 安全定价法
- 客户心理定价法
- 促销式定价
- 组合定价法

● 思维导图

2.1 全方位规划全店商品价格

开店初期的网店成交量往往不甚理想，因此，有一部分卖家就失去了信心，有的卖家甚至就直接关闭网店。"物竞天择，适者生存"这条生存法则也适用于竞争激烈的淘宝市场。

在开店初期，网店的核心数据运营指标之一就是定价。如果网店商品的定价科学合理，就可以刺激买家的购买欲望，形成一定的竞争优势。接下来将讲解如何对全店的商品价格进行全方位的规划。

微课视频

凯特比勒公司的定价

2.1.1 低价位商品吸引流量

在一个淘宝网店中，低价位的商品类目应该占所有商品类目的 10%～20%。低价位的商品凭借其价格优势可以为网店带来大量的流量和成交量。对于新手卖家而言，低价位商品的主要功能是吸引流量。卖家可以选择款式新颖的商品来吸引买家的目光，达到为网店增加流量的目的，进而提高网店的潜在成交率。

图 2-1 所示为淘宝网上同款连衣裙的定价与销量的对比，第一家网店的定价为 118.00 元，共有 133 人付款；第二家网店的定价为 138.00 元，只有 23 人付款。明明是同样的商品，为何销量相差如此之大呢？

图2-1 同款连衣裙的定价与销量的对比

从网店的经营策略分析，第一家网店采取的是低价营销策略。低价位营销是淘宝卖家最常用的营销手段之一，其目的是在短时间内提高某款商品的销量。第一家网店的连衣裙定价较低，更容易被买家接受，在一定程度上，能提高潜在成交率。

因此，淘宝卖家在给低价位商品定价之前，需要先对淘宝网上同款商品的定价进行全方位的了解，明确该商品在哪个价位区间销量最高。在淘宝网上，卖家可以直接通过"找同款"或"相似款"找到某一款商品在淘宝网上的同款商品或相似商品。图 2-2 所示为某品牌连衣裙的同款商品，全淘宝网共有同款商品 56 件，卖家在定价时可通过销量从高到低筛选，统计淘宝网同款连衣裙销量最高的价格区间，最后结合市场行情确定该连衣裙的定价。

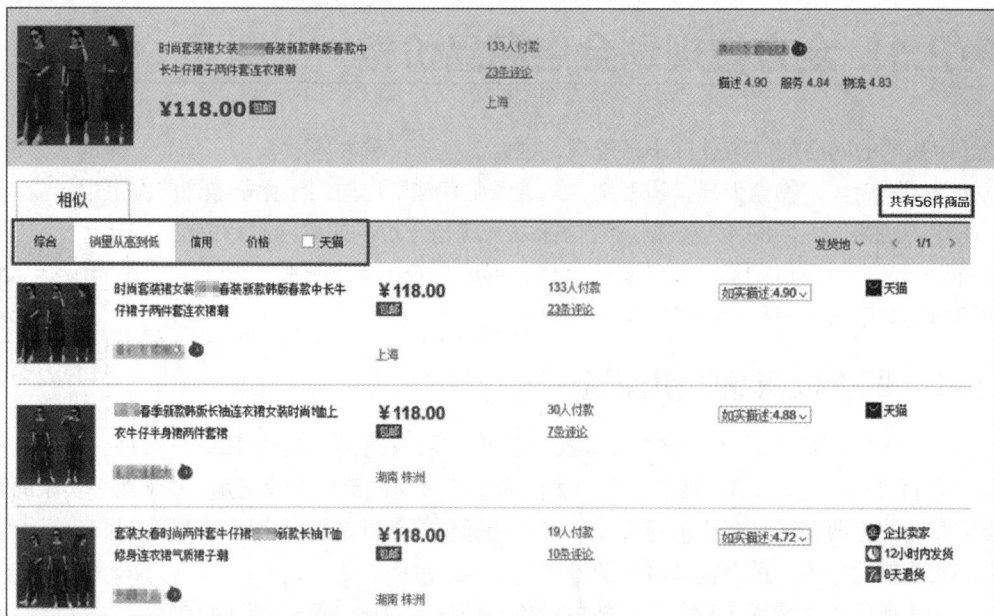

图2-2　某品牌连衣裙的同款商品

在淘宝网上，许多淘宝卖家用低价来吸引流量，促成交易。同时，也有很多淘宝卖家很纳闷：商品的成交率高，买家的评价也不错，但是为什么网店的销量、信用积分和网店评分都没有累计呢？这其中的关键在于淘宝卖家没有意识到淘宝对于低价营销的限制。接下来讲解淘宝卖家采取低价营销策略易触碰的两大"雷区"。

1．以超低价销售商品的部分订单的评价对应的信用积分和网店评分不累计

针对1元及1元以下价格的订单（以下简称1元订单），淘宝有以下规则：商品的销量正常累计；如果买家账号绑定了有效的手机号码，买卖双方评价正常累计；如果买家账号未绑定有效的手机号码，该商品订单的卖家端评价最多累计250笔，买家端评价正常累计。

1元订单是指订单的支付价格，即除去快递费、网店的优惠券、淘金币、单品折扣等费用后，买家实际支付的价格为1元或在1元以下的订单。例如，某淘宝卖家的商品定价为1元，买家使用淘金币抵扣后最终花了10.5元将其买下，其中快递费为10元，则该笔订单的实际支付价格为0.5元，这就属于1元订单。

当订单的评价生效时，淘宝后台系统会判断买家在付款时是否绑定了有效的手机号码，若未绑定，则该商品订单的卖家端评价最多累计250笔，即这250笔订单的好、中、差评价对应的信用积分和网店评分都会累计，后续订单的评价则均不累计。

2．支付价格低于一口价3折且支付金额低于5元的订单的销量、信用积分及网店评分均不累计

例如，某商品的一口价为20元，其中一笔订单的支付价格为4元，最终的支付价格低于一口价3折且支付金额低于5元，则该笔订单的销量、信用积分及网店评分均不累计。

淘宝的这两项规定有效地打击了一小部分靠超低价赚取虚假信用积分及网店评分的淘宝卖家，维护了淘宝市场交易的公平性。淘宝卖家清楚了解了关于低价营销的规定后，在对低价位商品定价之前，要参考淘宝官方规定的该条目下的最低价格，然后结合淘宝市场上相似商品或同款商品的定价，给网店的低价位商品进行定价。

2.1.2　中等价位商品获取盈利

在一个淘宝网店里，中等价位的商品类目应该占所有商品类目的60%～75%。中等价位的商品通常数量多、类目齐，买家对中等价位的接受度高，商品的成交率也高。因此，从某种程度上来讲，中等价位的商品是整个网店的"镇店之宝"。

图2-3所示为某淘宝网店部分中等价位商品的销量，该网店的中等价位区间为180～250元。中等价位的代表商品有粉色A摆裙、开衫毛衣和内搭打底裙等。其中粉色A摆裙的总销量为975件，开衫毛衣的总销量为420件，内搭打底裙的总销量为392件。

绽放C066朵/春意/圆领塔克连衣裙春装　新款粉色A摆裙文艺女裙
¥242.20　¥346.00　已售：975件
评论(39)

绽放旅行女装C007/惜怜/　春季新品毛针织开衫毛衣女宽松外套
¥239.00　¥369.00　已售：420件
评论(2334)

绽放736朵无油打底裙纯锦中长款文艺内搭春夏连衣裙大码打底女裙
¥199.00　已售：392件
评论(747)

图2-3　某淘宝网店部分中等价位商品的销量

单从商品的累计销量来分析，这3款具有代表性的商品对整个网店的发展具有举足轻重的意义。许多新手卖家凭借打造"爆款"提高了自然排名，为网店带来了相当可观的流量，带动了其他商品的营销，从整体上增加了网店的销售额。

假设粉色A摆裙的进价为180元，开衫毛衣的进价为180元，内搭打底裙的进价为150元。3款商品的销量与利润对比如图2-4所示。由图2-4可知，中等价位的商品的利润可观，它们对整个网店的发展有举足轻重的作用。那么，对于中等价位商品的定价该从哪些方面考虑呢？

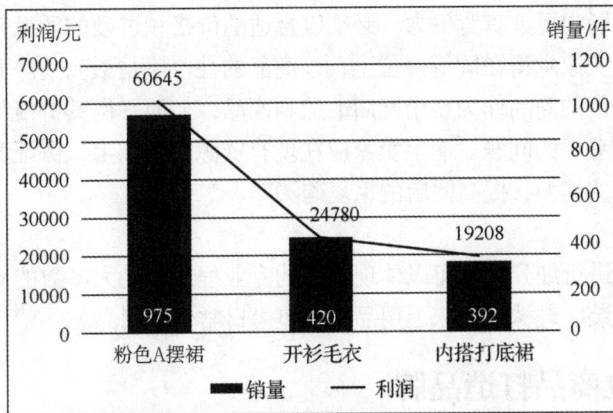

图2-4　3款商品的销量与利润对比

卖家在为网店中等价位的商品定价时要明确网店的主力消费群体的实际消费水平如何；中等价位商品的类目繁多，卖家要按照商品类目的不同标准进行细分。

1. 主力消费群体的实际消费水平

主力消费群体是影响网店盈亏的重要因素之一，淘宝卖家须掌握主力消费群体的实际消费水平。淘宝卖家可参考全网均价给网店中等价位商品定价，全网均价是指整个淘宝市场的淘宝卖家的平均定价。图 2-5 所示为 8 种不同品牌牛仔裤的全网均价。

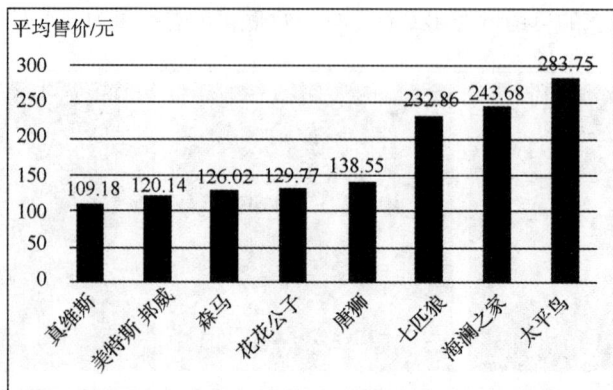

图2-5 8种不同品牌牛仔裤的全网均价

一般情况下，品牌商品的定价以高于或低于全网均价 3～5 元为宜，如某淘宝卖家网店经营的品牌牛仔裤价格定在 100～120 元范围内最佳。根据经济学家对淘宝买家的购买行为分析，一部分淘宝买家往往会根据自己的经济实力确定购买哪个价格区间的商品，在该价格区间内，淘宝买家会经过仔细的筛选对比，最后选择性价比最高的商品购买。

有的淘宝买家认为："高价的商品不一定是好货，但是便宜肯定没有好货。"所以，对于这一部分淘宝买家而言，低价意味着低质量，他们通常不会选择低价商品。因此，有些淘宝卖家在把商品的价格设置得稍微高于全网均价时，反而能够赢得这部分淘宝买家的好感，进而提高商品的成交率。

2. 中等价位商品类目的细分

中等价位商品的类目多，淘宝卖家必须把中等价位的商品按照质量和材质进行细分。

（1）质量

一款商品要在市场中更具有竞争力，必须以合适的价格和过硬的质量来满足买家的需求。无论如何，一定要让买家觉得在同等价位上，该商品的性价比是最高的。而质量是最有说服力的"武器"。中等价位的商品作为整个网店的盈利商品，如何平衡其价格和质量之间的关系，是淘宝卖家需要慎重考虑的问题。淘宝卖家应在现有资源的基础上，保证商品的质量，以高性价比的商品赢得买家的信赖，提高网店的重复购买率。

（2）材质

按照商品的材质进行细分定价可以体现网店的专业程度。绝大多数的商品都可以按照面料进行细分定价，如服装、鞋袜帽、床上用品、箱包等日常生活用品。

2.1.3 高价位商品打造品牌

一般而言，淘宝网店要有低价位商品吸引流量，但是也必须有高价位商品用于提升网店的档次，以打造品牌。高价位商品可用来满足一些高端消费群体对优质商品的需求。

高端消费群体主要是指拥有一定财富、身份及地位的人群。这一消费群体对生活环境、居住品质等均有较高的要求。由我国高端消费群体消费行为的调查统计结果可知，高端消费群体中，20～39岁的人占83.7%，如图2-6所示，其中女性占比超过56%。

随着社会经济的发展，买家对商品各方面的要求也随之提高，只有优质的商品才能吸引高端消费群体。结合图2-3所述范例进行对比，该网店的高价位商品如图2-7所示。

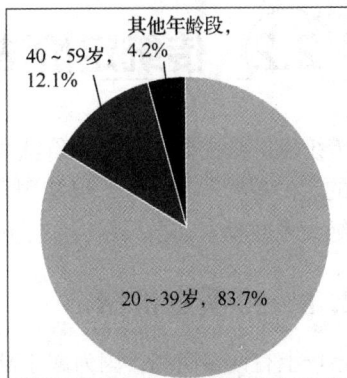

图2-6　我国高端消费群体年龄分布

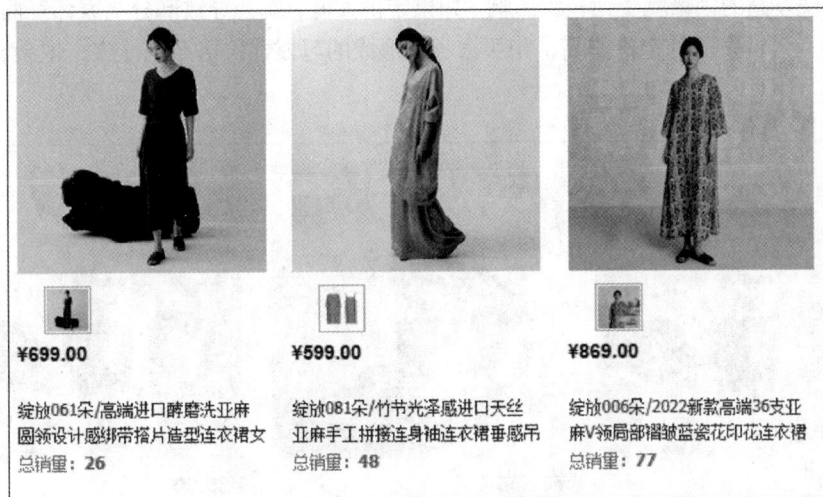

图2-7　某淘宝网店的高价位商品

从价格分析：该网店高价位连衣裙的价格区间为599～869元，价格呈阶梯状，但是变化幅度不大，阶梯价位基本上可以满足不同买家对价格的需求。

从商品分析：这3款连衣裙的款式设计、时尚元素以及细节搭配都符合当时流行的趋势，且3款连衣裙都反映了网店的特色与风格。那么，在参考了其他成功网店的定价后，淘宝卖家该怎么设置自己网店高价位商品的价格呢？

淘宝卖家在设置高价位商品的价格之前，应先了解高端消费群体的消费心理，了解什么样的价格最能吸引这部分优质买家。根据消费心理，我国高端消费群体主要分为以下两种。

● 标签型。标签型人群最典型的购物心理特征是商品要能反映其身份与地位。这类人群很在意自己的身份与地位是否能够得到别人的认可。

● 享受生活型。享受生活型人群不断追求更高水平的生活方式和生活理念，不仅是物质方面的追求，他们更追求物质与精神的统一。这类人群对生活的品质有非常高的要求，尤其注重服务的质量，同时也很注重某一商品是否能体现自己的品位。

因此，针对第一类人群，卖家抓住这部分买家注重身份与地位能得到认可的心理，可以打造网店的VIP商品，通过VIP商品来体现买家的身份与地位；对于第二类注重消费品质的人群，卖家应着力培养网店的高级客服，为买家营造良好的购物氛围。

2.2 传统定价法

传统定价法主要是习惯定价法和成本加成定价法。在商品成本大致相似的情况下，传统定价法的定价差异不甚明显，也使同行之间的价格竞争降到了最低水平。而且传统定价法简单易懂，绝大多数卖家都会采用传统定价法来定价。

2.2.1 习惯定价法

市场上有许多商品，因为属于高频购买商品，形成了一种习惯性的价格。图2-8所示为某品牌的同款洗发露，当洗发露的定价为29.90元时，该定价接近习惯性价格，符合买家长期购买形成的价格习惯，买家接受度高，洗发露的销量也比较高。洗发露的定价一旦低于或高于习惯性价格，洗发露的销量就受到较大影响。如果定价太低，就会导致部分买家怀疑商品的质量，不利于销售；若洗发露的定价偏高，和买家长期形成的习惯性价格产生冲突，也会影响商品的销售。

¥29.90
潘婷洗发水/露乳液修护
750ml/700ml/500ml/400ml/200ml
总销量：16475 | 评价：4047

¥32.90
潘婷洗发水/露丝质顺骨
750ml/700ml/400ml 送清风抽纸1
总销量：13835 | 评价：1280

¥39.90
潘婷乳液修护洗发水/露700ml优
惠装 洗发露 洗发音 洗发乳
总销量：12913 | 评价：3589

图2-8 习惯性定价法对销量的影响

习惯定价法是一种完全依赖于市场和买家的定价方法，市场和买家掌握了商品定价的主动权，而卖家处于被动地位，如果卖家长期采用这种定价法，必定不利于网店的发展。

2.2.2 成本加成定价法

成本加成定价法是按商品的单位成本加上一定比例的利润给商品定价的方法，即商品定价＝商品成本＋商品成本 × 成本利润率。

例如，假设甲、乙、丙3个卖家的网店中同一款雪纺连衣裙的进价为200元，甲卖家以80%的成本利润率进行定价，最终定价是360元；乙卖家以50%的成本利润率进行定价，最终定价为300元；丙卖家则以20%的成本利润率定价，最终定价为240元。此时市场上同款雪纺连衣裙的均价为260元。

甲卖家的雪纺连衣裙的月销量为30件，乙卖家的月销量为100件，丙卖家的月销量为

150 件。最终的利润如表 2-1 所示。

表 2-1　成本加成定价法对利润的影响

卖家	进价 / 元	成本利润率	定价 / 元	月销量 / 件	利润 / 元
甲	200	80%	360	30	4 800
乙	200	50%	300	100	10 000
丙	200	20%	240	150	6 000

　　成本加成定价法在一定程度上受定价者主观因素的影响，商品定价和市场行情容易产生冲突，最终可能会影响商品的销售和网店的利润。

　　商品定价的基本前提是保证网店利润。网店利润 = 商品定价 × 商品销量 − 商品成本，由此可见，商品的定价是影响网店利润的三大因素之一。所以，淘宝卖家对于网店商品的定价必须有全方位的规划。

　　图 2-9 所示为某品牌衬衫的买家消费层级分布，消费层级分为 3 个，即低消费层级、中等消费层级、高消费层级。其中低消费层级的人群比例为 18.9%，中等消费层级的人群比例为 56.6%，高消费层级的人群比例为 24.5%。由此可见，该品牌衬衫的主力消费层级为中等消费层级。

　　淘宝卖家可以根据消费层级的人群比例规划网店商品的定价。以图 2-9 为例，中等消费层级的人群比例最大，所以中等价位商品数应约占所有商品数的 60%，以便为中等消费层级买家提供大量选择，增加网店的盈利；高消费层级的人群比例次之，高价位商

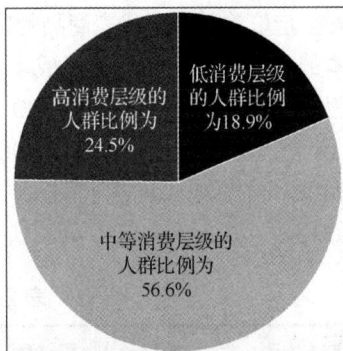

图2-9　某品牌衬衫的买家消费层级分布

品数约占所有商品数的 25%，帮助网店树立品牌；低消费层级的人群更看重商品的价格，针对这一人群，淘宝卖家可以有意将网店的低价位商品的价格优势凸显出来，吸引其注意力，从而为网店吸引流量。

　　当商品的价格确定了，网店的主力消费群体和营销战略也就相应确定了。不同价位商品的作用明确，低价位商品吸引流量，中等价位商品获取盈利，高价位商品打造品牌。所以，定价也是一种营销战略。网店商品价格确定之后，不要随意改动。

2.3　安全定价法

　　一般情况下，商品的定价过高，会影响商品的销量；而商品的定价过低，网店可能会出现亏损。较安全可靠的方法就是将商品的价格设置得比较适中，此时市场竞争压力相对较小，买家有较强的购买意愿，淘宝卖家也可以在短时间内收回投资，而且有一定的利润。因此，这种定价方法被称为安全定价法，它是介于高价位与低价位之间的中等价位的定价策略。安全定价法的市场风险较小，这种定价方法很适合新手卖家。

2.3.1 安全定价法的公式

安全定价法也称满意价格策略。安全定价法把商品本身的价格和确保买家正常使用商品的费用进行综合考虑，能降低买家的消费风险，提高买家的购物满意度并增强其安全感。

图2-10所示为安全定价法公式，安全定价 = 商品成本 + 正常利润 + 快递费用，其中正常利润一般为商品成本的30%～60%。例如，假设一套西服的成本是180元，其正常利润，按照60%计算为108元，快递费用为10元，因此，这套西服在安全定价法下的定价应为298元。

图2-10 安全定价法公式

2.3.2 安全定价法的应用分析

安全定价法并不是代表商品的定价没有任何风险。在安全定价法中，网店的正常利润为商品成本的30%～60%，而商品成本为变量，商品成本发生变化，会直接影响商品的定价。

假设一双皮鞋的成本价为100元，按照成本价的30%计算网店的正常利润，假设快递费用为15元，皮鞋的月销量为1 000双，网店的利润为30 000元。在其他外部环境保持不变的情况下，当皮鞋的正常利润分别按照商品成本的45%和60%来计算，皮鞋的月销量和网店利润如表2-2所示。

表2-2 皮鞋的月销量和网店利润

商品成本/元	利润率	正常利润/元	快递费用/元	安全定价/元	月销量/双	网店利润/元
100	30%	30	15	145	1 000	30 000
100	45%	45	15	160	600	27 000
100	60%	60	15	175	300	18 000

从皮鞋的月销量和网店利润来分析，当正常利润为商品成本的30%时，皮鞋的定价为145元，属于中等消费层级的定价，接近市场的平均消费价格，买家对皮鞋价格的接受程度比较高，皮鞋的成交率比较高，同时网店的利润也最高。

当正常利润为商品成本的45%时，皮鞋的定价为160元，只有消费水平中等偏高的买家能接受这个定价，故皮鞋的月销量明显大幅下降。

当正常利润为商品成本的60%时，皮鞋的定价为175元，该皮鞋的定价只针对一小部分高消费层级的买家，所以皮鞋的月销量较低。

在淘宝市场中，如果网店的信誉良好、商品质量上乘且款式新颖、客服的服务态度好，那么，安全定价法是适用的；但是，如果网店信誉较差、商品的质量得不到保证且款式老旧、客服的服务态度不佳，安全定价法也会变得"不安全"，整个网店的消费群体会呈"两极化分裂"——追求高端品牌的买家觉得商品的档次太低，讲究经济实用的买家觉得商品的价格过高。

买家在购买商品时，不仅会考虑价格因素，也很看重商品的质量。如因为质量问题出现退换货，卖家是否能在第一时间解决，退换货途中产生的快递费用由谁承担都是买家关心的问题。

因此，淘宝卖家可以把退换货的快递费用、售后服务费用等所需费用全部记入商品的价格，在确保商品质量的同时，也为买家提供完善的售后服务。这样能消除买家的购买疑虑，进而提高网店的信誉和销售额。

2.4　客户心理定价法

客户心理定价法是依据买家购物过程中的心理特点来为商品定价的一种策略。买家选择一件商品的主要原因是该商品能满足买家某一方面的需求，商品价值的大小和买家的心理感受有紧密的联系。这为客户心理定价法的产生和运用奠定了基础。很多淘宝卖家利用买家的心理因素来确定商品的价格，以满足买家对物质、心理及精神等多方面的需求。常用的客户心理定价法主要包括最小单位定价法、数字定价法、招徕定价法，如图 2-11 所示。

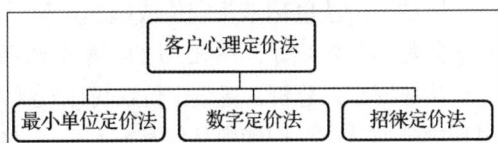

图2-11　客户心理定价法

2.4.1　最小单位定价法

最小单位定价法是指卖家把同一品牌的商品按照不同的数量包装，取最小包装单位确定商品的定价。一般情况下，包装越小，实际的单位数量商品的价格越高；包装越大，实际的单位数量商品的价格越低。最小单位定价法主要分为最小单位报价定价法和最小单位比较定价法两种。

1. 最小单位报价定价法

最小单位报价定价法主要是利用定价的最小单位报价，造成买家的"心理错觉"。例如，黄金饰品都是以最小单位"克"来定价的，假如黄金饰品以"千克"来定价，如"黄金的定价为 30 万元 / 千克"，给买家的第一心理感受是价格高昂，会导致买家对价格的接受程度低。

某淘宝网店把茶叶的最小单位设置为克，每 250 克茶叶的售价为 22.8 元，如图 2-12 所示。绝大部分的买家对该品牌茶叶的第一心理感受就是价格比较合理，因此，买家对该茶叶的价格接受程度相对较高，进而在无形中提高了潜在成交率。

图2-12　茶叶的最小单位报价定价法

2. 最小单位比较定价法

最小单位比较定价法通过把两个不同单位量的商品进行比较，使买家产生一种很划算的心理感受。例如，某宽带公司的促销广告"'100M'宽带360元一年，一天花费不到1元钱"，地铁招商位的广告"您每天只需花100元，就会有10 000人关注您"。

2.4.2 数字定价法

数字定价法是直接利用整数或零数对买家心理的影响进行定价的方法。数字定价法主要分为尾数定价法、整数定价法和弧形数字定价法。

1. 尾数定价法

尾数定价法也称零头定价或缺额定价，即卖家将商品的价格定为以零头结尾的数字。据统计，78.32%的买家会选择定价以零头结尾的商品。

从数据结果分析，尾数定价法可以让买家产生两种心理感受：一是卖家在确定商品价格的过程中精准、慎重，即使商品的某方面可能还有所欠缺，卖家也很坦诚地公布了商品应有的价格，购买此商品不会吃亏；二是这件商品很便宜。因此，价格以零头结尾的商品销量通常会比较高。

在日常生活中，尾数定价法能够有效地刺激买家的购物欲望，获得明显的销售效果。图2-13所示的第一款牛仔裤的定价为整数90元，共有116人付款，而第二款牛仔裤的定价为89.9元，共有2934人付款。两款牛仔裤的定价仅相差0.1元，但是第二款牛仔裤的销量是第一款的25倍多。

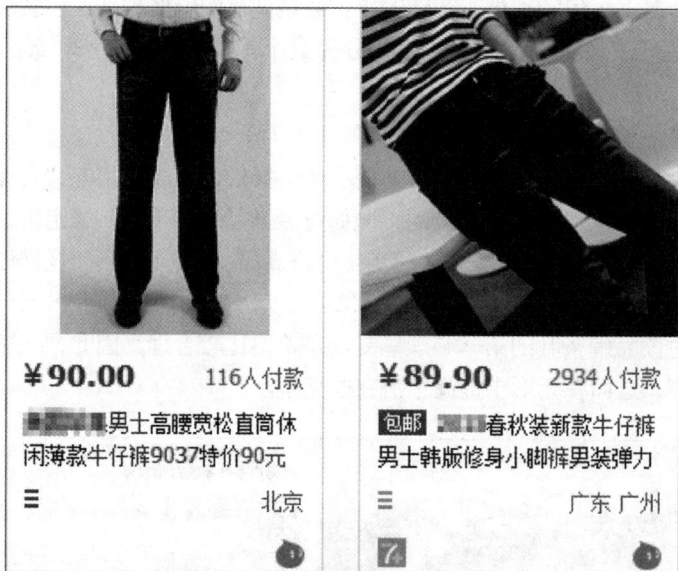

图2-13 买家选择牛仔裤的价格特征

在日常生活中，对于中等价位商品或中低价位商品，采用尾数定价法更容易促成交易。多数买家在购买常用商品，尤其是购买日用消费品时，更倾向于定价以零头结尾的商品。买家会认为这种商品的定价是经过精确计算的，从而对卖家产生信任感。经济学家的调查表明，价格尾数的微小差别，往往会给买家不同的感觉。买家通常认为199元的商品比200元的商品便宜很多，而201元的商品比200元的商品贵很多，但实际上两者只相差1元钱。

在某些情况下，人的消费行为是求廉的，价格尾数的微小差异能刺激一部分买家产生购物行为。卖家可针对买家的这种求廉心理，将商品的价格设置成以零头结尾，如 0.5 元、0.99 元和 0.98 元等。

2. 整数定价法

整数定价法是以整数来确定商品的价格、打造品牌的定价策略。整数定价法恰恰与尾数定价法相反，卖家为了突出商品的质量而特意将商品的价格设置为整数。这种舍零凑整的定价方法实质上是利用了买家"按价论质"的心理，买家在不太了解某一商品的时候，通常会把价格作为衡量商品质量和性能的标准之一，会产生"一分钱一分货"的心理感受。在这种情况下，商品的定价越高，买家可能会认为该商品的质量越好。

例如，现有甲、乙、丙、丁 4 家网店正在销售同一款冰箱，甲网店的定价为 1 988 元，乙网店的定价为 1 998 元，丙网店的定价为 2 000 元，丁网店的定价为 2 001 元，如图 2-14 所示。甲网店的销量为 200 台，乙网店的销量为 300 台，丙网店的销量为 1 000 台，丁网店的销量为 100 台。

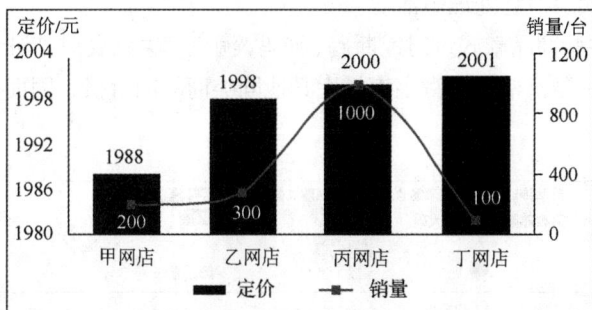

图2-14　整数定价法对销量的影响

根据销量情况分析，冰箱作为耐用消费品，使用周期较长，同类型商品种类多，生产商数量多，型号和批次多；在外部环境相似的情况下，买家会下意识认为丙网店的冰箱更加货真价实，质量好于其他 3 家网店的冰箱。

一般而言，整数定价法适用于耐用消费品、高档商品或买家不太了解的商品。因为这部分商品的价值高，买家也难以在短时间内了解商品的质量和性能，所以可能会产生"高价＝高品质"的心理。

3. 弧形数字定价法

弧形数字定价法是指卖家选取一些买家喜爱的数字来确定商品价格的定价方法。市场调研发现，很多生意兴隆的网店，其商品的定价是很讲究的，定价中不同的数字有一定的使用频率，如图 2-15 所示。

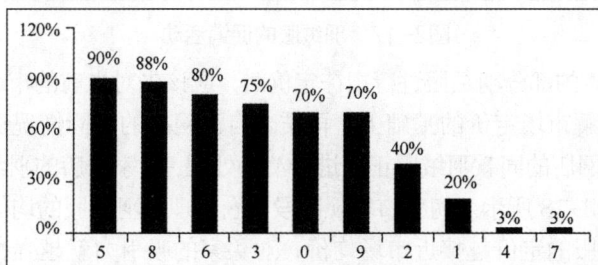

图2-15　定价中不同数字的使用频率

数字的使用频率受买家的心理影响。从买家的消费心理来分析，带有弧形线条的数字对买家没有太大的刺激感，如9、8、6、5、3、0，买家对由这些数字构成的价格更容易接受；而不带弧形线条的数字对买家有较强烈的刺激感，如1、2、4、7，相比之下，由这些数字构成的价格不受买家欢迎。因此，不管在线上还是线下，在各类大大小小的商城、网店中，5、6、8等数字的使用频率较高，但是1、4、7等数字的使用频率则非常低。

定价是一门学问，是开店经营非常重要的一个环节。商品的定价是否合理，在很大限度上取决于是否满足了买家的心理需求。有的淘宝卖家充分利用买家追求廉价、追求品牌、追求舒适的心理，十分巧妙地在商品定价上玩起了"数字游戏"，赢得了买家的青睐。

2.4.3 招徕定价法

招徕定价法指卖家抓住买家求廉的心理，有意将商品价格定得低于市场的平均价格，部分商品甚至低于成本价，以招徕买家、增加销量。例如，卖家开展大甩卖、大拍卖、清仓处理等活动。

当季节转换时，某些商品款式过时或断码、缺码，淘宝卖家则会对其进行清仓处理。图2-16所示的清仓处理的羽绒服价格低于淘宝市场上其他同类商品的价格，因而该羽绒服的成交量比较高。

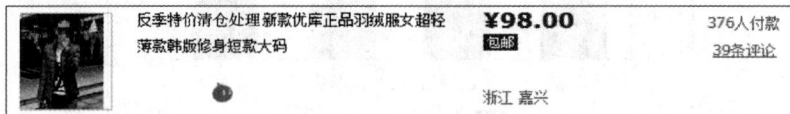

图2-16 羽绒服的清仓处理

纵观整个淘宝市场，在某个时间段，大多数淘宝卖家纷纷利用网店的一部分羽绒服开展促销活动，此时整个淘宝市场上的羽绒服的定价都相对较低，如图2-17所示。

图2-17 羽绒服的促销活动

淘宝卖家在对网店的部分羽绒服进行招徕定价时，应该先对当前的市场整体定价进行一定的调研，在全方位了解市场定价的基础上，再结合自己网店的实际情况进行定价。假设甲、乙、丙、丁4家淘宝网店的同款羽绒服正在进行清仓处理，4家网店的羽绒服定价不同，销量有明显的差异，如图2-18所示。淘宝市场现阶段清仓处理的羽绒服的均价为110元，在同等质量的情况下，羽绒服的定价越接近市场均价，对买家的吸引力就越强，羽绒服的销量也就越高。

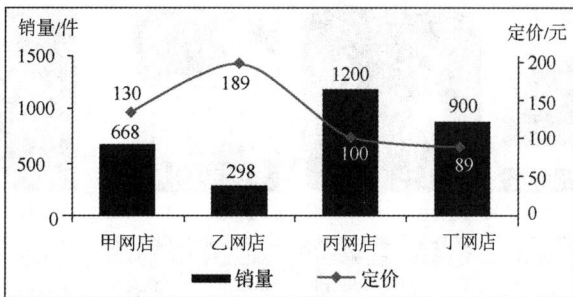

图2-18　招徕定价法对销量的影响

虽然招徕定价法是低价销售商品，甚至会亏本，但是从整体的经济效益来讲，卖家还是能取得盈利的，因为这部分低价商品往往能带动网店其他商品的销量。但并不是所有的商品都适合用招徕定价法定价，卖家采用招徕定价法需要注意以下几点。

● 商品应是日常用品，对买家有很强的吸引力。
● 降价商品的数量要适中，既可以满足买家的不同需求，又不至于让网店出现严重亏损。
● 商品降价的幅度要大，以刺激买家购买。
● 降价商品与质量问题商品要区分开。

2.5　促销式定价

促销式定价是指卖家将部分商品以低于市场预期的价格打折出售，以获得较高的销量，使资金迅速回收，为网店其他商品的投资做准备。

科学合理的促销价格能直接改善商品的促销效果。从某种程度上讲，促销定价的合理性直接决定了网店的经营利润。接下来依次讲解3种常用的促销式定价的方法。促销式定价主要分为统一促销、特价促销、满额促销，如图2-19所示。

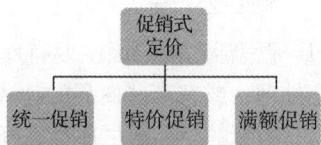

图2-19　促销式定价的方法

2.5.1　统一促销

统一促销是指整个淘宝网店的商品全部以相同价格销售。统一促销是为了提高网店的销量而采取的一种促销定价策略。

目前，国内的电商购物网站逐渐成熟，买家对网购的态度从最初的盲目从众逐渐趋于理性消费。大量淘宝卖家为了招揽买家而不断降低商品的价格，导致淘宝市场上"价格战"不断，而比较受买家欢迎的统一促销模式主要是全场满9.9元包邮、全场××元、全场5折。

1. 全场满9.9元包邮

图2-20所示为淘宝卖家推出的全场满9.9元包邮的促销方法，从图2-20中可知，采取全场满9.9元包邮的商品大部分属于低价的小商品，扣除快递费用后，卖家的利润空间很小。

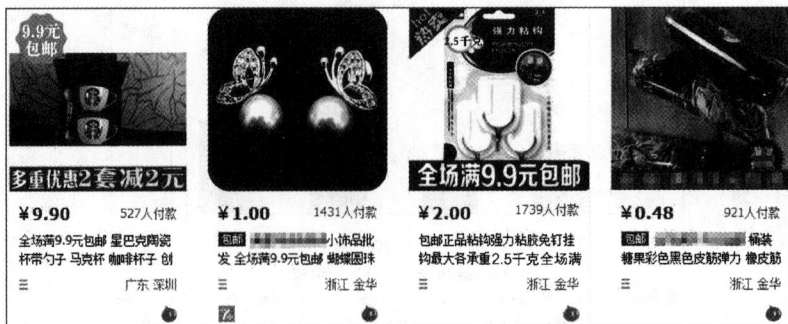

图2-20 全场满9.9元包邮

2. 全场××元

全场 ×× 元也称全场一口价，全场 ×× 元是指淘宝卖家为了刺激买家的购买欲望，将网店的部分商品按照设定的统一价格销售，如图 2-21 所示。也有某些网店将促销商品的价格设置成阶梯价格，可满足不同消费层级的不同需求，这也在一定程度上增加了网店的利润。

图2-21 全场××元

网店以全场 ×× 元的形式开展促销活动的原因主要有库存太多，急需资金周转，不得不选择以低价的方式把库存全部清仓处理；或者某些商品的款式或风格已经过时，但是网店的库存过多，需要清仓处理这部分商品，为新的商品提供库存空间。

3. 全场5折

全场 5 折是指在特定的市场和时间范围内，在保证商品能取得盈利的基础上，淘宝网店的部分商品以 5 折的价格销售。全场 5 折属于打折促销，打折促销又称折扣促销，这种定价方法是淘宝卖家使用频率最高的促销方式之一。

折扣促销可以给买家很明显的价格优惠，能够有效地刺激买家的购买欲望，同时商品的市场竞争相对较小，卖家可以实现薄利多销，如图 2-22 所示。

有的淘宝卖家选择折扣促销方式主要是为了推广网店的新商品，如卖家通常在不同时间段设置一定的折扣商品，但不会投放过多的商品。其主要目的是在抢购前对自己的网店进行推广和宣传，让买家对网店产生好感。这样做，一方面能够对网店的新商品进行有效的推广，另一方面又能带动网店其他商品的销售。

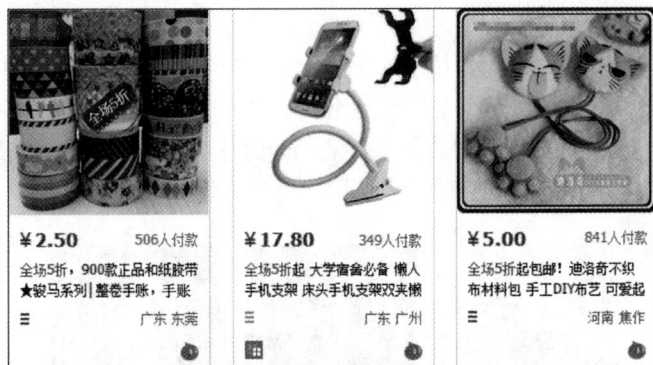

图2-22 全场5折

2.5.2 特价促销

特价促销是指卖家对少数商品进行降价处理来吸引买家购买的定价方法。特价商品凭借稍低于市场价、接近成本价的价格优势，迎合了买家的求廉心理，对买家具有吸引力，很容易在同类商品中脱颖而出。淘宝卖家经常采用的打折促销和商品拍卖的方法。

1. 打折促销

打折促销是指在规定时间内，淘宝卖家对网店的商品进行折价销售。打折促销是一种有效的促销策略，特别适合新手卖家。

淘宝卖家在卖家后台打开"营销中心"，选择"促销管理"，然后选择"打折促销"，如图2-23所示，选择需要进行打折促销的商品，设置活动状态和活动时间。

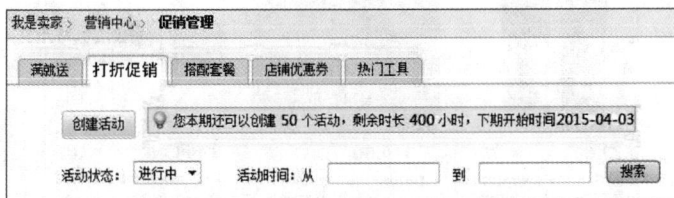

图2-23 打折促销的设置

在创业初期，新手卖家可能会遭遇不同程度的资金周转问题，打折促销可以在最短的时间内为网店聚集人气，最大限度地吸引不同消费层级的买家来网店"参观"，进而实现最小化的资金投入和最大化的利润收入。

2. 商品拍卖

发布拍卖商品也是淘宝网店的一种促销方式。卖家在发布商品时选择"拍卖"方式发布。商品拍卖能为网店带来相当可观的流量，新开的淘宝网店可以凭借发布拍卖商品来增加网店的浏览量和访问量；同时，做好网店商品的组合营销，还可以增加其他商品的销量，实现网店整体利润的增加。

2.5.3 满额促销

满额促销是指淘宝卖家对在本店消费了一定金额的买家给予一定的优惠，这种促销方式能增加买家对网店的好感，在一定程度上能提升买家再次消费及多次消费的可能性。

1. 买2送1

图 2-24 所示的卖家为了提高网店的销量，针对在本网店购买 2 款同样商品的买家推出"买2 送 1"的优惠方案。一方面，从商品的销量分析，"买 2 送 1"达到了卖家的促销目的，增加了商品的销量；另一方面，卖家可以把 3 件商品同时打包销售，节省了快递费用，而买家也会产生"占到便宜"的心理。

图2-24 "买2送1"促销

2. 满××元减××元

淘宝卖家将网店的促销方式设置为满减促销，当买家在该网店的消费金额达到规定水平时，可享受相应的减价优惠，如图 2-25 所示。满减促销在保证商品利润的基础上，可以极大地增加买家对网店的好感，也能在无形中提高网店的购买率。

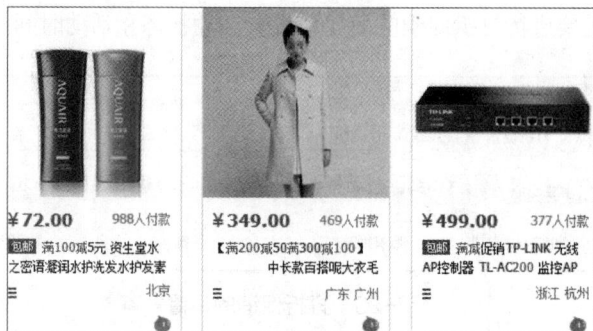

图2-25 满减促销

(2.6) 组合定价法

组合定价法是指卖家为了迎合买家的消费心理，在确定一部分互补商品、关联商品的价格的时候，通常会有意识地将部分商品的价格定得高一些，另一部分商品的价格定得相对低一些，以获得整体经济利益的一种定价方法。多款商品组合定价销售，其中的商品有赔有赚，但是总体上能保证网店是赢利的；而且不会有商品价格的横向对比，不会影响以原价购买单件商品的买家的消费积极性。

图 2-26 所示为买家购买商品的比例，其中 66% 的买家会选择组合商品。从买家的消费心理分析，这是因为在买家购物的时候，促使买家下单的因素往往不是低价，而是占便宜的心理。

通过把组合商品的价格和多件单件商品的价格总和相比较，组合商品的价格能够让买家感觉价格更优惠，因此其购买欲望被激发。组合定价法又分为系列商品中的单品定价法和单品相加打折法，下面将详细讲解如何使用这两种定价方法。

图2-26　买家购买商品的比例

2.6.1　系列商品中的单品定价法

系列商品中的单品定价法是为新手卖家量身打造的一种定价方法。系列商品中的单品定价法是指对于同款商品的定价，淘宝卖家直接参考别的淘宝网店确定的价格，再分别排列出高、中、低3个价位，最后取平均值作为自己网店商品的价格。

表2-3统计了6家不同的淘宝网店的同款商品的定价，A网店的定价为136.0元，为最高价，中间价为B、E两家网店定价的平均值，最低价为108.0元；再根据3个不同价位计算出平均价为122.5元，即该款商品的定价为122.5元。

表2-3　系列产品中的单品定价法

淘宝网店或价位	定价或统计价格 / 元
A	136.0
B	118.0
C	109.8
D	130.0
E	129.0
F	108.0
最高价	136.0
中间价	123.5
最低价	108.0
平均价	122.5

系列商品中的单品定价法的价格是根据某款商品的平均价格综合确定的，位于系列商品的中间价位，更能吸引买家的注意力，同时，买家对价格的接受度也比较高。对于新手卖家而言，这种定价方法是很保险的，在清楚掌握竞争对手情况的基础之上，既能增强商品的竞争力，又能确保网店的利润。

2.6.2　单品相加打折法

单品相加打折法是指淘宝卖家把某个固定组合中的所有单品的价格相加，再按照一定的折扣率对所有的单品价格之和进行折扣计算，最后以折后价格作为组合商品的定价的方法。

某店组合商品的定价如表2-4所示，先分别罗列出印花T恤、针织衫、风衣和打底裤的单价，

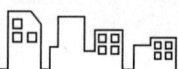

再计算出所有单品的总价。在单品总价的基础上打8折，求出折后价，即组合商品的定价。

表 2-4 单品相加打折法

商品名称或价格项目	定价或统计价格 / 元
印花 T 恤	58.0
针织衫	78.0
风衣	88.0
打底裤	93.0
总价	317.0
折后价	253.6

单品相加打折法在保证整体利润的基础上进行打折优惠，既确保了网店的利润，又提高了商品的销量。

一般而言，买家对经常购买的商品价格比较敏感，对不经常购买的商品价格的敏感性相对较弱；对价值高的商品价格比较敏感，对价值低的商品价格的敏感性较弱。卖家可充分利用买家对价格的敏感性，把买家经常购买的商品的价格定得偏低，同时把买家不经常购买的商品价格定得偏高。

淘宝卖家对商品的定价是有原则的，不能违背定价原则随意定价。根据《中华人民共和国价格法》第十四条，经营者不得有下列不正当价格行为。

（一）相互串通，操纵市场价格，损害其他经营者或者消费者的合法权益。

（二）在依法降价处理鲜活商品、季节性商品、积压商品等商品外，为了排挤竞争对手或者独占市场，以低于成本的价格倾销，扰乱正常的生产经营秩序，损害国家利益或者其他经营者的合法权益。

（三）捏造、散布涨价信息，哄抬价格，推动商品价格过高上涨的。

（四）利用虚假的或者使人误解的价格手段，诱骗消费者或者其他经营者与其进行交易。

（五）提供相同商品或者服务，对具有同等交易条件的其他经营者实行价格歧视。

（六）采取抬高等级或者压低等级等手段收购、销售商品或者提供服务，变相提高或者压低价格。

（七）违反法律、法规的规定牟取暴利。

（八）法律、行政法规禁止的其他不正当价格行为。

【数据分析工具】

使用 Excel 工具进行商品定价

商品定价是营销中重要的一步，了解消费者对价格的可接受范围和不可接受范围可以更合理地确定商品的价格。如何对商品进行定价？卖家可以使用 Excel 表格作为定价工具，它可以帮助卖家更加直观地罗列商品价格，从而选择最合适的价格。

在 Excel 表格中输入某一商品的总成本、目标利润率以及预计销量，单击 Excel 工具栏中的"公式"，选中商品总成本、目标利润率以及预计销量，可以得到商品的价格公式，最终计算出商品价格，如图2-27所示。某一商品的定价公式如下。

$$商品价格 = （商品总成本 + 商品总成本 × 目标利润率）÷ 预计销量$$

通过这个公式，卖家可以计算商品的最终价格，如图2-28所示。

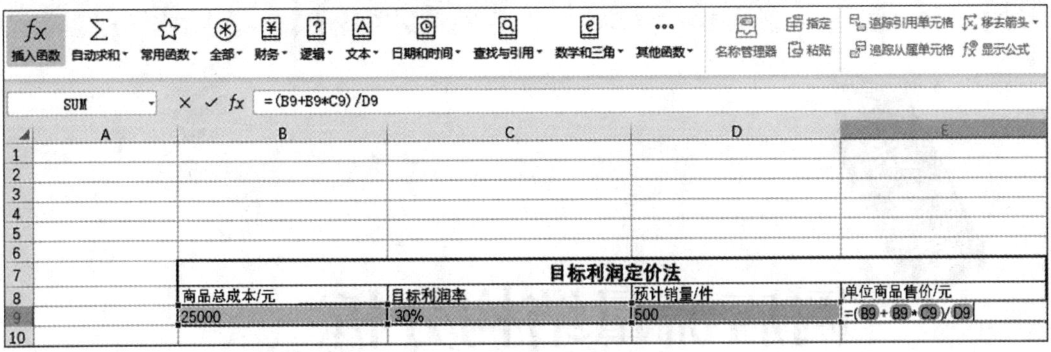

	A	B	C	D	E
1					
2					
3					
4					
5					
6					
7			目标利润定价法		
8		商品总成本/元	目标利润率	预计销量/件	单位商品售价/元
9		25000	30%	500	=(B9 + B9 * C9)/D9
10					

SUM　×　✓　fx　=(B9+B9*C9)/D9

图2-27　商品定价公式

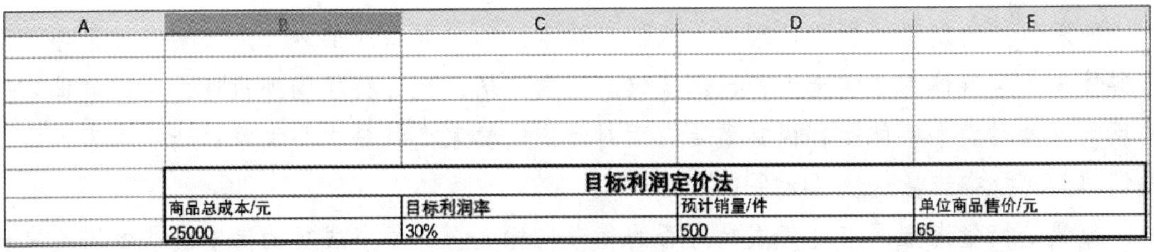

	A	B	C	D	E
			目标利润定价法		
		商品总成本/元	目标利润率	预计销量/件	单位商品售价/元
		25000	30%	500	65

图2-28　商品的最终价格

【素养提升小课堂】

　　淘宝平台制定了各种各样的规则，而这些规则能让卖家相互制约、和谐发展，只有了解行业定价规则，卖家才能避免违规。卖家在淘宝平台上发布商品时填写的所有价格，在遵循市场规律自主定价的前提下，均应严格遵守法律规定及要求，明码标价，不得实施价格欺诈。淘宝平台可按活动规则对卖家标示的价格进行核对，如卖家违背价格承诺，淘宝平台可冻结、划扣保证金以向购买该商品的买家进行"先行赔付"，由此产生的所有费用及损失由卖家自行承担。买家发现淘宝平台活动中卖家存在价格欺诈的，可随时向淘宝平台举报。淘宝平台将不断提高价格管理水平，并积极向卖家宣导《价格法》的相关规定，以维护卖家与买家的合法权益。

　　要点提示：电商企业要遵守市场规则和平台规则。

【课后思考题】

　　新手卖家小王急于求成，想迅速打开市场，便采取薄利多销的定价方法，将网店所有商品的价格都设置得低于市场平均价，有的商品甚至亏本销售，但是网店的商品销量却没有明显上升。小王很疑惑，为什么网店的商品价格都很低，但是销量不高呢？

　　请结合本章所学的知识，帮助小王分析淘宝网店销量低的原因，并制定一套合理科学的定价方案。

第3章

网店流量结构分析

随着科技的发展，网购已经成为人们日常生活的重要组成部分。淘宝网发展至今，买家群体和卖家群体都非常庞大，已经不仅有国内市场，还开拓了国外市场，买家群体带来的巨大流量对卖家群体而言极其重要。而对于淘宝卖家尤其是中小卖家和新手卖家而言，他们该如何抢夺流量这块"大蛋糕"呢？

流量是衡量淘宝网店运营成功与否的参考指标之一。一个成功的淘宝网店的流量来源广泛、种类丰富。即使是再好的商品、再低廉的价格，如果没有流量，也就没有销量。因此，流量在某种程度上对网店的发展有着至关重要的影响。只有把流量引入网店，网店的人气才会增加，卖家才能找到潜在的买家。

关键知识点

- 淘宝网店的流量来源概况
- 网店开设初期的引流渠道
- 淘宝客的第三方流量
- 直通车的精准流量
- 钻石展位的品牌推广流量
- 网店直播引流推广分析

思维导图

3.1 淘宝网店流量来源概况

在介绍淘宝网店流量来源之前，先讲解淘宝网店的一些数据指标。量化的数据指标如同飞机的仪表盘，可用来判断飞机是否在预定的正常航线上，而根据淘宝网店的数据指标，卖家能判断网店的运营状况是否良好。

3.1.1 常见数据指标

1. 网店访客数

网店访客数（Unique Visitor，UV）是指通过互联网访问某个网店的自然人的数量。

一个独立的 IP 地址访问同一个网店只能产生 1 个 UV，在 24 小时内，同一个 IP 地址只会被记录 1 次，所以，同一个 IP 地址的 UV 在 24 小时内无法累加或累减。

2. 网店浏览量

网店浏览量（Page View，PV）是指通过互联网浏览网店页面的自然人的数量。一个独立的 IP 地址浏览网店的不同页面可以产生多个 PV，如淘宝买家进入淘宝网店首页后，看了 4 个不同的商品，且每个商品有 1 个页面，那么，该淘宝买家对网店就产生了 5 个 PV（首页的 PV+4 个商品的 PV）。

3. 点击率

点击率（Clicks Ratio）是指淘宝买家在浏览网页时点击进入网店的次数与总浏览次数之比。商品的点击率越高，就证明网店的商品对买家的吸引力越强。

4. 跳失率

跳失率（Bounce Rate）是指淘宝买家通过相应的入口访问网店，只访问了一个页面就离开的访问次数与该页面的总访问次数之比。跳失率可以很直接地体现某个页面对买家是否具有吸引力。跳失率越低，则表示页面对买家的吸引力越强。

5. 商品详情页浏览量

商品详情页浏览量指网店商品的页面被查看的次数，当淘宝买家打开或刷新一个商品详情页时，商品详情页浏览量就会增加。

6. 访问深度

访问深度是指淘宝买家一次性浏览网店页面的数量，也是网店浏览量（PV）和网店访客数（UV）的比值。淘宝买家一次性浏览网店页面的数量越多，就说明网店的用户体验越好。

7. 收藏数

收藏数是指淘宝买家对淘宝网店或商品收藏的数量。网店的收藏数越高，表示买家对网店越感兴趣。

8. 转化率

转化率是指网店最终下单访客数与当天网店浏览量（PV）的比值。淘宝新手卖家的网店的转化率一般为 1%～2%。当转化率低于 1% 时，淘宝新手卖家就要分析网店存在的问题了。

在了解相关数据指标的基础上，我们再来分析淘宝网店的流量来源。淘宝官方把流量的来源主要分为四大类，即自主访问流量、付费流量、站内流量和站外流量，淘宝卖家可以随时监控网店的流量变化情况。

例如，图 3-1 所示为某网店一天的流量来源分布，从图中可知，网店的自主访问流量大约占全部流量的 60%，付费流量大约占全部流量的 30%，站内、站外流量总计大约占 5%。这从侧面说明了该网店此时正处于高速成长期，大多数淘宝买家能自主访问网店，网店的人气较高；一部分付费的精准流量为网店带来了优质的买家；而一小部分的站内流量和站外流量说明网店流量来源的渠道多，有利于网店通过不同渠道进行推广。

流量来源		比值	总计占比
自主访问流量	直接访问	25.75%	61.35%
	商品收藏	11.23%	
	购物车	15.61%	
	已买到的商品	8.76%	
付费流量	淘宝客	10.76%	33.64%
	直通车	22.45%	
	钻石展位	0.43%	
站内流量	淘宝论坛	1.23%	2.28%
	淘宝帮派	1.05%	
站外流量	QQ 空间	0.78%	2.73%
	微博	1.31%	
	豆瓣网	0.64%	

图3-1　某网店一天的流量来源分布

3.1.2　自主访问流量

自主访问流量是指淘宝买家主动访问网店而产生的流量。自主访问流量是所有流量中质量最高的流量，这类流量具有很强的稳定性，且成交转化率极高，卖家可以通过这类流量很直观地看出访问网店的买家的特征和质量。自主访问流量主要来自直接访问、商品收藏、购物车、已买到的商品。

1. 直接访问

直接访问是指淘宝买家在搜索栏中直接输入商品名称或网店名称访问网店的行为。买家直接在搜索栏（见图 3-2）中输入商品名称或网店名称，即可看到相关商品。

图3-2　直接访问

例如，买家在搜索栏中输入"女士衬衫"，然后单击"搜索"按钮便可以查看相关的商品，如图 3-3 所示，再通过单击商品主图即可进入网店。这类流量对商品的成交转化率有一定的影响，因为这类淘宝买家有很强的购物意愿。但是他们在购物过程中容易受到价格、主图效果等因素的影响，从而影响成交转化率。所以，针对这类买家群体，淘宝卖家要尽量把商品的主图设置得更加具有吸引力，以引起其注意，增加网店的访问量。

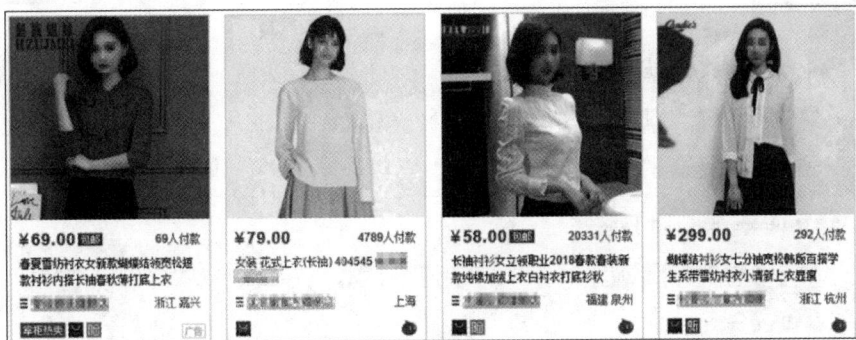

图3-3 直接查看商品

2. 商品收藏

商品收藏是指淘宝买家对某款商品进行收藏的行为。商品的收藏量越高，表明买家对商品越感兴趣。淘宝买家直接单击淘宝收藏夹中的已收藏的商品（见图 3-4）即可进入淘宝网店。

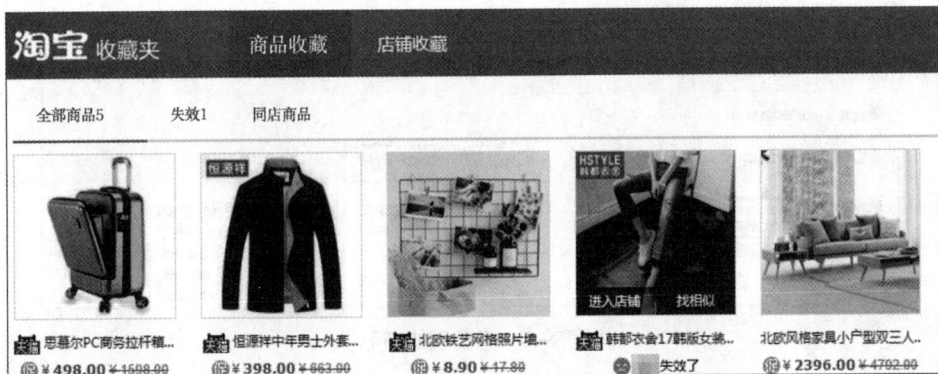

图3-4 商品收藏

商品收藏人气是商品收藏人数和关注热度的综合评分。商品收藏人气对于商品和网店的综合评分是有影响的，是一个网店的热度指标，该指标能影响买家的购买决心。

3. 购物车

淘宝购物车是淘宝网为广大淘宝买家提供的一种快捷购物工具，也便于淘宝卖家开展促销活动。淘宝买家将多款商品添加至购物车后批量下单，如图 3-5 所示，可通过支付宝一次性完成付款。

淘宝买家通过淘宝购物车对淘宝网店进行访问，表示买家对该网店的某款商品很感兴趣，这类买家具有很强的购买欲望，但是出于对价格、质量等方面因素的考虑迟迟没有下单。针对这类买家，淘宝卖家可通过阿里旺旺与其交流和沟通，循循善诱，消除买家心中的顾虑，促成交易。

4. 已买到的商品

已买到的商品是指淘宝买家在某个淘宝网店已经购买到的商品。淘宝买家可以直接通过"已买到的商品"对网店进行访问，也可以单击"和我联系"图标，和卖家进行交流，如图 3-6 所示。

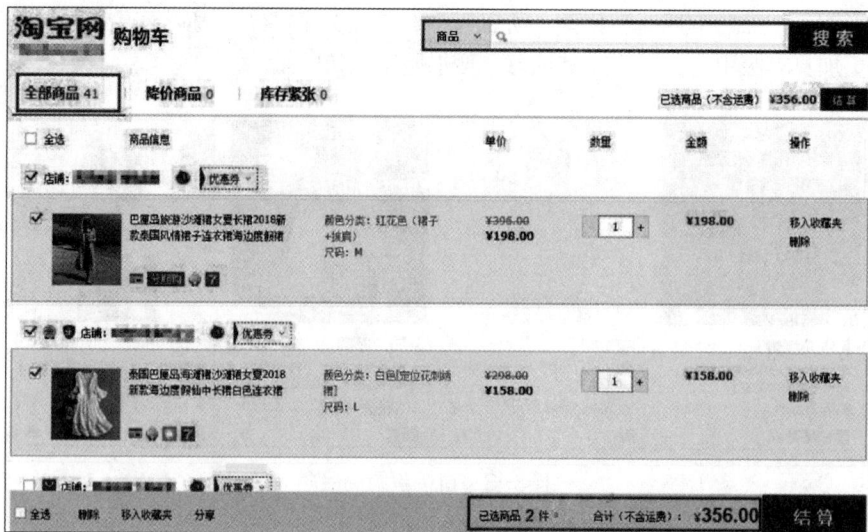

图3-5　淘宝购物车

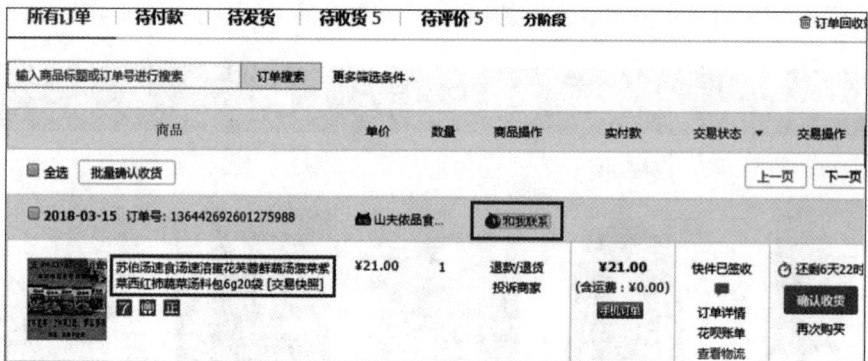

图3-6　已买到的商品

某淘宝网店对网店最近一个月的不同访问方式带来的成交转化率进行了统计，如图3-7所示。其中，淘宝买家通过"已买到的商品"这种方式访问的成交转化率最高。可见，对该淘宝网店而言，这类访问流量在自主访问流量中属于最优质的流量。如果买家直接通过"已买到的商品"对网店进行访问，说明这类淘宝买家的购物目标明确，会有针对性地购物；且这类买家是网店的回头客，对网店的商品质量、服务态度和物流等各方面都很满意，愿意直接在网店再次消费。

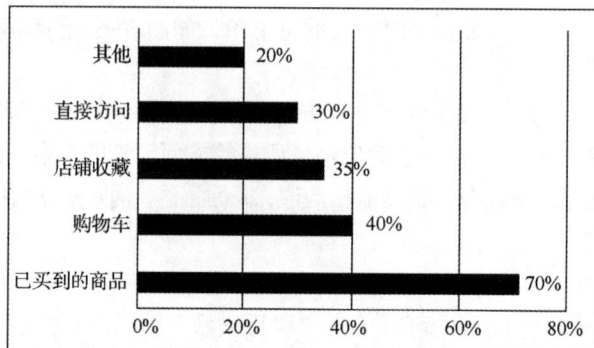

图3-7　不同访问方式带来的成交转化率

那么，淘宝卖家该如何维护和增加这类优质流量呢？首先，淘宝卖家必须跟进售后服务，商品的质量再好，如果卖家的售后服务不到位，在买家消费之后没有及时为其解决售后问题，买家在网店重复购买的次数也会减少；其次，淘宝卖家应该更加严格地把控商品质量，只有及时的售后服务，没有优质的质量也是不行的。服务和质量相辅相成，二者缺一不可。

综上所述，自主访问网店的买家一般都是对某款商品具有较浓的兴趣和较强的购买欲望的买家，可能是老客户，这类买家在通常情况下具有较明确的购买需求，成交转化率相对较高。自主访问流量是所有流量中最优质的流量，淘宝卖家如果能充分利用这部分流量，可以有效提高网店的人气并增加流量，提高网店的访问深度及成交转化率。

3.1.3 付费流量

相对而言，付费流量是4种流量中最容易获取的。付费流量的最大特点是精准度高、流量大。付费流量意味着成本的投入，如果一个淘宝网店的付费流量占全部流量的70%以上，此时付费流量投入过高，网店利润就会减少，严重的时候甚至会亏本；但是一个淘宝网店完全没有付费流量也是不合理的，付费流量最重要的一个特点是精准度高，精准度直接影响着商品的成交转化率，而成交转化率是影响搜索权重的重要因素之一。

因此，付费流量是淘宝网店流量中不可缺少的一部分。最受欢迎、使用频率最高的付费流量的主要获取方式是淘宝客、直通车和钻石展位，如图3-8所示。

1. 淘宝客

淘宝客属于效果类广告推广方式。淘宝客将实际的交易完成量（买家确认收货后）作为计费依据，没有成交量就不收取佣金。

淘宝客推广流程主要涉及淘宝联盟、卖家、淘宝客和买家4种不同的角色，每种角色都是淘宝客推广中不可缺少的，淘宝客推广流程如图3-9所示。

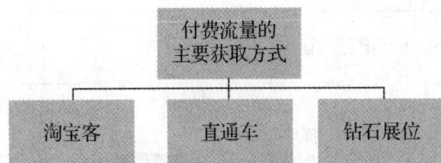

图3-8 付费流量的主要获取方式　　　图3-9 淘宝客推广流程

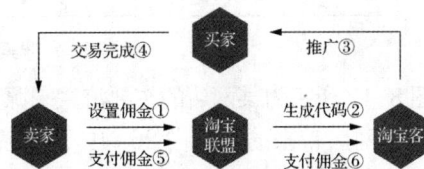

淘宝联盟是淘宝官方的专业推广平台之一。淘宝卖家可以在淘宝联盟招募淘宝客来推广网店和网店的商品，淘宝客也可利用淘宝联盟找到需要推广的卖家。淘宝客是付费流量获取方式中性价比最高的，只有完成了交易，卖家才需要支付佣金。同时，性价比高就意味着推广的门槛高且难度大，淘宝卖家在选择淘宝客时，应考虑到网店的综合利润。当网店商品的转化率不高且佣金较低时，淘宝客的工作动力就相对较弱。对新开的淘宝网店而言，最基础的还是先保证商品和网店的品质。一旦有了"品牌效应"，即使在佣金很低的情况下，仍然会有很多淘宝客愿意为网店做推广。

2. 直通车

直通车是阿里妈妈旗下的一款精准营销产品，用以实现商品的精准推广。直通车是以"文字＋图片"的形式出现在搜索结果页面的，直通车在淘宝网上出现的其中一个位置是搜索结果页面的右侧，如图3-10所示，该位置共有12个单品广告展位；直通车也会出现在搜索结果页面的最下端，如图 3-11 所示。

图3-10　搜索结果页面右侧的展位

图3-11　搜索结果页面最下端的展位

图 3-12 所示为某网店的主要流量来源分布，其中，直通车为网店带来的流量占 26.71%，直通车主要通过展示与搜索关键词相匹配的商品来实现精准推广，当买家浏览直通车展位上的商品时，如果直通车展位上商品的价格和图片能吸引买家的兴趣，买家就会单击进入网店，并且单击进入的大部分买家都有强烈的购买欲望。因此，直通车为网店带来的流量通常精准有效。

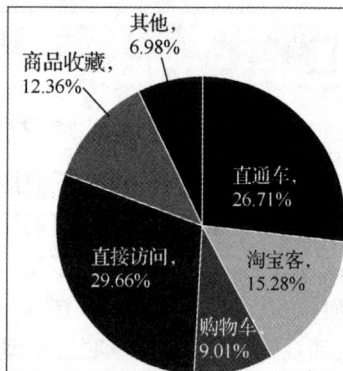

图3-12　某网店的主要流量来源分布

直通车在推广某个商品时，通过精准的搜索匹配给网店带来优质的买家。买家进入网店时，极易产生一次或多次的流量跳转，促成其他商品的成交。这种以点带面的精准推广可以最大限度地降低网店的推广成本，优化网店的整体营销效果。同时，直通车为广大淘宝卖家提供淘宝首页的热卖单品活动、各大频道的热卖单品活动和不定期的淘宝各类资源整合的直通车用户专享活动。

3. 钻石展位

钻石展位是专门为淘宝卖家提供的图片类广告竞价投放的平台，也是阿里妈妈旗下的营销工具之一，主要依靠图片的创意吸引买家的兴趣，以帮助卖家获取巨大的流量。钻石展位是根据流量竞价销售的广告展位，计费单位为每千次浏览单价（Cost Per Thousand，CPM），按照竞价从高到低依次投放。淘宝卖家可以根据地域、访客和兴趣点3个维度设置定向的广告投放。同时，钻石展位还为淘宝卖家提供数据分析报表和优化指导。

图3-13所示为淘宝首页的钻石展位，钻石展位可以为淘宝卖家提供200多个全淘宝网的优质展位，其中包括淘宝首页、频道页、门户、画报等多个淘宝站内的广告展位。钻石展位还可以将广告投向站外，如大型门户网站、垂直媒体、视频网站、搜索引擎网站等各类媒体的广告展位。

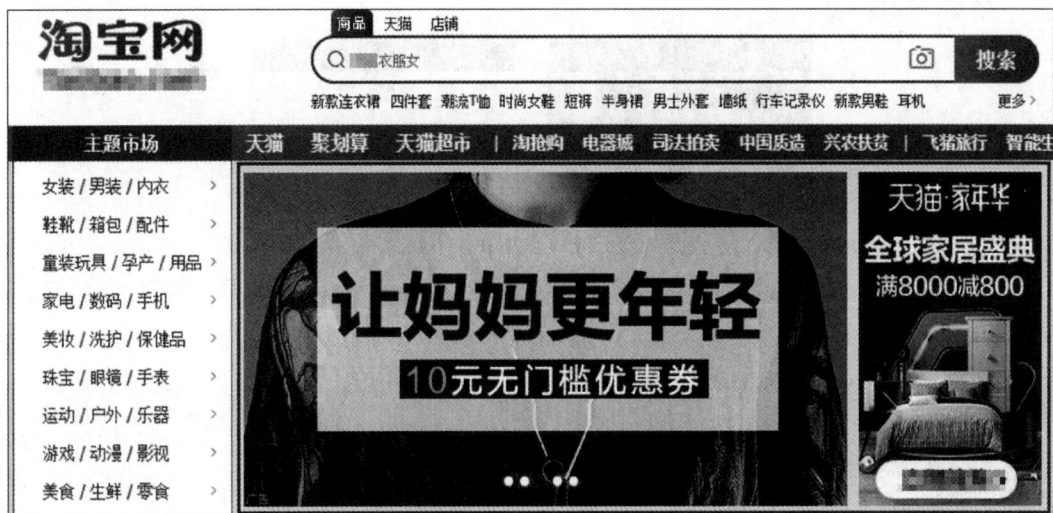

图3-13　淘宝首页的钻石展位

把广告投放在钻石展位上需要一套完整的运营方案。淘宝卖家需要做好每天的钻石展位数据的采集、统计、整理和分析。淘宝卖家应明确选择钻石展位的目的，有针对性地进行推广。钻石展位推广可分为单品推广和网店推广两种：单品推广适合需要长期引流并且需要不断提高单品成交转化率的卖家；而网店推广主要是针对有一定的活动运营能力或短时间内需要大量流量的大中型卖家。钻石展位推广的分类如图3-14所示。

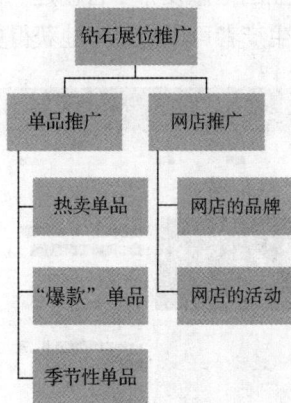

图3-14　钻石展位推广的分类

3.1.4　站内流量

站内流量是指通过淘宝网获取的流量。站内流量对于一个淘宝网店来说也是相当重要的流量。淘宝网每天有几千万甚至上亿的流量，其中不少是站内流量，站内流量分为免费流量和付费流量。新手卖家可以先从站内的免费流量渠道获取流量，如微淘、淘宝头条等淘宝网官方的互动交流平台。

1.　微淘

微淘是手机淘宝的重要产品之一，其定位是作为移动消费入口，在买家生活细分领域，为买家提供方便、快捷、省钱的手机购物服务。微淘首页如图 3-15 所示。

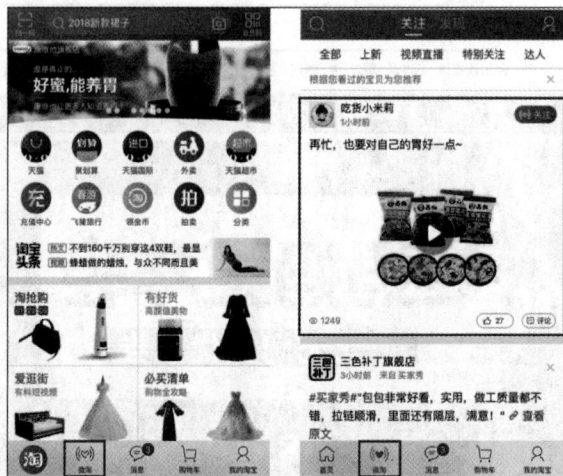

图3-15　微淘首页

微淘的核心是回归以用户为中心的淘宝，而不是依靠小二推荐、流量分配。每一个用户有自己关注的账号和感兴趣的领域，通过订阅的方式，用户可以获取自己想关注的信息和服务，并且运营者、粉丝之间能够围绕账号产生互动。

2.　淘宝头条

淘宝头条是阿里巴巴旗下的生活消费资讯类媒体聚拢平台，首页如图 3-16 所示。媒体、"达人"及自媒体可以通过这一专业的信息发布平台创建"淘宝头条号"，借助淘宝海量流量和精准算法实现个性化推送，内容生产者可以高效率地获得更多的曝光和关注。

图3-16　淘宝头条首页

内容化、社区化、本地生活服务是淘宝未来的三大方向，而淘宝头条现已成为我国最大的在线生活消费资讯类媒体聚拢平台，每个月有超过 8000 万用户通过淘宝头条获取新的、优质的消费类资讯内容。

3.1.5　站外流量

站外流量是指从淘宝网以外的所有渠道获得的流量。流量是影响网店发展的关键因素，如何获得更多的站外流量也逐渐成为卖家关注的焦点。而最困扰新手卖家的就是如何获取站外流量。

站外流量主要是各大社交平台带来的，如微博、QQ、论坛及贴吧等。图 3-17 所示为某淘宝网店的站外流量来源构成，其中微博为网店带来的流量占站外流量的 39.20%。

站外流量可以为网店带来大量潜在消费者（买家），但卖家在引入站外流量之前，必须先把网店装修好，而且商品的详情页要能刺激买家的购买欲望，否则即使引进再多的站外流量，网店的转化率依旧会很低。

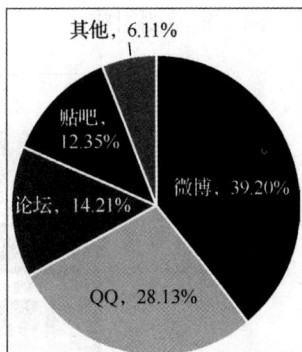

图3-17　某淘宝网店的站外流
量来源构成

如果新手卖家不知道该如何对自己的网店进行装修，可以参考销量较高的同行卖家的网店，借鉴别人的装修特点，将多家网店有特色的地方结合起来，再根据自己网店商品的卖点制作商品的详情页。

3.2　网店开设初期的引流渠道

流量是影响淘宝网店销量的关键因素之一，而引流渠道则决定了流量的质量。对于淘宝网店的引流渠道，卖家要注意以下两点。

① 引流渠道多元化。如果一个淘宝网店的流量种类较多，说明该网店的商品展现和曝光的程度较高，网店的消费群体层次丰富，有利于网店的良性发展；如果网店的流量过于单一，那么网店流量的风险性可能较高，网店的流量具有不稳定性。

② 不同流量来源的占比。不同流量来源的占比能直接反映网店流量的各个影响因素的权重，同时，不同来源的流量对应的访客的质量差异会很大，对于网店的成交率有一定的影响。因此，卖家需要结合网店的实际情况，科学合理地优化不同流量来源的占比。

在淘宝网店开设初期，淘宝卖家最常用的引流渠道主要是淘宝官方活动及社交网络平台。

3.2.1　淘宝官方活动

随着淘宝网店推广费用和流量成本的增加，不少淘宝卖家把目光聚集在淘宝官方举办的各种活动上，想要利用低门槛的活动报名方式参加各种活动，进而为网店带来巨大的流量。如果卖家在活动前准备充分，运用适当的营销技巧，很有可能成功打造网店的"爆款"。

但是，并不是所有的活动都能带来巨大的流量和较高的成交转化率，新手卖家应该有选择性地报名，在前期可以参加聚划算、淘金币、天天特价等活动。

1. 聚划算

聚划算是阿里巴巴旗下的团购网站。聚划算依托淘宝网庞大的消费群体，现已发展为淘宝卖家首选的团购平台。在淘宝网上，每天有超过千万的网购用户，这也正是聚划算流量最主要的来源。

图 3-18 所示为聚划算首页，聚划算团购频道由品牌团、非常大牌、聚名品、全球精选、量贩团、旅游团组成。

图3-18 聚划算首页

① 聚划算能帮助淘宝卖家获取巨大的流量，且成交转化率非常高。例如，某淘宝网店的一款休闲套装的上架时间为 2 月 24 日，定价为 173 元，但是销量很低。淘宝卖家决定在 3 月 8 日参加聚划算的活动，并且把休闲套装的价格降为 89.00 元，在参加活动不到 9 小时，该休闲套装的销量突破 3 000 套，如图 3-19 所示。

图3-19 休闲套装的销量激增

② 卖家通过淘宝对聚划算为网店带来的流量和销量进行统计，结果如图 3-20 所示，从图中可以看出，商品刚上架时，网店的流量非常低，截至 3 月 4 日，共销售了 2 套；商品在 3 月 8 日参加聚划算活动，网店的流量和销量猛增。

如图 3-20 所示，聚划算直接为网店带来大量的流量和较高的成交转化率。除此之外，该淘宝卖家最值得众多新手卖家学习和借鉴之处是审时度势、灵活营销。在商品上架的一个星期内，淘宝网店的流量和销量都非常低，该淘宝卖家意识到了网店当前的问题，抓住妇女节这一时间节点进行活动营销，在 3 月 8 日当天打了一场漂亮的翻身仗。

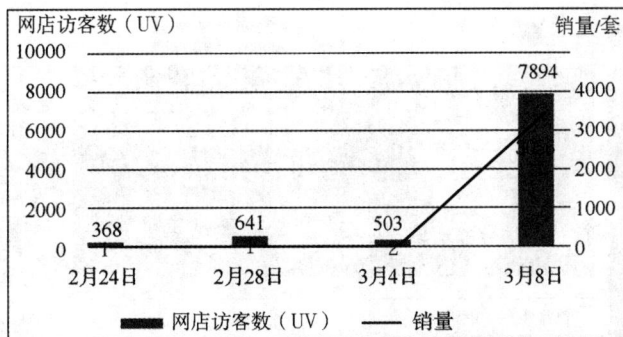

图3-20 聚划算为网店带来的流量和销量

③ 聚划算能为网店带来持续性购买。结合图3-19所示，淘宝卖家在3月8日参加聚划算活动之后，休闲套装的价格为89.00元，网店的销量变化情况如图3-21所示。

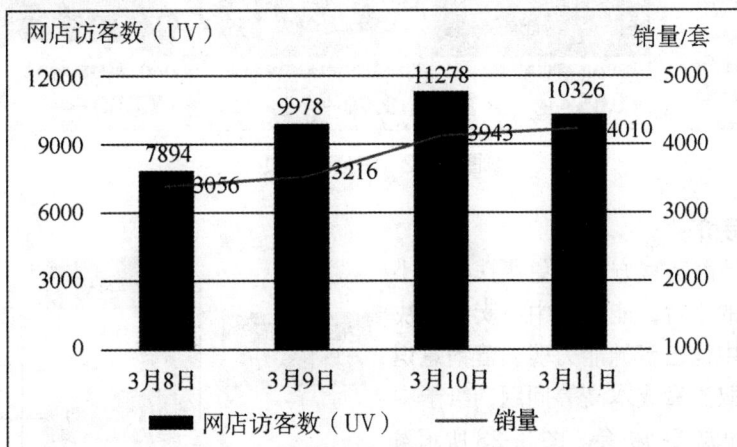

图3-21 网店的销量变化情况

从图3-21可以看出，从3月8日开始，网店的访客数和销量开始急剧增加，到3月11日，该款休闲套装的累计销量突破4000套。

由此可见，聚划算为网店带来的持续性购买是相当可观的，能在短时间内为网店带来大量的流量。随着网店的流量和销量的增加，网店的排名自然也会更靠前，从而可以在短时间内为卖家带来不少的利润。

聚划算能在充分保证网店盈利的基础上，增加网店的人气，为网店品牌的宣传打下良好的基础。但是聚划算带来的火爆的阿里旺旺咨询和高成交转化率也是对一个网店运营能力的考验，淘宝卖家在参加聚划算活动之前，需要进行充分的准备，调动各岗位工作人员全力配合。一次成功的活动会大大提高一个网店的知名度。

2. 淘金币

淘金币是淘宝的虚拟积分，是淘宝为广大淘宝卖家专门打造的。淘宝卖家可以通过卖家的身份赚取金币，再给买家发金币，进而达到为网店引流的目的，并打造网店的特色运营体制。

同时，阿里巴巴开发淘金币网站，该网站作为全淘宝最大的流量营销平台之一，淘宝卖家只需设置自家网店的商品能用淘金币抵扣金额就有机会进入淘金币首页来展示商品，从而为网店带来稳定的流量。图3-22所示为淘金币首页。

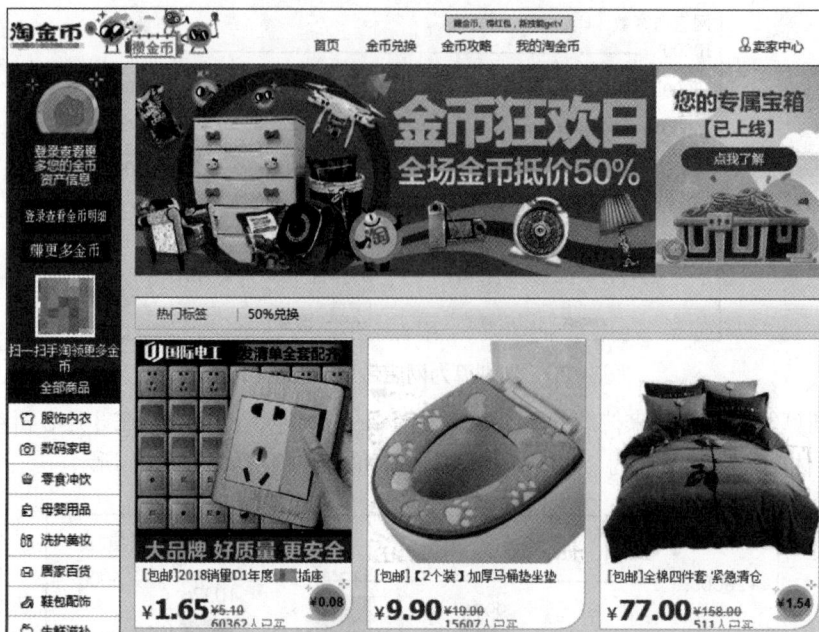

图3-22　淘金币首页

3.天天特价

天天特价是淘宝官方唯一免费扶持中小卖家快速成长的平台，能帮助中小卖家解决网店发展过程中抢占资源能力弱、营销意识不足，以及获取流量成本高等问题，给予中小卖家更多快速成长的机会。图3-23所示为天天特价栏目和活动总览，不同的淘宝卖家可以根据自己网店的实际情况参加天天特价活动。

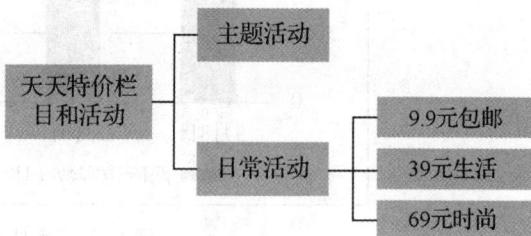

图3-23　天天特价栏目和活动总览

通过参与天天特价活动获取的利润是微乎其微的，尽管它不能为网店带来巨额利润，但是它能快速增加网店流量，从而提高网店动态评分（Detail Seller Rating，DSR）（淘宝店铺的动态评分）和网店商品的排名。图3-24所示为天天特价首页，卖家可以单击"商家，报名"参加活动。2018年1月15日，天天特价发布了新的规则，其中最大的变化是天猫和天猫国际的卖家也可以报名参加天天特价活动了，天天特价活动的竞争越来越激烈了。

图3-24　天天特价首页

淘宝网店的商品在天天特价平台的成交数据将计入商品的搜索排名，这能使网店在活动中获得的流量得到沉淀，并在一定程度上提高网店的买家复购率。

3.2.2 社交网络平台

社交网络平台互动性强，拥有广泛的用户基础，且用户黏性强，对平台依赖性较强。因此，这类平台的价值很高，很多淘宝卖家都把这类平台作为网店引流的渠道。

1. 微博

迅速普及的微博聚集了大量用户，这为淘宝网店在微博进行营销创造了天然的优势，加上微博营销价格低廉、互动性强等特点，微博营销成为网店卖家常选择的营销方式之一。

淘宝卖家主要以微博淘宝版、微博橱窗为主要渠道，图3-25、图3-26和图3-27所示分别为微博图文、微博卖家信息（有微博淘宝版标志）、微博橱窗。

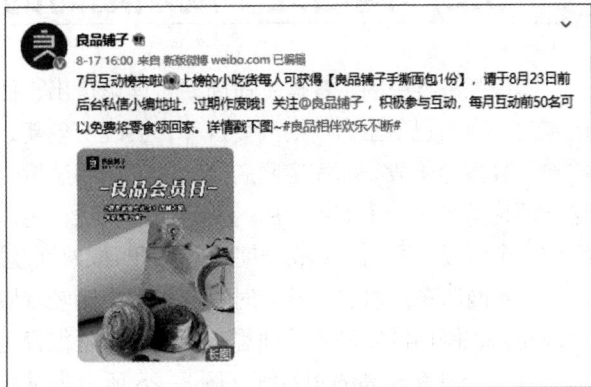

图3-25 微博图文

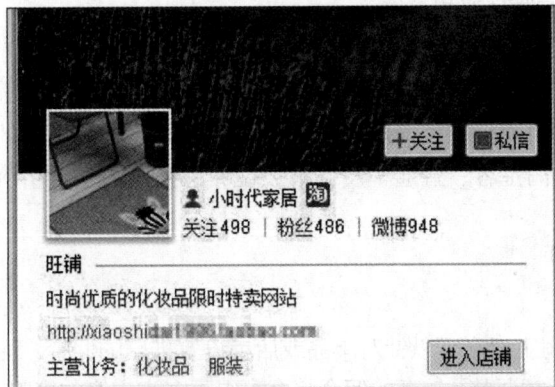

图3-26 微博卖家信息（有微博淘宝版标志）

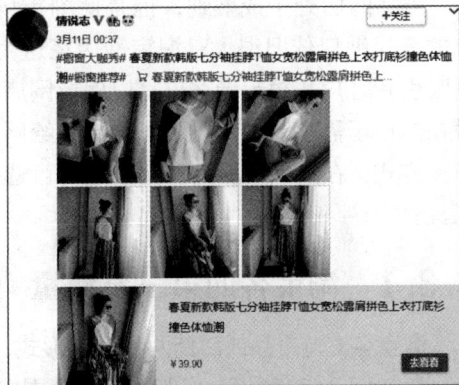

图3-27 微博橱窗

微博淘宝版将微博与淘宝网店绑定，微博用户可以直接从微博进入淘宝网店；微博橱窗则让微博用户可以通过微博进入链接查看商品详细信息并进行购买。这两者侧重点不同，但都能方便用户查询和购买商品。

淘宝卖家可以做微博转发有奖的活动，如"转发本条微博并@3个好友（在规定的时间内转发有效）即有机会领取奖品"。这是微博最常用的引流方法，当微博的转发和评论数量增加时，网店的人气自然会上升。如果淘宝卖家资金充裕，还可以雇用专业的微博推广团队，或让微博名人转发微博。总之，微博引流仁者见仁、智者见智，多种引流渠道并用可以增加网店流量。

2. 微信

作为移动端流量与用户最多的社交应用软件之一，微信具有强关系、点对点等营销特点。微信营销是网络经济时代企业或个人的一种营销模式，是伴随微信的火热而兴起的一种网络营销方式。微信推广一般推荐两种方式，一种是朋友圈，另一种是微信的"摇一摇"功能。

朋友圈推广比较简单，卖家可像平时发朋友圈动态一样，言简意赅地说明商品情况和网店的优惠活动，并配上几张真实的商品图片。要想不被屏蔽，切记不要刷屏，要保持有规律的推广时间。现在大多数人的上班时间是朝九晚六，所以在工作日就可以选择在 8:00—9:00、18:00—19:00 等时间段发送朋友圈动态。但是周末和平时不同，要注意调整推广时间。

3.3 网店处于成熟期时的引流渠道

零售经济学中的"零售生命周期"理论指出，任何形式的零售都有自己的生命周期演变规律，会经历创新、成长、成熟和衰落等阶段。而淘宝网店变化的方向和速度也可以用这一理论解释。一个淘宝网店，从开设到成熟稳定，通常也经过 5 个阶段：导入期、成长期、竞争期、成熟期及瓶颈期。

淘宝网店在发展到成熟期时，资金实力比较雄厚，各类资源充裕，网店的经济收益理想，市场份额也很稳定，网店的品牌已经具有较高的知名度。图 3-28 所示为某淘宝网店处于成熟期时的流量结构。

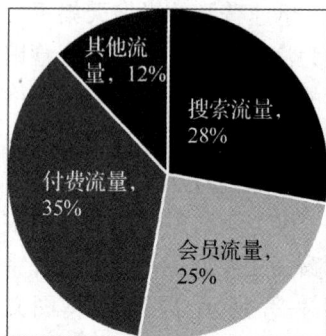

图3-28 某淘宝网店处于成熟期时的流量结构

虽然网店处于成熟期，但是此刻市场并没有饱和，客户的需求缺口依旧很大，淘宝网店在这个阶段的首要目标是吸引新客户和稳定老客户，以保持网店的市场份额，并不断挖掘潜在的市场需求。在挖掘潜在的市场需求时，首要任务仍然是给网店引流。淘宝网店在不同的发展阶段要采取不同的引流方式，在成熟期，淘宝卖家通常可选择淘宝客、直通车及钻石展位作为网店的主要引流工具。

3.3.1 淘宝客的第三方流量

淘宝客支持单品或店铺两种推广形式，淘宝卖家可以针对单品或店铺设置推广的佣金，佣金可以在每笔成交金额的 5%～50% 范围内任意调整，较高的佣金将会赢得更多淘宝客的青睐。淘宝官方会在每笔订单成交后，根据相应的佣金设置从成交金额中扣除淘宝客的佣金。

1. 淘宝客的入口

淘宝客带来的流量主要是第三方流量，淘宝卖家可以直接登录淘宝联盟的首页，按照店铺的实际需求选择"单品推广"或"店铺推广"，如图 3-29 所示。

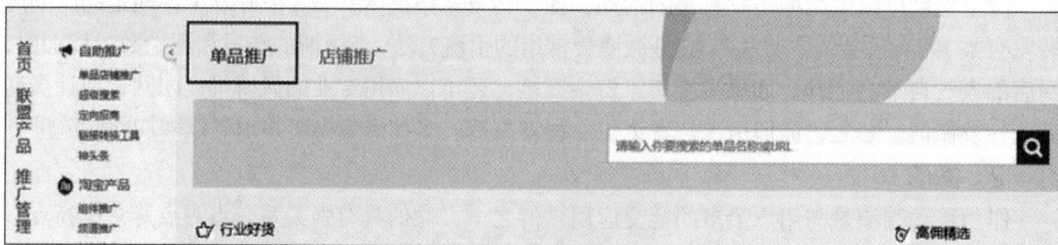

图3-29 淘宝联盟的首页

2. 淘宝客的招募

卖家需要通过不同方式挖掘淘宝客，只有掌握了淘宝客资源，才能合理利用这些资源扩大品牌影响，增加商品销量。淘宝客招募有多种方式，无论何种方式，都需要卖家主动联系，多尝试，这样才能挖掘出更多的淘宝客资源。常见的淘宝客招募方式有以下几种。

（1）后台公告招募

淘宝卖家可在淘宝客后台发布招募相关的公告，吸引淘宝客主动申请加入推广。公告类型包含掌柜奖励、掌柜促销、掌柜热卖和其他，如图3-30所示。

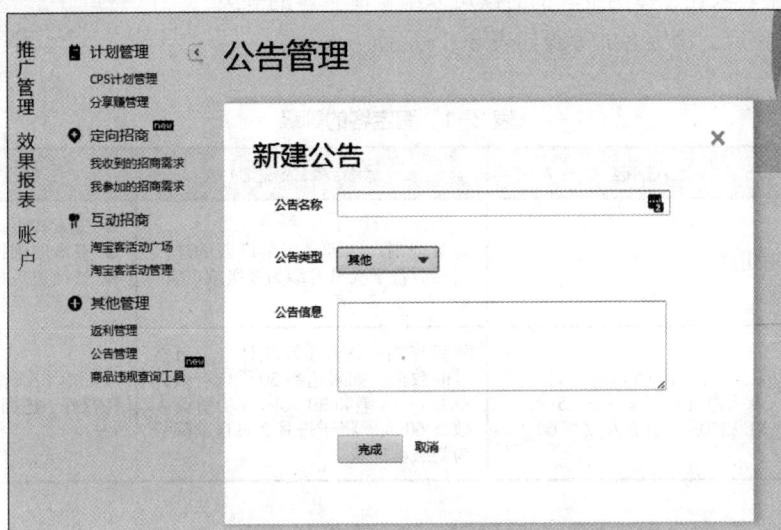

图3-30　公告管理

公告的标题要有吸引性，如"全店佣金比例高达40%""年中促销主推款的佣金比例达50%"等，标题可以适当夸张，但不能脱离实际，一定要把最大的亮点展现出来。公告信息一般包含店铺名称、店铺链接、网店活动信息、活动素材下载链接、联系方式等。

（2）阿里妈妈社区招募

卖家进入阿里妈妈社区可进行淘宝客招募。

（3）其他论坛招募

卖家除了可在官方社区进行招募外，还可以去一些其他网站进行招募，如嗨推网、A5网、站长之家等。

招募帖一般需要包括以下信息。

① 标题：卖家在写标题时应尽量简单化，可以用一些有号召性的词语。

② 店铺信息：店铺名称和店铺链接。

③ 佣金信息：具体的佣金比例和申请店铺的推广链接。

④ 素材下载地址：推广店铺活动时需要的不同尺寸素材的下载地址。

⑤ 联系方式、注意事项：注明卖家联系方式并要求淘宝客在申请理由中备注推广方式和联系信息，以便于后续的审核管理。

⑥ 网店数据：展示店铺的销售数据和转化率等情况，利用各项数据吸引淘宝客推广。

3. 淘宝客的选择

淘宝卖家在选择淘宝客之前，应该明确并非所有人都适合做淘宝客推广工作。那么，究竟什么样的人会成为淘宝客呢？淘宝客主要分为 3 类：第一类是资深的网站管理人员，该类人员依托于网站的大量流量，可在网站中放一些广告进行推广；第二类是上网时间长的人；第三类是兼职人员，该类人员主要通过朋友介绍、网络搜索等渠道获取兼职的机会。淘宝客的主要分类如图 3-31 所示。

淘宝客已经发展成为整个淘宝生态体系中的重要一环，阿里妈妈系统会根据淘宝客的业绩和健康度对淘宝客进行晋级或降级。因此，淘宝卖家在选择淘宝客的时候可以结合淘宝客的等级，选择优质的淘宝客，淘宝客的等级如表 3-1 所示。

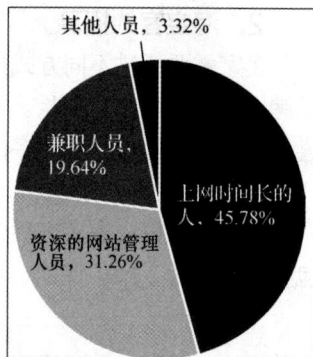

图3-31 淘宝客的主要分类

表 3-1 淘宝客的等级

等级	准入门槛	晋级或降级规则	特殊权限
初级推广者	注册用户	晋级规则：达到高级推广者的准入门槛后将于次日升级为高级推广者	● 搜索权限 ● 获取明细报表权限 ● 快捷提现权限 ● 链接转换权限
高级推广者	● 累计"拉新"人数≥6 人 ● 30 天内有效订单数≥15 笔 ● 30 天内成功引流人数≥60 人	降级规则：每月 1 日统计上个自然月的数据，如未达到 30 天内有效订单数≥15 笔和 30 天内成功引流人数≥60 人，将于每月 2 日自动降级为初级推广者	除拥有初级推广者的所有特权外，还拥有"高佣金"特权

为了激发淘宝客的推广热情，淘宝卖家也可以设置正向激励的销售规则。淘宝卖家设置的佣金越高，就会有越多的淘宝客愿意参与网店的推广活动，也越能有效地激发淘宝客的推广热情。

3.3.2 直通车的精准流量

当淘宝网店每天都有相对稳定的淘宝客的第三方流量后，网店访客数（UV）往往会遇到瓶颈，那就需要利用直通车为网店带来更多精准的流量。

1. 直通车的相关专有名词

直通车是一种点击付费的推广方式。在进行直通车推广之前，卖家应该先了解与直通车相关的专有名词，如表 3-2 所示。

表 3-2 与直通车相关的专有名词

名称	含义
展现量	广告被展现的次数
点击量	广告被点击的次数
点击率	点击量与展现量之比
消耗	直通车点击产生的费用
点击单价	消耗与点击量之比
竞价排名	通过竞价进行位置竞争
点击转化率	每一笔成交订单的点击次数与点击量之比

2. 关键词的设置

关键词是指淘宝卖家为了推广某一商品,为该商品设置的相关关键词,当买家搜索相关关键词时,搜索结果中就会出现卖家网店的商品。

例如,某淘宝网店为一款连衣裙设置了6个不同的关键词,分别是修身显瘦、欧美名媛、田园小清新、清纯甜美、优雅淑女和文艺森系。在一天内,淘宝卖家对6个关键词的展现量、点击量和点击率分别做了统计,不同关键词的数据对比如图3-32所示。

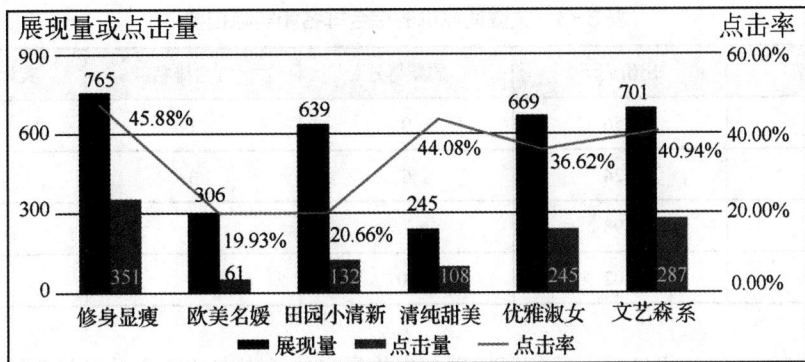

图3-32 不同关键词的数据对比

从不同关键词的点击率分析,点击率排名前三的关键词分别是修身显瘦、清纯甜美和文艺森女。点击率越高的关键词为网店带来的流量越多,因此,卖家在设置关键词之前需先对关键词的引流能力做测试,选择点击率较高的关键词添加到商品的标题中。

3. 关键词的竞价

在直通车推广中,每件商品可以设置20个关键词,而不同商品的关键词的最低出价不同,热门的关键词竞争较激烈,出价一般会高于冷门的关键词。淘宝卖家需要根据自己的实际情况,评估关键词能为网店带来多少流量,成交转化率大概是多少。淘宝卖家可以针对每个关键词自由竞价,扣费方式为按照点击次数扣费。

（1）直通车扣费公式

直通车扣费公式如下。

$$综合排名得分 = 质量得分 \times 出价$$

$$实际扣费 = 下一名的出价 \times 下一名的质量得分 \div 自己的质量得分 + 0.01 元$$

其中质量得分是衡量设置的关键词与商品推广信息和淘宝用户搜索意向的相关性的评分,其计算涉及多方面的因素,如基础分、创意效果和相关性等,如图3-33所示,质量得分为1～10分,质量得分是一个相对值而不是绝对值。在整个直通车扣费公式中,淘宝卖家可以改变的是自己商品的质量得分和出价。

例如,甲、乙、丙、丁4位淘宝卖家对同一关键词竞价,如表3-3所示。根据"综合排名得分 = 质量得分 × 出价"这一公式,甲卖家的综合排名得分为9×1.56=14.04,乙卖家的综合排名得分为6×2.24=13.44,丙卖家的综合排名得分为7×1.98=13.86,

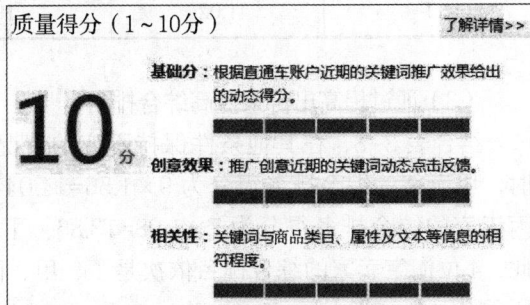

图3-33 质量得分涉及的因素

丁卖家的综合排名得分为10×1.02=10.2。因此，4位淘宝卖家的综合排名依次是甲、丙、乙、丁。

根据公式"实际扣费 = 下一名的出价 × 下一名的质量得分 ÷ 自己的质量得分 +0.01 元"，甲卖家的实际扣费 = 丙卖家的出价 × 丙卖家的质量得分 ÷ 甲卖家的质量得分 +0.01 元，即1.98×7÷9+0.01=1.55 元，甲卖家的实际扣费为1.55 元。按照公式，分别可以计算出其他3位卖家的实际扣费，如表3-3所示。

表3-3 关键词竞价的综合排名和实际扣费

淘宝卖家	出价/元	质量得分	综合排名	实际扣费/元
甲	1.56	9	1	1.55
乙	2.24	6	3	1.71
丙	1.98	7	2	1.93
丁	1.02	10	4	—

由表3-3所示的计算结果，我们可发现，出价最高的乙卖家的综合排名并不是第一，而甲卖家的出价相对较低却排名第一。可见，在直通车中，关键词的出价并不是决定商品综合排名的唯一因素，而且实际扣费始终小于或等于出价。

（2）通过提高质量得分来提高综合排名

结合表3-3，在其他条件保持不变的情况下，乙卖家提高了质量得分，如表3-4所示，此时，甲卖家的综合排名得分为9×1.56=14.04，乙卖家的综合排名得分为10×2.24=22.4，丙卖家的综合排名得分为7×1.98=13.86，丁卖家的综合排名得分为10×1.02=10.2。因此，4位淘宝卖家的综合排名依次是乙、甲、丙、丁，相应的实际扣费也会改变，如表3-4所示。

表3-4 乙卖家提高质量得分后的关键词竞价的综合排名和实际扣费

淘宝卖家	出价/元	质量得分	综合排名	实际扣费/元
甲	1.56	9	2	1.55
乙	2.24	10	1	1.41
丙	1.98	7	3	1.47
丁	1.02	10	4	—

（3）通过提高出价来提高综合排名

结合表3-3，在其他条件保持不变的情况下，丁卖家提高了出价，如表3-5所示，此时，甲卖家的综合排名得分为9×1.56=14.04，乙卖家的综合排名得分为6×2.24=13.44，丙卖家的综合排名得分为7×1.98=13.86，丁卖家的综合排名得分为10×2.50=25.00。因此，4位淘宝卖家的综合排名依次是丁、甲、丙、乙，相应的实际扣费也会改变，如表3-5所示。

表3-5 丁卖家提高出价后的关键词竞价的综合排名和实际扣费

淘宝卖家	出价 / 元	质量得分	综合排名	实际扣费 / 元
甲	1.56	9	2	1.55
乙	2.24	6	4	—
丙	1.98	7	3	1.93
丁	2.50	10	1	1.41

可见，在其他条件保持不变的情况下，淘宝卖家可以直接通过改变商品的质量得分和出价来改变商品的综合排名。但是在实际情况中，淘宝卖家并不能知道竞争对手的质量得分和出价，所以，淘宝卖家不能毫无根据地出价。在出价之前，淘宝卖家可先进行试探性的"测试"，在大致了解竞争对手的情况之后，再对商品的关键词进行竞价。

3.3.3 钻石展位的品牌推广流量

钻石展位系统会通过兴趣点、访客和地域将流量与广告进行有效的匹配，进而高效引入流量，达到提高商品曝光率、网店点击率的效果，从而实现较高的广告投放的点击率和投资回报率（Return On Investment，ROI）。由于钻石展位广告位具有局限性，它更适合作为品牌传播的工具，对于淘品牌或传统品牌的旗舰店较为适用。

某淘宝网店某个时间段在钻石展位投放广告后，该淘宝卖家统计的网店浏览量和访客数趋势如图 3-34 所示。

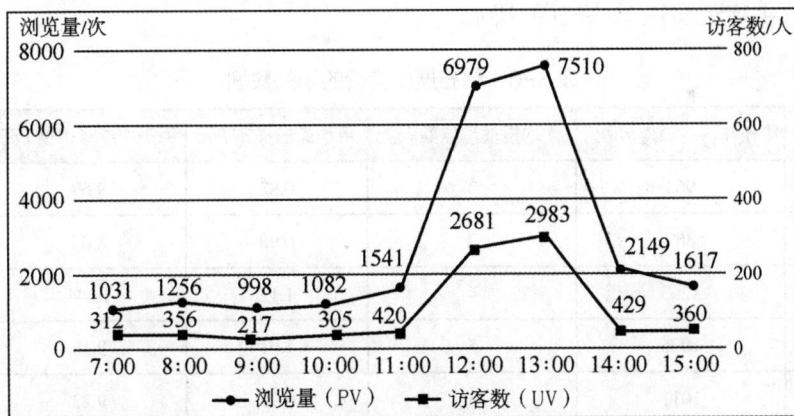

图3-34 某淘宝网店7:00—15:00的浏览量和访客数趋势

从整体趋势来分析：7:00—11:00 期间，网店浏览量和访客数变化不大；11:00 是分水岭，11:00—13:00 网店浏览量和访客数急剧增加，在 13:00 的时候，浏览量和访客数均达到最大值，浏览量为 7510，访客数为 2983；13:00 之后，浏览量和访客数呈逐渐减少趋势。因此，从网店浏览量和访客数，我们可以很直观地看出，该淘宝网店在 11:00—13:00 在钻石展位投放的广告有较好的效果。

1. 钻石展位的收费标准

钻石展位是根据流量竞价收费的，即以淘宝卖家投放的广告所在的展位被浏览 1000 次所收取的费用为单价计费（被浏览1000次并不是指有1000次点击，而是有1000个网店浏览量）。

相关计算公式如下。

$$总预算 ÷ 前次成交价 × 1000 = 购买总流量$$
$$购买总流量 × 点击率 = 点击数$$
$$总预算 ÷ 点击数 = 单个点击成本$$

例如，某淘宝卖家的推广总预算是500元，并且该淘宝卖家想要竞拍一个点击率为6%的广告展位，前次成交是每千次8元。那么，该淘宝卖家能购买到的总流量为62500（PV），能产生的点击数为3750，单个点击成本约为0.13元。

2. 钻石展位的竞价规则

淘宝卖家在进行钻石展位的竞价之前，需要先了解淘宝官方对钻石展位竞价设置的规则，不能在了解清楚规则之前盲目竞价。相关规则如下。

① 淘宝卖家竞拍的是某个广告位在某个时间段的流量使用权。每千次浏览单价出价高的卖家的广告投放结束后，下一位的广告才会开始投放。

② 竞价的最小时间单位为小时，每小时内系统会按照卖家出价从高到低的顺序投放广告。

③ 每天15:00为竞拍结束时间点，第二天的投放顺序将按照这个时间点的价格排列。

④ 某淘宝卖家竞拍的结算价格为排在该淘宝卖家下一位淘宝卖家的出价加0.1元。

3. 钻石展位的竞价流程

（1）提前统计相关数据

例如，A淘宝卖家决定在5月20日某个时间段参与钻石展位的竞价，那么，A淘宝卖家需要提前对相关的数据进行统计，包括参与竞价的总人数、人均投放广告数、平均点击成本、每千次成交价格及点击率，如表3-6所示。

表3-6　钻石展位竞价的相关数据

日期	参与竞价的总人数/人	人均投放广告数/个	平均点击成本/元	每千次成交价格/元	点击率
5月11日	962	3	0.82	9.69	1.78%
5月12日	869	2	0.98	8.03	1.92%
5月13日	1263	4	1.12	10.44	2.63%
5月14日	1006	5	1.01	9.16	1.88%
5月15日	1011	3	0.99	9.23	1.76%

分析表3-6可知：参与竞价的总人数每天平均约为1022人，人均投放广告数约为3个，平均点击成本约为0.98元，平均每千次成交价格约为9.31元，且平均点击率约为1.99%。就现阶段的数据分析结果来看，钻石展位的竞价情况变化不大，A淘宝卖家可以提前准备良好的活动创意，参与5月20日的钻石展位的竞价。

（2）参考当前的竞价情况

淘宝卖家在参加钻石展位的竞价之前必须先参考每个展位当前的竞价情况。在5月19日，A淘宝卖家要想参与5月20日的钻石展位中焦点展位的竞价，就应该先参考当前焦点展位的竞价情况。表3-7所示为当前焦点展位的竞价情况。

表3-7 当前焦点展位的竞价情况

竞价排名	竞价金额/元	占用流量比
1	31.6	1.69%
2	30.9	15.78%
3	30.6	0.56%
4	29.9	6.21%
5	29.9	0.94%
6	29.9	0.43%
7	29.1	0.82%
8	28.6	0.90%

从表3-7中可以看出，竞争非常激烈，导致竞价的排名变化较大。最值得引起淘宝卖家注意的是，当多个卖家的出价相同时，其中一个卖家的占用流量比会相对较大。淘宝卖家的出价不宜过高，也不宜过低，应该在保证能参与竞价的基础上，争取花最少的钱，买最多的流量。竞价排名和占用流量比一直在发生变化，卖家必须在临近15:00的时候密切关注其变化。

（3）关注竞价的结果

淘宝卖家在参与了钻石展位的竞价后，最关注的就是推广的结果。在同样的出价条件下，不同的淘宝卖家可能会取得不同的推广效果。例如，B淘宝卖家也参与了钻石展位中焦点展位的竞价，且B淘宝卖家的出价和A淘宝卖家相同，都是10元，但是二者最后的推广效果相去甚远，如表3-8所示。

表3-8 出价相同但推广效果不同

竞价卖家	总预算/元	出价/元	点击率	点击数	单个点击成本/元
A淘宝卖家	1000	10	2%	2000	0.5
B淘宝卖家	1000	10	5%	5000	0.2

为什么A淘宝卖家单个点击成本高，买到的流量却很少呢？这是很多新手淘宝卖家可能会面临的问题，因为参与钻石展位竞价的卖家很多，其间有可能出现多个淘宝卖家竞价相同的情况，此时，其中某个淘宝卖家的占用流量比会相对较大。因此，为了能让竞价排名更靠前，A淘宝卖家的出价应该高于占用流量比较大的B淘宝卖家。

4. 制作网店流量数据诊断报表

淘宝卖家应制作网店流量数据诊断报表，并每天及时进行统计分析，通过对网店流量数据进行对比与分析，从而为网店的发展与决策提供数据支持。该报表的主要数据指标包括浏览量（PV）、访问深度、访客数（UV）（总客户数、新客户数、老客户数）、首页访问情况（点击率、跳失率）、商品详情页访问量、自主访问流量、单品访客比例，如图3-35所示。

网店流量数据诊断报表

日期	浏览量（PV）	访问深度	访客数（UV）			首页访问情况		商品详情页访问量	自主话问流量	单品访客比例
			总客户数	新客户数	老客户数	点击率	跳失率			

图3-35　网店流量数据诊断报表

3.4　网店直播引流推广分析

淘宝直播是现在最热门的淘宝内容营销渠道之一，所以许多淘宝卖家都开通了淘宝直播，即使是没有开通淘宝直播的卖家也会找到一些淘宝主播合作，为自己网店的商品做推广。与传统电商一样，网店直播并不是简简单单上个产品链接就可以了，更重要的是如何通过直播为网店引流，从而更好地进行网店商品的推广。本节将进行网店直播引流分析。

3.4.1　网店直播运营的数据分析产品

淘宝网店直播平台主要提供了两个数据分析产品：智能数据助理和数据中心的直播诊断。智能数据助理提供了每场直播的实时数据，以便淘宝卖家对直播效果进行及时调整。数据中心的直播诊断为淘宝卖家提供直播账号在一段时间内的整体数据，并为其提供同行业直播数据对比结果，淘宝卖家可以据此为网店制定直播引流推广策略。这两个数据分析产品及其特点如图3-36所示。

> 微课视频
>
> 网店的直播
> 营销引流

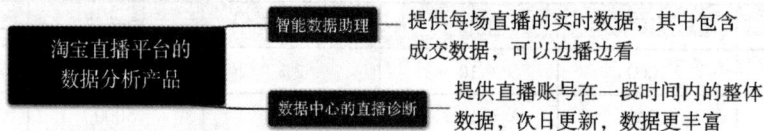

图3-36　淘宝直播平台的数据分析产品及其特点

3.4.2　网店直播运营的核心数据

主播作为网店直播的运营者，无论是做网店推广，或是进行引流，还是做好直播内容，都少不了跟数据打交道。因此，主播不仅要会分析直播数据，还要有运用直播数据的能力。主播虽然不像一般的后台运营人员一样会接触非常全面的数据，但还是需要掌握自己直播间的一些核心数据的。

主播需要关注两类核心数据：粉丝数据、商品成交数据。接下来将对这两类数据进行分析。

1. 粉丝数据

（1）在线人数

网店直播间的在线人数是正在观看直播的总人数，不包含离开的人数，所以后台显示的在线人数是实时变化的。在线人数体现了直播间留住用户的能力，是一个能非常直观地体现直播间综合实力的数据，是商家（主播）在粉丝数据里首先要关注的一个重要指标。

如何查看网店直播间的在线人数呢？

在 PC 端直播中控台首页单击"查看详细（正在进行中的直播）"，可以实时查看网店直播间的在线人数，如图 3-37 所示。

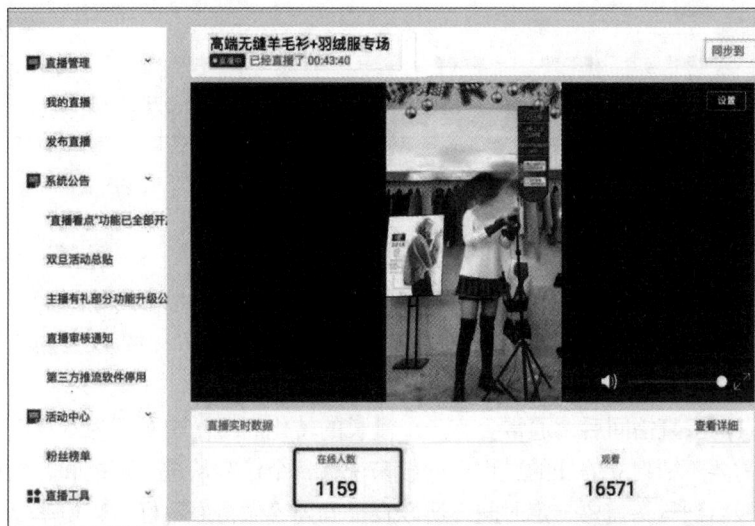

图3-37　查看网店直播间的在线人数

下播后，数据助理会提供智能解读功能，方便主播了解各个时段的在线人数。智能解读功能可以展示关键指标：观看次数、直播间浏览次数、实时在线人数、封面图点击率、平均观看时长、新增粉丝数、商品点击次数、引导成交笔数、引导成交金额等，如图 3-38 所示。

如何增加在线人数呢？

如果要增加在线人数，就要在保持有一定粉丝观看的同时，想办法引入非粉丝用户。那么，如何在一场直播中引入非粉丝用户呢？可以利用以下几个非粉丝用户占比较大的流量渠道。

图3-38　关键指标

① 直播看点

为了提高直播时的商品转化率，优化用户观看直播时的购买体验，淘宝官方向所有商家主播、"达人"主播提供了"直播看点"的功能。主播在直播时，如果即将介绍某个商品的卖点，可以在中控台上对这个商品加上"标记看点"按钮，平台会根据主播的标记生成"直播看点"内容。用户在观看直播时，就可以根据自己的喜好随时切换到该直播间内指定的商品讲解片段，优化观看体验。目前直播看点是在全渠道进行曝光的，包括"猜你喜欢""主搜"等渠道，直播看点越多，直播间就越有可能覆盖范围更广的用户，也更能引入非粉丝用户。

② 站外引入

主播可以将站外的粉丝引入站内，使之成为站内的粉丝，提高新粉转粉率，这有利于直播间在公域获得更多的推荐。

（2）粉丝增量

粉丝增量指本场直播新产生的关注主播的粉丝人数，它是衡量直播间能否留住用户的一个重要指标。

在直播数据分析中，单击"粉丝情况"，即可查看本场直播的新增粉丝数据，如图3-39所示。

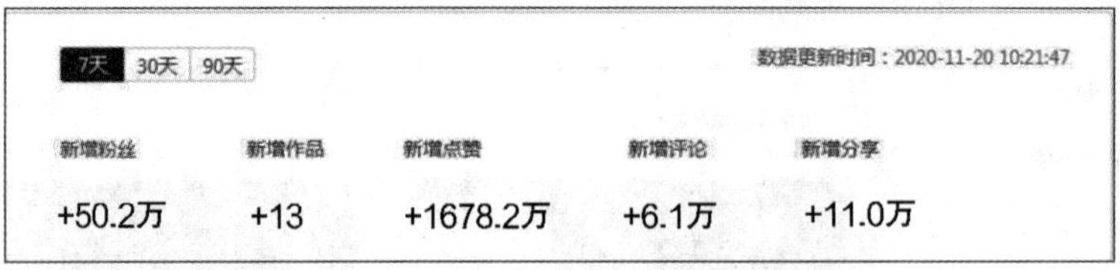

7天	30天	90天		数据更新时间：2020-11-20 10:21:47
新增粉丝	新增作品	新增点赞	新增评论	新增分享
+50.2万	+13	+1678.2万	+6.1万	+11.0万

图3-39 直播数据分析中的新增粉丝数据

（3）转粉率

转粉率该如何计算呢？

粉丝是直播间的固定受众，直接影响直播"带货"的效果，提高转粉率对于主播和商家而言至关重要。转粉率 = 新增粉丝数 ÷（观看人数 - 回访粉丝数）× 100%，新手淘宝主播的转粉率通常为 3%～5%。

新访客进入淘宝直播间后，通常会有一个漫长的转化周期。购买行为本身就基于决策，而直播又是一个需要不断建立信任的过程，一般来说，一个访客从进入直播间，到产生兴趣，再到"转粉"，最后到购买需要一定时间。所以直播间内容做得好不好，转粉率是一个重要的衡量指标。

提高转粉率的关键是什么呢？

提高转粉率有两个关键点：一是访客进入直播间后能否留下来继续观看，二是访客留下来观看后能否关注主播。

① 留住用户

a. 主播的选择。

用户对于直播间的第一印象来自主播，一个有魅力的主播在推荐网店商品时会更具说服力。不同行业对主播的要求是不一样的，表3-9列举了各行业对主播的要求。

表3-9 各行业对主播的要求

行业	对主播的要求
女装	身材好、形象气质佳、会穿搭
男装	身高在180厘米以上、帅气英俊、会搭配
美妆	皮肤好、会化妆
珠宝	肤色白、声音好听
洗护	懂成分相关的知识、年龄合适
母婴	懂育儿知识、在身份上能引起用户共鸣
食品	对吃有无尽的热情、幽默

主播在进行直播时，永远也不知道用户会在哪一刻进入直播间，所以在直播的过程中，无论在言语表达还是在直播流程上都切忌出现失误，一个小小的失误可能会导致用户流失。

b. 直播间陈列。

设置一个干净明亮的直播间、场景性陈列，是体现品牌专业度，快速获得用户信任，为直播间进行引流推广的最简单有效的方法之一。

c. 直播间布局。

在用户通过手机屏幕观看直播时，直播画面呈现在小小的手机屏幕上，如何让用户获得愉快的观看体验以获取良好的第一印象呢？主播或商品必须处于画面的中心位置，此外，价格利益点信息应显眼，如标有专区"买 × 免 1"等活动信息的悬浮窗必须明显，且应设置在画面的左上方或者右上方，以不遮挡主播或商品为准。

② 打动用户

a. 互动活动。

主播可以通过直播间多样的互动和丰富的活动来吸引用户关注自己。首先，主播要给用户一个关注的理由，例如关注送红包/抽奖等。其次，要让关注变得方便，例如悬浮窗显示信息、主播较频繁地提及让用户关注自己、直播界面弹出关注卡片等。再次，主播要设计互动玩法，例如亲密度模块配置关注权益、开展入会有礼活动等。最后，主播还要得到老粉认可，保障老粉的权益，如老粉通过完成亲密度任务即可获得专属福利等。常见的直播间互动活动如图 3-40 所示。

b. 主播用自己的气场打动用户。

一个主播能不能留住用户，并将其转化成粉丝，与主播的气场有较大关系。气场是一种无形的东西，有强大气场的人能够让人不自觉地信服，除了个别优秀的主播天生就具有强大的气场外，大多数主播都是在直播中不断调整，最终形成属于自己的气场的。在直播过程中，主播要注意语调的高低和语速的快慢，语速不能过快，吐字要清晰。

图3-40 直播间互动活动

c. 内容饱满度。

内容用于传递信息，是双方沟通的桥梁。内容的类型有视频、软文、直播、段子等。直播内容力求拉近主播与用户之间的距离，并通过软性植入达到"带货"的目的。在直播过程中，内容体现在主播的话语和表现中，因此，主播要准备合适的脚本内容并充分展现自身的魅力。

（4）停留时长

直播间的停留时长指的是一场直播中用户的观看时长。用户在直播间的停留时长，是决定直播效果和粉丝转化率的重要因素。用户停留时长可以在直播中控台的查看详细数据中实时查看，也可以在直播回放数据中看到，主播在阿里内容创作平台也可以看到过去每一场直播的停留时长数据。图 3-41 所示为某场直播的平均停留时长。

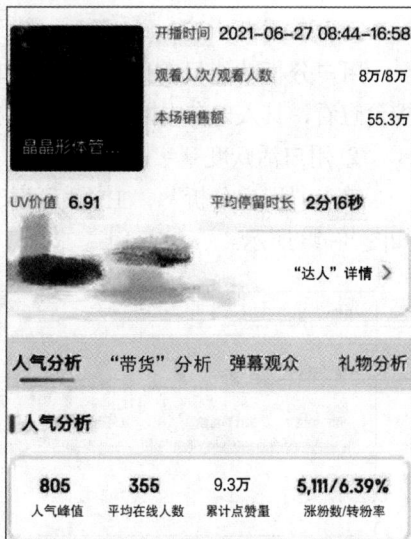

图3-41 某场直播的平均停留时长

用户只有在直播间停留了一定的时间，才有可能对商品产生兴趣，从而关注主播和实现成交。因此，延长人均有效停留时长对于提高直播间的转化率有着非常重要的意义。

直播间的场景是商家（品牌）的门面，是主播与用户交流的场所，这个场所是否符合用户对美好的生活预期，是否有合适的设备使主播更好地展示商品，主播形象是否契合商品，这些因素都会直接影响用户的停留时长。延长用户停留时长可以从以下几个方面入手。

① 优化直播内容

这可以从以下 3 个方面入手。

一是要根据用户的痛点和需求进行直播内容的优化。例如，当用户感到直播场景千篇一律、没有新鲜感的时候，商家（主播）就可以打造场景化直播，如独具匠心地开展 T 台秀直播、工厂直播、"总裁"直播。比如，教用户如何搭配服装的直播可以邀请公司总裁亲临直播现场。

二是可以结合热门话题，进行热点挖掘。例如可以在直播中推广影视剧同款等。

三是可以选取自带内容属性的特色商品，如汉服、联名款、文创 IP 相关的商品等，此类商品的直播会产生较强的粉丝黏性。

② 多种直播形式辅助

目前比较常见的直播形式是双屏展现、近景切换展示，主播也可以开展答题互动、粉丝问答等活动。一些娱乐性更强的直播平台还有更多互动玩法，例如在抖音平台，主播可以通过和其他直播间的主播"连麦"，或者与粉丝"连麦"进行互动。

③ 利益驱动，提高 30 秒留存率

主播可以采用整点发红包、点赞达 ××× 次发红包等方式，让用户停留观看，也可以在直播页面展示利益点、预告玩法。为了吸引用户停留，主播应不时引导用户完成点赞等亲密度任务并提供完成任务后的福利。

（5）用户分析

了解和掌握直播间用户的变化情况是优化直播效果的核心环节，为了帮助主播和商家更好地分析直播间用户的波动情况、用户特征并优化直播效果，淘宝直播上线了直播间用户分析功能。

① 用户分析入口

用户分析功能目前只支持主播和商家登录淘宝直播 PC 端中控台查看，其入口在中控台左侧导航栏，如图 3-42 所示。

② 用户活跃度

单击"用户分析"，主播和商家就可以看到用户活跃数据，如图 3-43 所示。

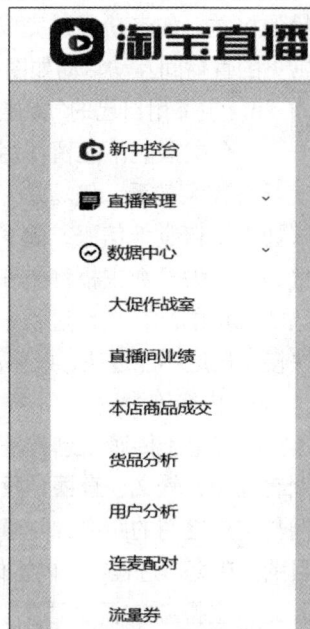

图3-42 用户分析入口

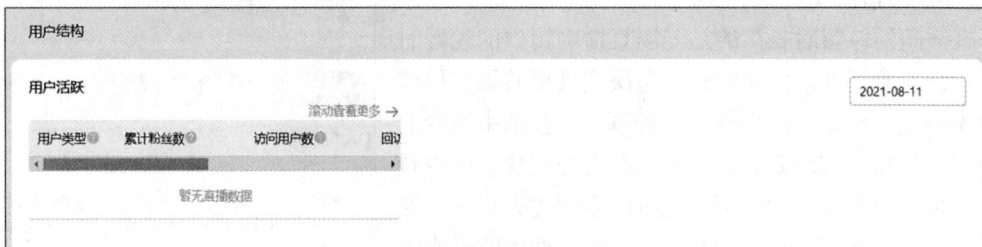

图3-43 用户活跃数据

2. 商品成交数据

（1）如何查看

主播和商家在 PC 端和手机直播间数据里都可以查看成交记录及相关数据。淘宝 PC 端直播间成交记录如图 3-44 所示。

商品详情	累计评论 4	成交记录 4	专享服务
买家【登录后可见】	淘宝价	数量	付款时间	款式和型号
	￥88	1		主要颜色:灰色
	￥88	1		主要颜色:灰色

图3-44　淘宝PC端直播间成交记录

（2）如何引流

① 主播反复口播卖点，场控人员配合给出对应的商品链接，引导用户进店

当主播在介绍某款商品时，如果表达得非常幽默有趣，还不断地引导用户点击商品链接，用户如果有一定的需求就会点击商品链接看一看；如果场控人员能够配合主播，在主播讲解的时候在直播间屏幕上主动给出该商品链接，不需要用户自己去寻找，就会吸引更多的用户购买。

② 设置进店利益点

主播应当在直播间封面设置贴片、公告板等，或者在链接上编辑利益点（淘宝直播间利益点字数限制在 10 字以内，且文字颜色为红色）。在"6·18""双 11""双 12"等促销活动期间，网店应当在直播间封面上清楚地标记该直播间的折扣力度等信息，以便吸引更多用户。

③ 商品组合

直播间的商品组合也很有讲究，合理的商品组合可以吸引更多的用户关注直播间。例如，在上新直播中，可以设置60%的新品、30%的热销品和10%的折价品，商品组合如图 3-45 所示。热销品可以保证直播间的流量，折扣品可以则保证直播间的气氛。

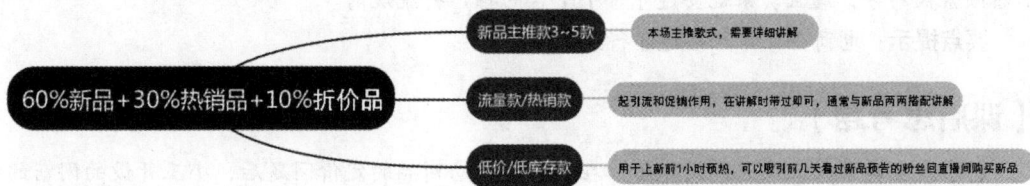

图3-45　商品组合

【数据分析工具】

店侦探

淘宝店侦探是一款可以分析淘宝卖家竞争对手的数据的工具，可以查询和分析淘宝、天猫的搜索关键词，提供商品下架时间的价格变化、所属类目、流量来源关键词、直通车关键词、

关键词排名等信息；还可根据商品页面，提供单个商品的淘宝引流词、直通车引流词、天猫引流词、天猫直通车词、无线引流词、无线直通车词等。淘宝卖家通过店侦探可以分析竞争对手的各种详细数据，不再对竞争对手一无所知。淘宝卖家若想查询网店流量来源，可以使用店侦探获取相关数据，如图3-46所示。

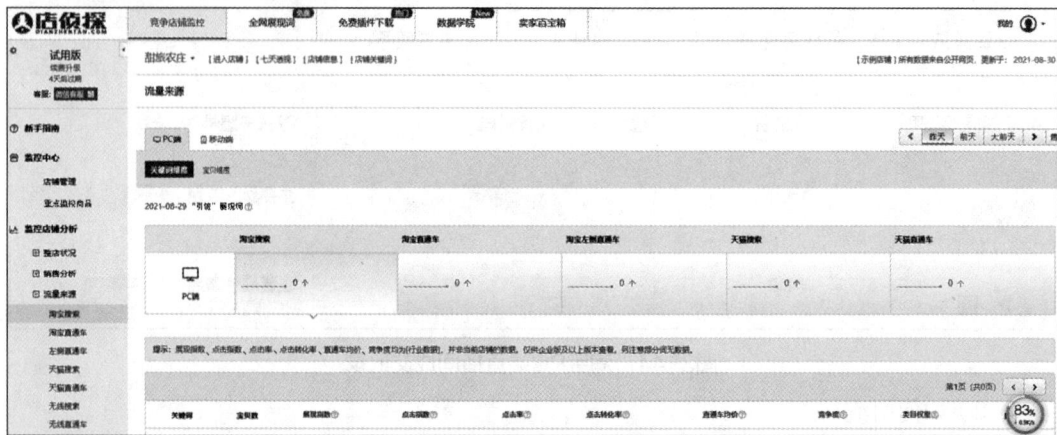

图3-46　店侦探页面

【素养提升小课堂】

淘宝店铺推广引流

淘宝店铺推广引流需要注意以下几个方面。

第一，保持良好的心态，不怕失败。面对失败，要迎难而上，如果引流效果不好，也不能立刻放弃。刚开始，引流效果不好是很正常的，淘宝卖家要有不断探索、不怕失败的精神。

第二，掌握方法技巧。做推广引流，要掌握一定的方法技巧，而不能盲目乱干，应用合适的方法和技巧会事半功倍。

第三，遵守平台规则。每个平台都有不同的规则，对于引流推广的操作，其容忍度不一，比如微博，开放性就很强，微博账号简介能直接写出微信账号，发布的内容也包罗万象。如果不想频繁被封号，淘宝卖家就要遵守每个平台的推广引流规则。

要点提示：电商企业需严格遵守行业规则。

【课后思考题】

新手淘宝卖家小王又遇到问题了，在解决了网店商品的定价问题后，小王开设的网店的流量仍然很少，小王感到很迷茫。按理说，网店商品定价合理、质量上乘，网店的访客应该很多。但是最近几周，网店的流量非常少，而且流量来源结构单一。小王决定向有经验的人员请教为什么会这样。

请结合本章所学的知识，帮助小王分析其淘宝网店流量少的原因，并告诉他该从哪些渠道引流。

第4章

商品成交转化率分析

在电商发展逐渐趋于成熟的今天，数据化运营和分析已经渗透到电商的各个环节。很多淘宝卖家在相互交流的时候通常会提到数据，如"你家的日均PV是多少？""最近的UV涨幅怎么样？""店里的ROI如何？"而在众多数据化参考指标中，淘宝卖家最关注的数据莫过于成交转化率，因为商品的成交转化率直接影响着网店的利润和发展。

那么，什么是成交转化率？哪些数据会影响成交转化率？淘宝卖家该根据数据从哪些方面提高成交转化率呢？

关键知识点

- 有效入店率
- 旺旺咨询转化率
- 静默转化率
- 订单支付率
- 主图视频与价格
- 影响商品成交转化率的因素

思维导图

4.1 解读成交转化漏斗模型

成交转化率是指访问淘宝网店并产生购买行为的人数与所有访问网店的人数的比值，其计算公式如下。

成交转化率＝（访问淘宝网店并产生购买行为的人数 ÷
所有访问网店的人数）×100%

图4-1所示为成交转化漏斗模型，淘宝网店的访客人数经过漏斗的层层"过滤"，最后转化为成交人数。成交转化漏斗模型一共分为5层，从上往下看，第1层是有效入店率，

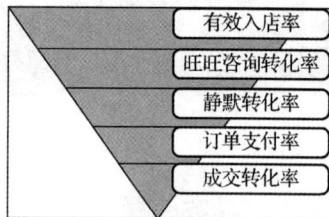

图4-1 成交转化漏斗模型

第2层是旺旺咨询转化率，第3层是静默转化率，第4层是订单支付率，第5层是成交转化率。

4.1.1 有效入店率

当网店的宣传和推广做到一定程度并取得一定效果后，网店的流量会有明显的增长。可是，让广大新手卖家烦恼的是，有的买家访问了网店，仅仅浏览了一个页面就离开了，后台统计的网店的访客数不断增加，但是跳出率也随之增长。跳出率是指买家进入网店后只访问了一个页面，没有收藏、没有加购物车、没有咨询、没有购买就离开该页面的访客数占该页面总访客数的比例。图4-2所示为某网店统计的最近13天的访客数和跳出率。

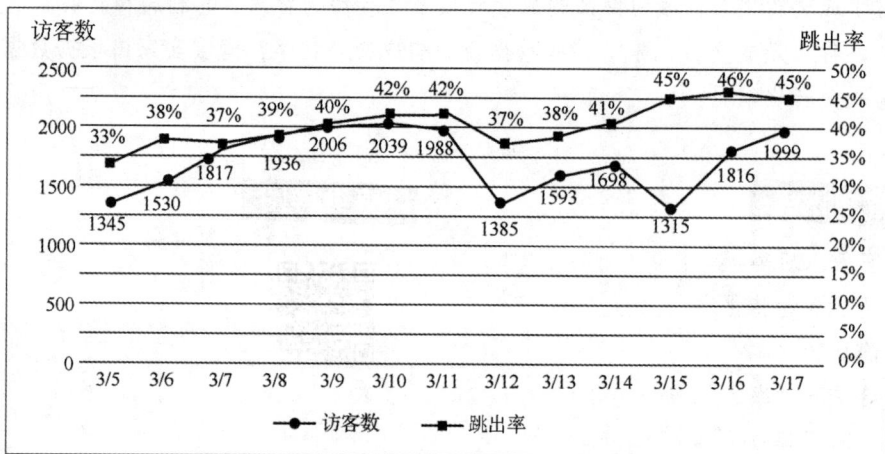

图4-2 某网店统计的最近13天的访客数和跳出率

从图4-2中可以看出，该网店虽然访客数多，但跳出率较高，有效入店率较低。有效入店率是淘宝网店运营的重要参考指标之一。对于大多数新手卖家来讲，买家从进入网店到离开网店的过程中的规律很难掌握。因此，在分析网店访客数前，卖家应该先掌握与有效入店率相关的公式，具体如下。

网店访客数＝有效入店人数＋跳失人数

有效入店率＝有效入店人数 ÷ 网店访客数 ×100%

跳出率＝跳出人数 ÷ 该页面总访客数 ×100%

其中，有效入店人数是指至少访问了网店的两个页面才离开的访客数，其中也包括到达网店时，直接点击收藏网店或商品、咨询客服、把商品加入购物车和立即购买商品的访客数。

在掌握相关的数据指标后，淘宝卖家可根据淘宝网店的不同页面访问量对流量进行细分，并且根据页面平均停留时间和跳出率等数据对网店进行相关数据分析。某网店的流量分布如表4-1所示，接下来以该网店为例进行分析。

表4-1　某网店的流量分布

访问页面	浏览量/次	访客数/人	页面平均停留时间/秒	跳出人数/人	跳出率
首页	5911	1010	121	2936	49.67%
分类页	2977	705	63	1677	56.33%
商品详情页	6420	1700	135	2111	32.88%
自定义页	2239	801	9	1899	84.81%
搜索页	3516	1114	71	1200	34.13%
其他	1354	103	30	501	37.00%
合计	22417	5433	—	—	—

1. 页面的流量占比

不同页面的流量占比不同，网店的各类页面流量的分布直接反映了网店的健康状况。图4-3所示为该网店不同页面的流量占比分布。

首页作为整个网店的门面，是流量的中转站，但是首页的流量占比不宜过高，因为交易主要是在商品详情页达成的。因此，首页的流量占比一般为15%左右，而商品详情页的流量至少应占到全店流量的50%才算健康。该网店的首页流量占比为26.37%，商品详情页的流量占比为28.64%，该网店的首页流量占比过高，而商品详情页的流量占比过低，流量分布不健康。因此，该网店的淘宝卖家接下来需要对网店的首页进行优化，并提高商品详情页的流量占比。

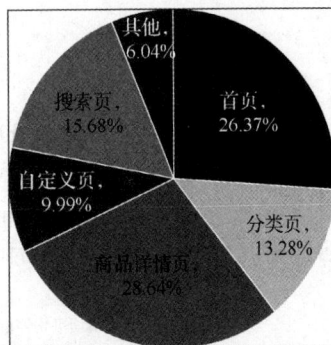

图4-3　不同页面的流量占比分布

分类页作为网店的商品列表导航页，其流量占比应为20%左右。该网店的分类页流量占比仅为13.28%，说明分类页的设计还存在问题，卖家需要深入优化分类页。

搜索页是指访客在淘宝网店首页的搜索框中输入关键词后显示的页面，如图4-4所示。搜索页主要是为了方便访客快速找到自己想买的商品，所以搜索页的流量应约为全店流量的10%。该网店搜索页的流量占比较高，为15.68%，这说明访客在搜索页搜索多次也没有找到想要买的商品。

自定义页是指网店自己设置的页面，绝大部分网店的自定义页面会介绍品牌故事、导购服务流程及售后服务，这类页面的功能有限，流量占比不高，一般为5%左右。该网店自定义页的流量占比较高为9.99%，卖家可对该自定义页进行调整，降低其流量占比。

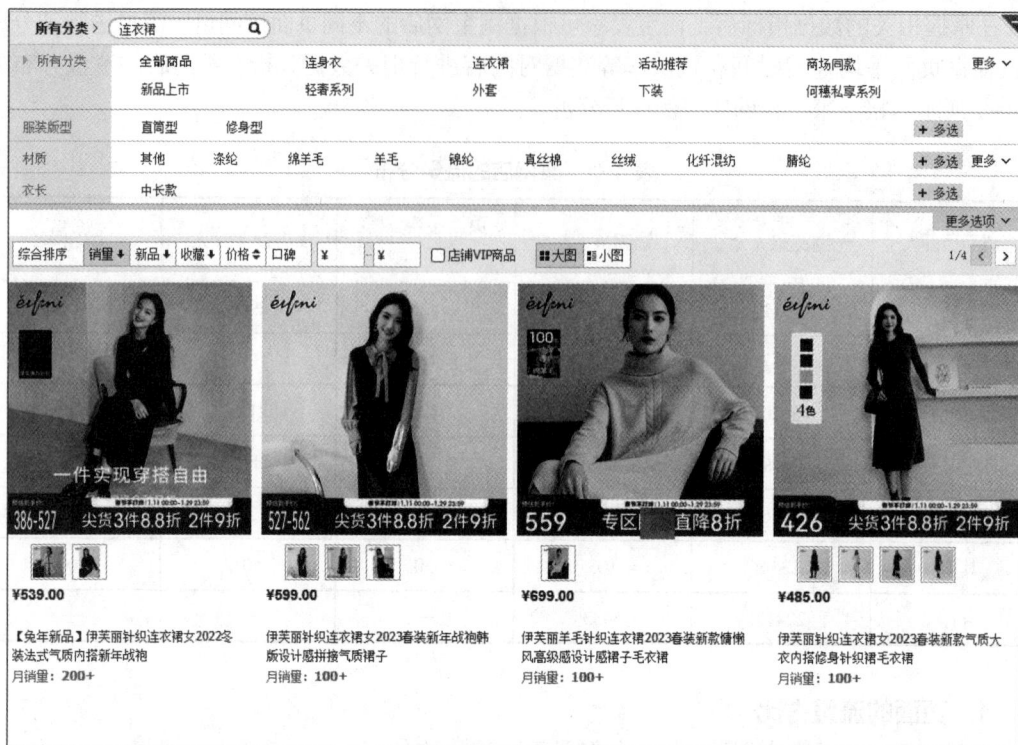

图4-4　搜索页

2. 页面平均停留时间

页面平均停留时间是指访客浏览某个页面所花费的平均时长。访客在某个页面的停留时间越长，表明该页面对访客的黏性越强，页面为访客提供的信息和服务就越多，页面存在的潜在成交访客也就越多。但是并非所有页面的页面平均停留时间都是越长越好。图 4-5 所示为该网店不同页面的页面平均停留时间。

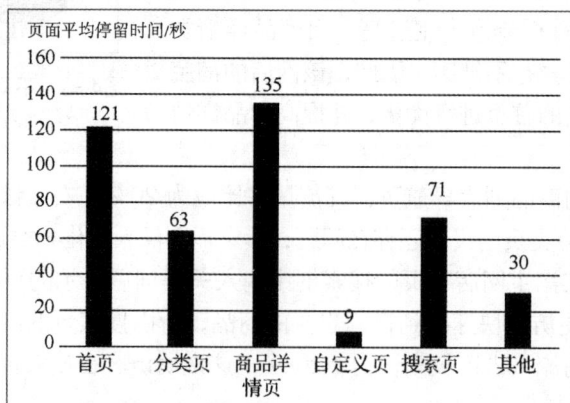

图4-5　不同页面的页面平均停留时间

从该网店的页面平均停留时间来分析，商品详情页和首页的平均停留时间较长。商品详情页的平均停留时间长说明访客对某一款或某一些商品感兴趣，愿意花更多的时间去了解商品。因此，商品详情页的平均停留时间越长，潜在的成交转化率就越高。

首页的平均停留时间长，说明访客没有在最短的时间内找到想买的商品。图 4-5 所示的网店的首页平均停留时间过长，意味着淘宝卖家接下来应该对首页进行整改。首页应该设置得简洁大方、操作性强，使访客在访问首页的时候，能第一时间找到想买的商品。

图 4-6 和图 4-7 所示分别为甲、乙两家网店的首页，相对而言，甲网店的首页设计的用户友好度更高，访客访问甲网店首页时，可以根据分类直接选择感兴趣的类目，在访问网店的同时也可以咨询客服。而乙网店的类目划分不明显，容易让进入网店的访客不知如何是好。

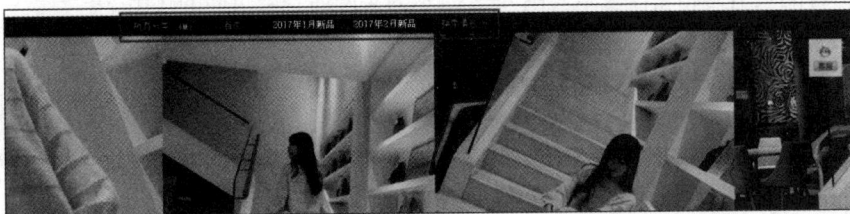

图4-6　甲网店的首页

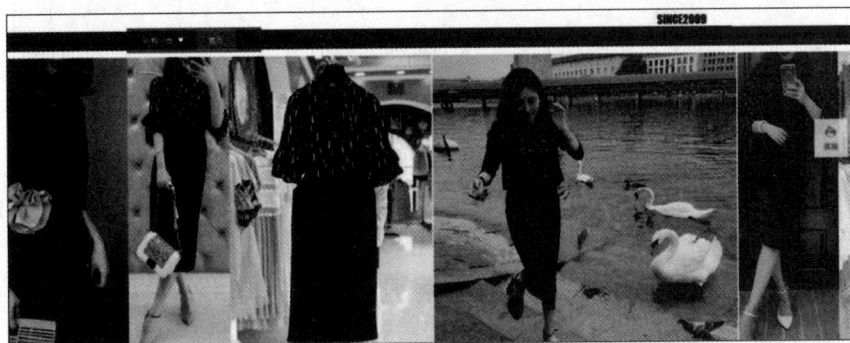

图4-7　乙网店的首页

访客第一次进入某网店时，很难第一时间对网店的产品质量、服务态度及售后保证等做出判断，但是网店的首页设计很容易给访客留下深刻的印象。如果访客对网店的首页设计有较高的认可度，认为页面的排版布局比较友好，那么，访客的购买欲望就会加强。

从图 4-6 和图 4-7 所示案例及图 4-8 所示数据可知，不同的首页设计会直接影响有效入店率。在同一时间段内，甲、乙两家网店的首页有效入店率如图 4-8 所示。6:00—12:00，甲网店的首页有效入店率始终高于乙网店，这让我们可以很直观地看出首页设计会直接影响有效入店率。因此，淘宝卖家需优化首页设计，以吸引更多的买家进行有效入店访问。

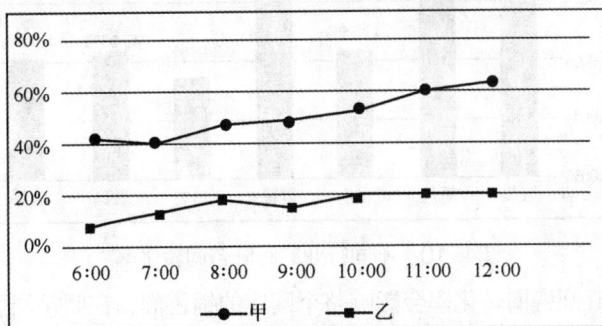

图4-8　甲、乙两家网店的首页有效入店率

此外，淘宝卖家也要关注网店的分类页和搜索页的平均停留时间，分类页和搜索页的主要功能是帮助访客在最短时间内找到想买的商品，并引导访客进入单品商品详情页进行深入的访问，所以分类页最好设置筛选的功能，从而帮助访客选择自己感兴趣的商品。

3. 跳出率

跳出率是指跳出人数与该页面总访客数的比值。跳出率这一数据指标直接反映了某个页面对访客的吸引力和黏性。如果某个页面的跳出率很高，说明绝大多数的访客是从该页面离开的，该页面对访客的吸引力和黏性较差。图4-9所示为某网店各类页面的跳出率。

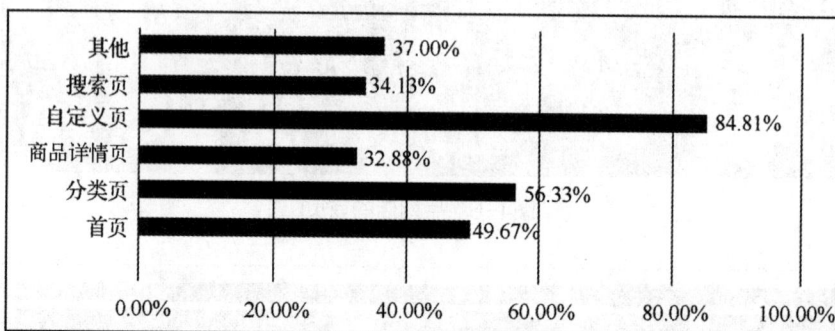

图4-9 某网店各类页面的跳出率

根据网店各类页面的跳出率分析：首页的跳出率为49.67%，数据标准基本正常；而分类页的跳出率却是56.33%，说明分类页的设计存在较大的问题；商品详情页和搜索页的跳出率都相对较低，说明这两个页面对访客的吸引力较强，访客愿意花费更多的时间对网店进行深入的访问；而不同网店的自定义页的设置和风格不同，卖家需要根据网店的主体风格设置网店的自定义页，并对该页面进行改进，最大限度地为网店引流。

4.1.2 旺旺咨询转化率

淘宝卖家通过对网店的各类页面进行优化，可吸引大量的新访客入店进行更深层次的访问。当在访问过程中产生疑问时，绝大多数访客会通过阿里旺旺与客服进行交流，如果客服解决了访客的问题，一部分访客就会选择购买商品。在淘宝，绝大多数行业的商品销售需要借助阿里旺旺进行导购，而不同行业的旺旺咨询转化率不同，如图4-10所示。

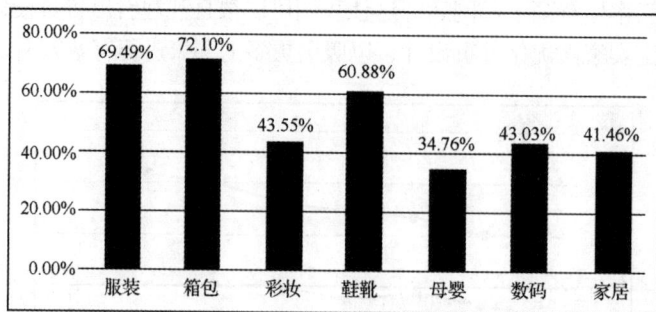

图4-10 不同行业的旺旺咨询转化率

在直接层面上，旺旺咨询转化率会影响整个网店的销售额；在间接层面上，旺旺咨询转化率会影响访客对网店的黏性和回购率，甚至会影响整个网店的品牌建设和持续发展。某淘宝卖家针对网店的旺旺咨询转化率做了相关的数据统计，如表4-2所示，并根据平均访问深度和旺旺咨询转化率对网店的页面进行了优化。

表4-2　某网店的旺旺咨询转化率及相关数据

时期	浏览量/次	访客数/人	平均访问深度/个	旺旺咨询率	旺旺咨询转化率
今日	2399	610	2.34	36.22%	16.06%
昨日	1999	553	1.89	29.13%	13.33%
上周日均值	2039	400	1.62	25.75%	12.89%
本周日均值	2142	571	1.75	29.56%	13.78%

1. 平均访问深度

平均访问深度是指访客平均每次连续访问网店的页面数。图4-11所示为该网店不同时期的平均访问深度。

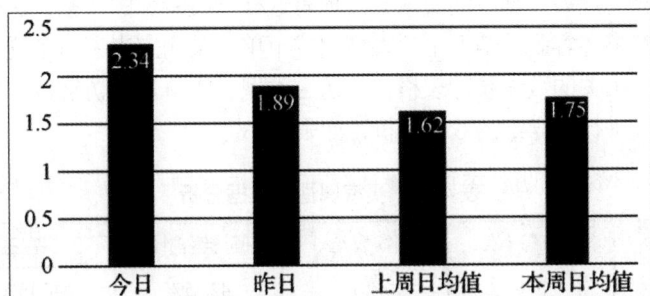

图4-11　不同时期的平均访问深度

由图4-11可知，网店的平均访问深度的本周日均值为1.75，这表示大部分访客访问了网店的1～2个页面就离开了，说明网店对访客的吸引力不够。卖家应该优化网店的各个页面，增加访客的访问深度。

2. 旺旺咨询转化率

旺旺咨询转化率是衡量客服对商品知识的掌握程度的一项重要指标。如果客服专业性较强且服务态度较好，能在短时间内解决访客的疑惑和问题，访客在获得了满意的答复后，通常会对该网店产生较好的整体印象，从而达成交易。

旺旺咨询转化率的公式如下。

$$旺旺咨询率 = 旺旺咨询人数 \div 访客总数$$
$$旺旺咨询转化率 = 旺旺咨询后下单的人数 \div 旺旺咨询总人数$$

图4-12所示为该网店的旺旺咨询率和旺旺咨询转化率的变化。从图中可以看出，随着访问深度的变化，旺旺咨询率和旺旺咨询转化率也发生了变化：访问深度的数值越大，旺旺咨询率和旺旺咨询转化率就越高。

因此，淘宝卖家必须针对不同的页面进行有效的优化，并且不同页面的优化都应该紧紧围绕访客的购买关注点，以增加访问深度。在访客的访问深度增加的同时，网店的旺旺咨询率和旺旺咨询转化率也会相应提高。

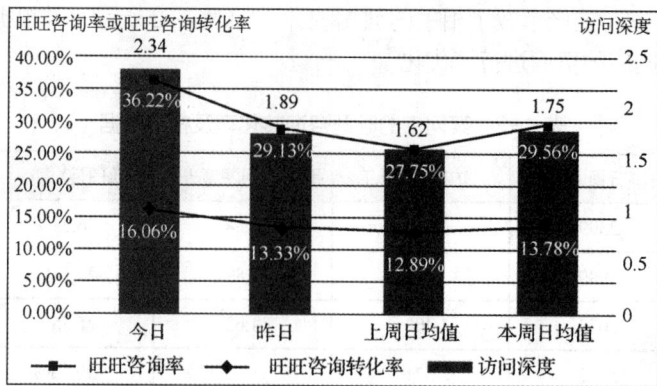

图4-12　旺旺咨询率和旺旺咨询转化率的变化

4.1.3　静默转化率

在淘宝卖家通过对各类页面的优化，使流量得到合理分配后，随着访问深度的增加，网店的成交率也会有明显的提高。细心的卖家会发现有这样一类特殊的买家，这类买家对网店进行深入访问后，在没有咨询客服的情况下，直接完成下单。某淘宝卖家为了透彻研究这一类买家的属性，专门制作了相关的数据统计表格，对访客类型、浏览量、访客数、回访客占比、回头客占比及静默转化率进行了详细的数据分析，如表4-3所示。

表4-3　买家属性的数据分析

访客类型	浏览量/次	访客数/人	回访客占比	回头客占比	静默转化率
老客户	526	301	42.45%	40.13%	60.49%
其他	1033	469	12.13%	7.61%	1.26%
自主访问的新客户	611	346	20.42%	17.56%	21.34%

1. 访客类型

图4-13所示为该网店的买家类型构成，从图中可知，老客户（购买2次及以上）是购买该网店商品的主力军。因为这类买家已经对网店商品的质量、客服的态度及物流的及时性非常认可，这部分买家在再次购买的时候通常不会再咨询客服而是直接下单。

除了"老客户""自主访问的新客户"数据指标外，"其他"这一项数据指标也不容忽视。从图4-13可知，其他类型的买家占比为5.15%，其他类型的买家主要是由老客户带来的新客户，这说明网店的整体实力水平赢得了老客户的认可，老客户把网店推荐给了周围的亲朋好友。因此，淘宝卖家必须维护好与老客户的关系，以便他们为网店做免费、高效的宣传。

2. 回访客占比

回访客是指在6天内再次访问网店或商品的访客，回访客占比是指在6天内再次访问网店或商品的访客与访客总数的比值。回访客占比越高，说明买家对网店或商品越感兴趣，其购买欲望越强烈。

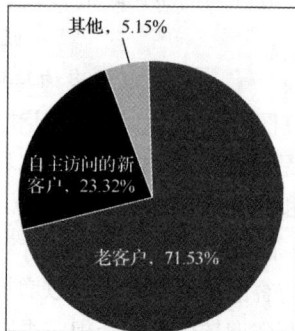

图4-13　该网店的买家类型构成

该网店的回访客占比较高的是老客户，他们在回访的同时，既增加了网店的人气，又提高了网店的潜在成交率。

3. 回头客占比

回头客是指曾经在网店购买过商品，并且再次在网店购买商品的访客；回头客占比是指一段时间内在网店购买过商品的访客与该时间段内访客总数的比值。回头客占比越高，说明买家对网店的信任度越高，黏性越强。

4. 静默转化率

静默转化率是指静默成交访客数占访客总数的比例。其中，静默成交访客是指没有咨询客服而直接完成下单的访客。静默转化率的公式如下。

$$静默转化率 = 静默成交访客数 \div 访客总数$$

静默转化率主要反映的是网店的整体水平，包括网店的装修、商品的描述、网店的 DSR 动态评分等。一般而言，买家没有任何犹豫就直接完成下单的交易，多见于淘宝官方的各种促销活动，如淘宝"双十一"促销活动等。

综上所述，该网店的静默转化率的"功臣"是老客户。因此，网店的静默转化率的维护和提高也就主要依赖于老客户关系的维护。同时，淘宝卖家也需要积极开发更多的优质新客户。

4.1.4 订单支付率

淘宝卖家偶尔会遇到这样的情况：有一小部分买家在下单之后迟迟没有付款。某淘宝卖家针对这种情况对网店最近一个月订单支付的相关数据做了整理，结果如表 4-4 所示，并且该淘宝卖家按照访客来源对订单支付率进行了数据化分析。

表 4-4 网店最近一个月订单支付的相关数据

访客来源	浏览量/次	访客数/人	订单金额/元	成交金额/元	订单支付率
淘宝商品搜索	2569	1299	6398.75	4215.42	65.88%
买家中心	821	736	3156.88	3034.12	96.11%
淘宝活动	4799	2328	7941.39	5879.63	74.04%
淘宝付费推广	3145	1052	2349.11	1464.12	62.32%
淘宝其他页面	1531	527	163.45	56.37	34.49%
站外访问	899	312	80.18	32.46	40.48%

1. 访客来源

该淘宝卖家根据网店的访客来源比例制成了饼状图，如图 4-14 所示。从网店的访客来源细分可知，该网店的访客来源占比较高的是淘宝活动、淘宝商品搜索、淘宝付费推广及买家中心。网店的引流渠道较多，其中包括自主访问流量、站内免费流量、站内付费流量及站外流量，这说明网店的推广活动比较成功，尤其是参加淘宝活动为网店引进了大量的优质流量。

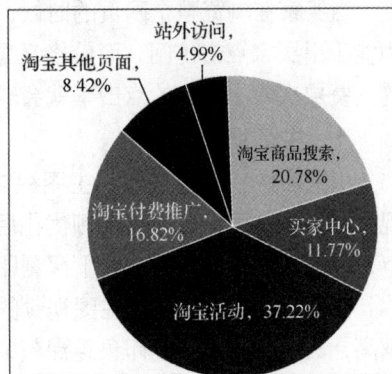

图4-14 网店的访客来源

2. 订单支付率

结合表 4-4 分析可知，访客来源是影响订单支付率的因素之一，该网店订单支付率排在前四的访客来源分别是买家中心、淘宝活动、淘宝商品搜索和淘宝付费推广，下面分别对它们进行介绍。

通过买家中心访问的访客主要包括来自"我的交易""我的购物车""已买到的商品""我的收藏""维权管理"等页面的访客。一般而言，通过买家中心访问网店的访客对商品或网店比较感兴趣，购买意向也较强，其中包括一部分再次进店消费的老客户，因此，这类访客的成交转化率和订单支付率也会相对较高。

淘宝活动的最大功能是在短时间内为网店带来大量的优质流量和较高的成交转化率。许多新手卖家选择在开店初期参加大量的活动，积累网店的人气。该网店的淘宝活动的访客占比为37.22%，说明网店在近期参加的淘宝活动较多，且活动管理者的策划运营能力较强，这些淘宝活动成功为网店带来了大量的优质买家。

通过淘宝商品搜索选择商品是大部分买家在淘宝购物的第一选择。但是该网店的淘宝商品搜索的访客占比较小，因此，卖家接下来需要针对淘宝商品搜索的相关项目进行优化，其中主要包括商品的价格、主图及关键词的优化等。

淘宝付费推广能为网店带来精准的流量和潜在的优质买家。该网店的淘宝付费推广访客占比为16.82%，付费推广的成本较高，但是访客量较少。因此，卖家需要根据网店具体的付费推广方式采取合理的改进措施，为网店吸引更多的新访客。

4.2 从搜索到成交，买家看什么

在众多的淘宝网店中，是什么吸引了买家并使其对网店进行了访问呢？对此，卖家需要站在买家的角度去思考问题：假如你是买家，你最希望在主图上看到什么信息？哪些信息才是最有用的？最后让你下单购买的因素是什么？

卖家应在明白买家的关注点后，再对网店进行整体的规划与设置，吸引买家进店访问，让买家了解商品的材质，看到商品的细节和属性信息，最后消除买家的疑虑，促使其下单。

4.2.1 主图视频与价格

当买家在浏览整个网页的时候，能迅速给买家留下较深印象的是主图视频与价格。主图视频能吸引买家点击访问，而价格又是影响商品点击率的关键因素之一，当商品的价格符合买家的消费层次时，商品的点击率就会较高。

1. 主图视频

甲网店的一款单肩包在主图视频优化前，只有一张主图（见图 4-15），买家无法全方位观察单肩包。而经过主图视频优化后，视频内的模特可以全方位向买家展示单肩包的内外部细节，以真实的信息给买家留下深刻印象（见图 4-16）。

很多新手卖家不重视主图视频的设计与优化。在价格相同的情况下，主图视频的优化程度越高，其给买家留下的印象越深刻，越能吸引买家点击主图视频进行访问，相关数据如表 4-5所示。

图4-15　主图视频优化前

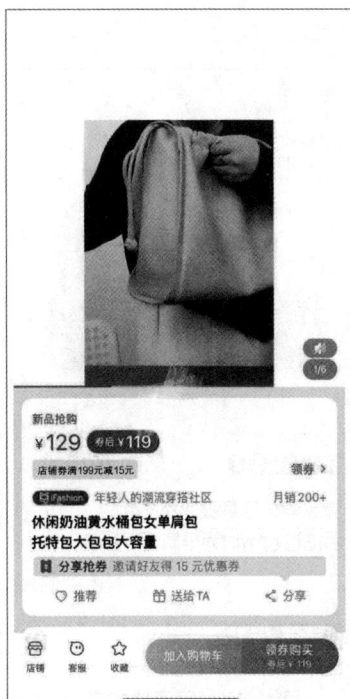

图4-16　主图视频优化后

表4-5　主图视频优化前后的相关数据对比

主图视频优化前/后	浏览量（PV）/次	访客数（UV）/人	有效入店率	成交转化率
优化前	1679	627	21.45%	9.23%
优化后	3560	1749	45.72%	38.46%

优化之前，主图只展现了商品一个角度的效果图，而优化之后的主图视频加入了同款商品不同角度的图、模特图以及背景图，优化后的主图视频更能展示商品的特点，在视觉上，优化后的主图视频给买家的印象更加深刻，从而使商品的各项相关数据显著提高。

2. 价格

图4-17和图4-18所示分别为甲、乙两家网店的同一款斜挎包的价格，甲网店斜挎包的价格为88.00元，乙网店斜挎包的价格为89.00元，尽管价格只相差1.00元，但是两家网店的这一款斜挎包销量相差较大。

对不同网店的同款商品而言，价格对成交转化率有直接的影响，如表4-6所示。

表4-6　价格对成交转化率的影响

网店	价格/元	浏览量（PV）/次	访客数（UV）/人	商品页平均停留时间/秒	成交转化率
甲	88.00	2389	1664	146	33.16%
乙	89.00	1344	801	78	12.53%

图4-17　甲网店的价格

图4-18　乙网店的价格

　　从买家的求廉心理来分析，当发现同款商品时，买家会不自觉地先比较价格，虽然以上两款商品的价格只相差1.00元，但是给买家的心理感受是价格为88.00元的商品更便宜。因此，大部分买家会优先选择价格相对较低的商品。

4.2.2　效果图与库存量单位

　　买家在网店浏览商品详情页的时候，比较关注商品的效果图与库存量单位（Stock Keeping Unit ,SKU）。效果图是指在商品的首页直接展示给买家看的商品实物图片；SKU是指买家在下单的时候可选择的销售属性集合，如颜色、尺码及规格等。图4-19左侧和右侧所示分别是某款背包的效果图与SKU。

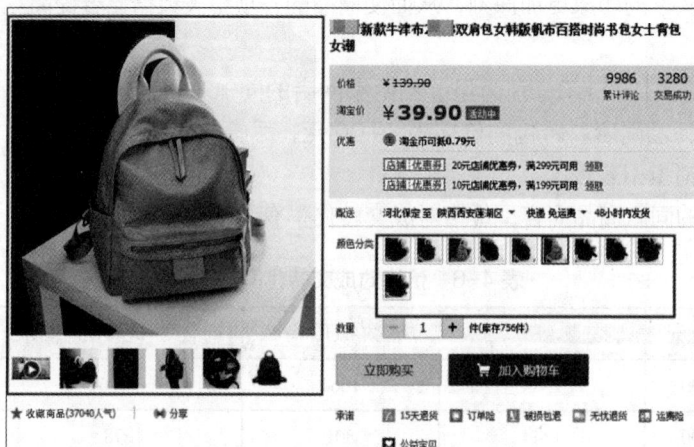

图4-19　某款背包的效果图与SKU

1. 效果图

效果图可展示多个颜色的商品，也可以展示卖家赠送的小礼物。为了更好地宣传网店的商品，吸引买家深入访问，卖家也可以在效果图中加入视频，其具体操作步骤如下：网店装修—加入自定义模块—编辑模块—视频插入。效果图的质量能直接影响商品的访问深度和成交转化率。

2. SKU

在淘宝的卖家中心，部分SKU的属性值可以由卖家自定义，部分则不可编辑。图4-20所示为商品发布页面中"商品规格"板块下的SKU属性值。

图4-20 商品发布页面中"商品规格"板块下的SKU属性值

买家在访问商品详情页时，会看到商品的不同颜色和尺码，这能在一定程度上延长买家在商品详情页的停留时间，也能激发买家对该商品的潜在购买欲望。仍以图4-19所示的背包为例，淘宝卖家对该款背包的买家访问行为做了数据统计，如图4-21所示。

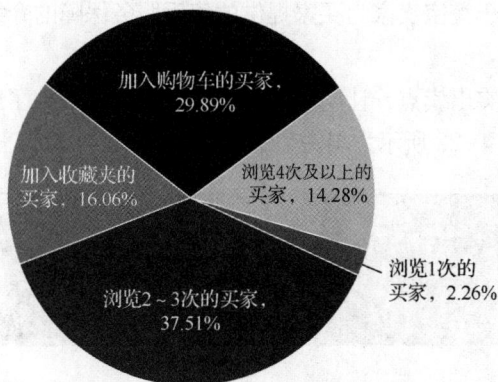

图4-21 买家访问行为的数据统计

淘宝卖家通过对买家访问行为的分析，可以进一步分析商品目前的情况。通过图4-21可知，浏览2次及以上的买家占比较大，说明买家对该商品访问深度较大，这部分买家的成交率也会相对较高；把商品加入购物车和收藏夹的买家对商品比较感兴趣，但是出于某种原因没有下单，而是通过某种方式对商品信息进行保存，方便下次直接访问该商品页面。卖家接下来应该进一步分析商品存在的问题，针对具体的问题采取相应的优化措施。

4.2.3 累计评论

商品的累计评论已经成为大部分买家下单时的重要参考依据。累计评论是指已经买到或使用过商品的买家对该商品的颜色、质量等做出的全方位的评价。

淘宝网店的累计评论决定着网店的好评率。买家在想要了解更多的商品信息时，通常会选择访问"累计评论"页面。图4-22所示为某商品的累计评论页面。累计评论也影响着网店的累计信用积分，网店收到一条好评就加1分，收到一条中评则不计分，收到一条差评则扣1分。在评价后的30天内，买家可以删除或修改对卖家的中评或差评。在每个自然月中，同一买家的评论给同一卖家添加的信用评价积分不超过6分。

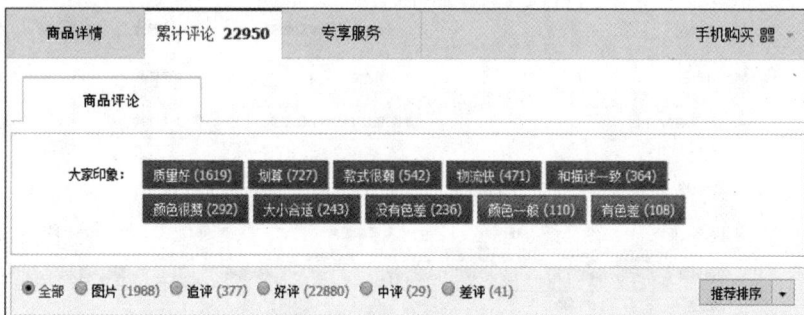

图4-22　累计评论页面

累计评论很容易影响买家的购买欲望，尤其是中评和差评，因此，卖家需要格外关注商品的中评和差评。

4.2.4 细节图与售后保障

细节图通过图片的方式，将商品的细节等放大展示，更清楚地介绍商品、丰富商品详情页的内容。售后保障是指关于淘宝卖家为买家提供的售后服务保障的介绍。

1. 细节图

细节图的主要作用是突出卖点，让网店的潜在买家更加详细地了解商品，打消其购买前的顾虑，最终完成下单。图4-23所示为斜挎包的细节图。

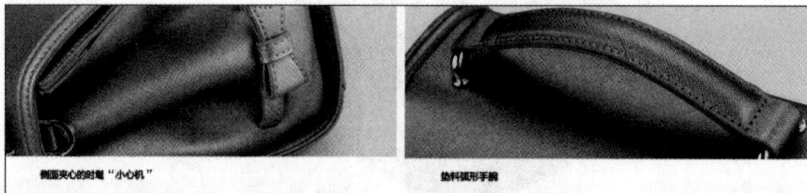

图4-23　斜挎包的细节图

一般而言，大部分浏览商品详情页的买家对商品都很感兴趣，但是由于对商品的做工、材质以及质量有疑虑而犹豫不决，通常需要反复浏览商品详情页的细节图。如果淘宝卖家在商品详情页展示出丰富的商品细节图，买家就会感受到淘宝卖家的用心，进而大大减少顾虑，最终极有可能下单。

如果新手淘宝卖家不知道如何设置商品的细节图，就可以向一些销量较高的网店学习，销量较高的网店一般在设置细节图方面都做得比较好。另外，专业的拍摄能使细节图显得真实而细腻，能把商品的各个细节全方位地展示给买家。

2. 售后服务

在竞争日益激烈的今天，售后服务的优劣会直接影响客户对网店各个方面的满意程度，售后服务已经成为建立和维持一个网店的形象的重要指标。表4-7所示为某网店不同类型客户的成交转化率及相关数据。

表4-7 某网店不同类型客户的成交转化率及相关数据

访客类型	浏览量/次	访客数/人	平均访问深度/个	平均购买频次/次	成交转化率
新客户	2010	498	2.5	1	23.12%
老客户	1562	123	1.13	3	52.88%

老客户的平均购买频次为3，其中平均购买频次是指客户在一段时间内在该网店的平均消费次数，这一数据指标反映了网店的客户黏性和满意度。老客户的成交转化率为52.88%，远远高于新客户的平均购买频次和成交转化率。

对于淘宝网店而言，开发一个新客户的成本往往高于维护一个老客户，因此，保持和提高客户对网店的黏性和忠诚度是增加其购买频次的前提与基础。随着客户的维权意识的增强和消费观念的转变，客户不再仅重视商品本身的价值，在质量和性能类似的情况下，许多客户更倾向于选择能提供优质售后服务的网店。

4.3 优化影响商品成交转化率的因素

影响商品成交转化率的因素有很多，对网店来说，主要是关键词、商品主图视频、商品首页、商品详情页。关键词和商品主图视频能吸引买家的注意力，提高和增加商品的点击率和流量；商品首页能加深买家对网店的印象。而买家花费较多时间浏览的页面往往是商品详情页，买家通过商品详情页了解商品的材质、尺寸、流行元素及细节等。接下来主要讲解如何优化商品主图视频、商品首页及商品详情页，从而提高网店的成交转化率。

4.3.1 优化主图视频

商品主图视频制作是淘宝网店优化中的重要环节，因为商品在淘宝搜索结果中是以视频的形式展示给买家，商品给买家的第一印象直接影响商品点击率，也会间接影响商品的曝光率，从而影响商品的销量。所以说，商品主图视频的制作很重要。

1. 优化主图视频的好处

① 有利于买家在碎片化时间中更加直观地了解商品，从而大幅提高成交转化率。

② 有利于卖家进行数据追踪，统计有效观看人数、完播率、转化率等。

③ 可以设置互动环节，如开展单品领券活动等。

④ 延长平均停留时间，通过视频说明商品细节，以减轻客服压力。

2. 优化主图视频的技巧

优质的商品主图视频能带来高点击率、高转化率，也能间接影响网店的整体销售业绩。卖家会拍摄制作主图视频还不够，还要知道该如何优化，才能使网店点击率一路飙升。接下来讲解如何优化商品主图视频。

在编写主图视频脚本前，网店需要确定视频整体的内容框架和拍摄流程，做好充足的前期准备。

（1）框架搭建

框架搭建考虑因素包含拍摄主题（商品和模特）、故事线索、对话方式、场景位置、道具等。

（2）表现形式

卖家需要选择合适的表现形式来传递商品信息，如三维动画、人物解说或剧情演绎等。

注意添加视频标签，如图 4-24 所示，买家在看到添加了视频标签的主图视频时，能直接滑动或点击标签，观看自己最感兴趣的内容，卖家也能借此明确商品卖点，促成商品交易。

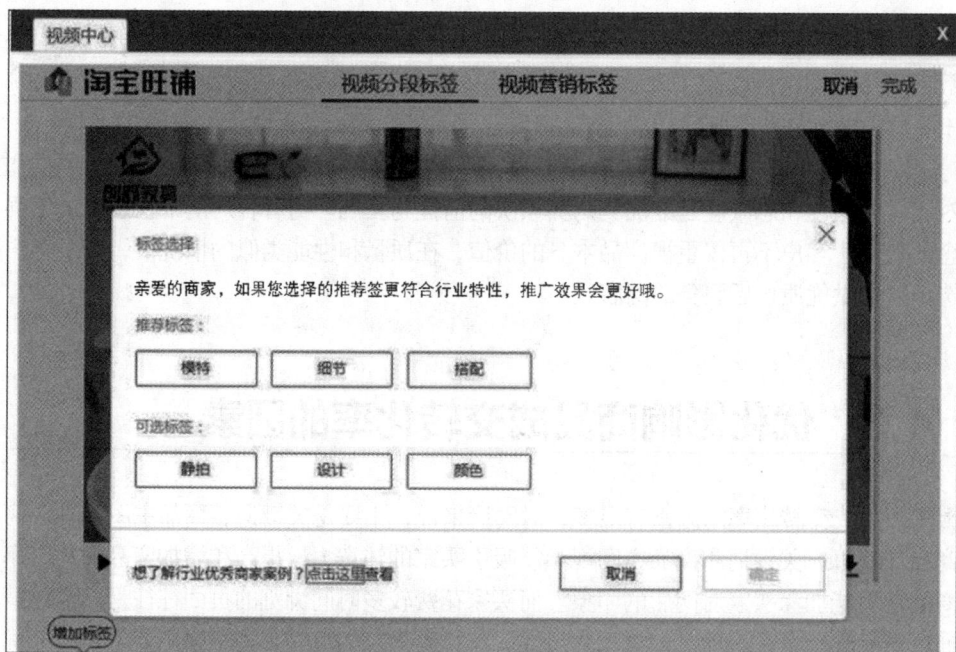

图4-24 淘宝主图视频标签选择

天猫平台的主图视频分段至少有 1 段，至多有 3 段，且每段时长不小于 5 秒；淘宝平台的主图视频分段至少有 1 段，至多有 3 段，且每段时长不小于 9 秒。

卖家可以根据标签性质，反推视频拍摄内容，从而提高拍摄效率，淘宝平台的主图视频标签如图 4-25 所示。

（3）场景设置

拍摄地点非常重要，是室内还是室外，棚拍还是绿幕抠像，这都需要卖家提前确定好。

（4）影调运用

采用冷调还是暖调，卖家应根据商品对应的行业，匹配对应的影调。例如，零食行业通常采用暖调，凸显商品色味俱佳；而饰品行业通常采用冷调，提高商品格调。

一级类目	建议标签			可选标签		
女装/女士精品	模特	细节	搭配	静拍	设计	颜色
男装	模特	细节	搭配	静拍	设计	颜色
童装/婴儿装/亲子装	模特	细节	材质	静拍	搭配	颜色
女鞋	外观	材质	模特	测评	—	
女士内衣/男士内衣/家居服	模特	细节	测评	静拍	材质	—
彩妆/香水/美妆工具	外观	效果	颜色	演示	测评	—
美容护肤/美体/精油	外观	效果	演示	套装	测评	—
箱包皮具/热销女包/男包	外观	细节	测评	容量	模特	—

图4-25　淘宝平台的主图视频标签

（5）背景音乐

选择恰当的音乐是渲染气氛的常用手段和妙招，具体如下。

① 拍摄时尚服饰类目，往往选择流行和快节奏的嘻哈音乐。

② 拍摄茶饮类目，则需要选择慢节奏的中国风音乐。

③ 拍摄运动类目，就要选择节奏感强鼓点清晰的音乐。

④ 拍摄母婴类目，可以选择轻音乐。

这需要平时多积累，让剪辑师多准备一些免费版权的背景音乐。

（6）镜头语言

在编写拍摄脚本时，卖家要对每个镜头都进行细致的设计。

① 大全景：一般交代大的时代背景、城市街道环境、整个剧情发展的大的环境背景，或者可以理解为展示事件发生的时间、环境、规模和气氛。

② 全景：一般用于介绍人物所在的空间、建筑局部、人物所处环境。

③ 小全景：膝盖下，脚踝上，交代人物肢体语言，具有一定的刻画人物形象的功能。

④ 中景：通常用于拍摄人物半身以上、膝盖至头顶的部分，这是采访常用景别，能清晰展示人物之间的交谈、上肢的身体语言，比较集中于人物上肢的表达。

⑤ 近景：胸部以上，刻画人物表情等。

⑥ 特写：脸部细节刻画。

⑦ 大特写：任何部位的局部特写。

3. 主图视频制作要求

（1）主图视频背景

因为商品主图视频是跟其他商品信息在同一个页面，所以主图视频需要有能够让人第一眼就注意到的地方，那就是背景要明显地区别于其他商品。主图视频多吸引一分注意力，就提高了商品被点击的概率，毕竟这是一个视觉营销的时代。买家的注意力都比较有限，能够吸引买家注意力，那就取得了初步的成功。当然，商品的主图视频背景要跟商品本身特点相符，卖家不能为了使之显眼而哗众取宠，否则可能会弄巧成拙。

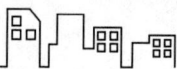

（2）商品卖点

当主图视频背景成功赢得了买家的注意时，买家就会认真地观看商品主图视频，此时，为了吸引买家点击进入商品页面，就需要有足够的卖点激发买家的购买欲望。买家在准备购买这款商品时最关注的是什么？是价格、质量，还是性能等其他因素，这个问题卖家必须弄清楚。卖家要突出展示商品的主打性能和特点等，把买家的需求和商品的优势结合起来，要直击买家的痛点，从而打造出商品卖点。如果有相对于其他商品而言的独一无二的卖点就更好了。

（3）主图视频中的价格信息是否明确

价格是很多人在网上购物选取商品时会考虑的主要因素，当商品参与活动、价格优惠时，卖家把价格信息添加到主图视频里，能让买家迅速判断出商品的性价比，从而有效留住买家并促成交易。

（4）商品是否有其他附加服务

现在市面上商品的质量、性能差不多，很多时候卖家比拼的就是服务。商品的质量、性能固然重要，商品的售前、售中、售后服务也很重要。很多老客户就是冲着服务好，才介绍朋友过来或自己二次购买的。

（5）更新时间

商品主图视频的制作成本比较高，制作过程也很费时、费心血，所以卖家要在适当的时间更新主图视频。一是在大型活动促销时，二是商品升级时，因为商品升级后，它肯定有比之前更好的优势，主图视频中需要完善商品升级后的特点信息。

4. 主图视频制作注意事项

（1）主图视频尺寸

建议将主图视频尺寸设置为 1∶1 或 16∶9，这样有利于形成良好的观看体验。

（2）主图视频时长

主图视频时长应 ≤ 60 秒，建议将主图视频时长设置为 9～30 秒，这样主图视频就可以优先在猜你喜欢、有好货等推荐频道展现。

（3）主图视频清晰度

主图视频的画面清晰度应 ≥ 720 像素 / 英寸，或分辨率应 ≥ 720 像素 / 英寸，码率为 2～3 兆比特 / 秒。

（4）主图视频内容

主图视频内容应突出商品 1～2 个核心卖点，不建议制作电子相册式的图片翻页视频。

4.3.2 优化商品首页，以加深买家印象

当主图视频吸引买家点击后，买家就会进入商品首页。图 4-26 所示为某款针织衫的商品首页，买家通过商品首页可以看到整个网店导航栏的所有商品分类；也可以知道这件商品是新款，正在进行促销活动；还可以看到卖家设置了淘金币抵钱。这在一定程度上能刺激潜在买家的购买欲望。

商品首页是淘宝网店的核心组成部分，具有承前启后的作用：一方面，承接着从主图视频而来的流量；另一方面，疏导流量，引导买家对商品详情页进行深层次的访问，或者访问网店其他商品的页面。新手卖家应该重视对商品首页的设置与优化。如果不知道该如何设置商品首页，可以参考同行网店商品首页的设置。表 4-8 所示为该款针织衫最近 30 天商品首页的点击情况。

图4-26　商品首页

表4-8　最近30天商品首页的点击情况

数据指标	访客数 / 人	页面平均停留时间 / 秒	平均每次访问页面数 / 个	跳出率
商品首页	1828	23	2.3	52.39%

从表 4-8 的相关指标数据可知，商品首页流量较大，但是商品首页作为网店流量的过渡页面，页面平均停留时间偏长，为 23 秒；平均每次访问页面数为 2.3 个，说明商品首页能够引导买家进行更深层次的访问。

商品首页的跳出率是反映一个页面的买家黏性的数据指标。该款针织衫的访客数为 1828，跳出率为 52.39%，说明约有 957 人访问了商品首页就离开了。商品首页的跳出率应尽量控制在 50% 以下。淘宝卖家如果想降低商品首页的跳出率，就需要进一步对商品首页进行优化。

4.3.3　优化商品详情页，以留住买家

买家在对商品首页进行访问后，将对商品详情页进行深入访问。深入访问商品详情页的买家通常购买欲望较强，淘宝卖家应该充分抓住这一部分优质的流量，实现成交转化。因此，卖家应该对商品详情页进行全面优化，以留住这部分买家。

卖家在对商品详情页进行优化前，应该先听听买家的"心声"。某淘宝卖家抽样调查了买家对商品详情页的意见，如图 4-27 所示。

由图 4-27 可知，买家对商品详情页的意见可以分为详情页排版、商品的材质介绍、商品的尺码以及商品的图片 4 类；其中对商品的图片的意见较多，主要是图片美化过度、模特图过

微课视频

详情页制作

多、图片冗杂及细节图缺失等问题。

因此，该淘宝卖家在弄清买家的意见后，可以对商品详情页进行优化。优质的商品详情页的特点是在短时间内为买家提供他们需要的信息。图4-28所示为买家希望在商品详情页看到的内容。

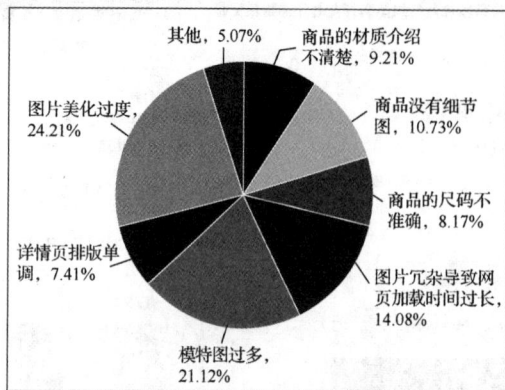

图4-27 买家对商品详情页的意见

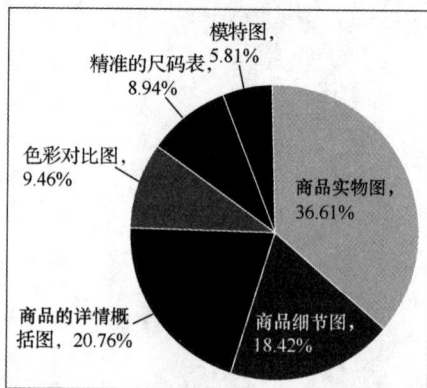

图4-28 买家希望在商品详情页看到的内容

因此卖家应对商品详情页的以下方面进行优化。

1. 实物图的优化

实物图从各个角度对商品进行展示，能让买家对商品有全面的了解。淘宝卖家一般选择把商品挂着或平铺拍摄，图片会展示商品的正面、侧面和反面；文案包括对商品的厚薄、长度、透气性以及舒适度等方面的描述。

2. 细节图的优化

买家希望在商品详情页看到细节图，无非是想了解商品的材质、细节的处理以及近距离观看商品的效果。淘宝卖家可以通过拍摄高清的细节图给买家呈现商品的真实情况。

3. 商品详情介绍的优化

图4-29所示为该网店一条裙子的详情介绍，其中主要包括材质、成分含量、颜色分类、尺码、流行元素/工艺、面料和年份季节等参数信息。

廓形: A形	货号: 6003	风格: 通勤
通勤: 淑女	组合形式: 单件	裙长: 中裙
款式: 其他	袖长: 长袖	领型: 圆领
袖型: 喇叭袖	腰型: 中腰	衣门襟: 套头
裙型: A字裙	图案: 纯色	流行元素/工艺: 荷叶边 拼接 蕾丝
品牌: ■■■	面料: 针织	成分含量: 91%(含)~95%(含)
材质: 棉	适用年龄: 25~29周岁	年份季节: 2022年秋季
颜色分类: 黑色长袖 红色长袖 红色...	尺码: S M L XL XXL XXXL	

图4-29 商品详情介绍

4. 尺码表的优化

尺码表是商品型号的说明书。买家在了解商品的型号后才有可能做出购买决策。淘宝卖家需要提供测量尺码的方法、商品型号说明、模特试穿的尺码及模特的身材参数等，如图4-30所示。

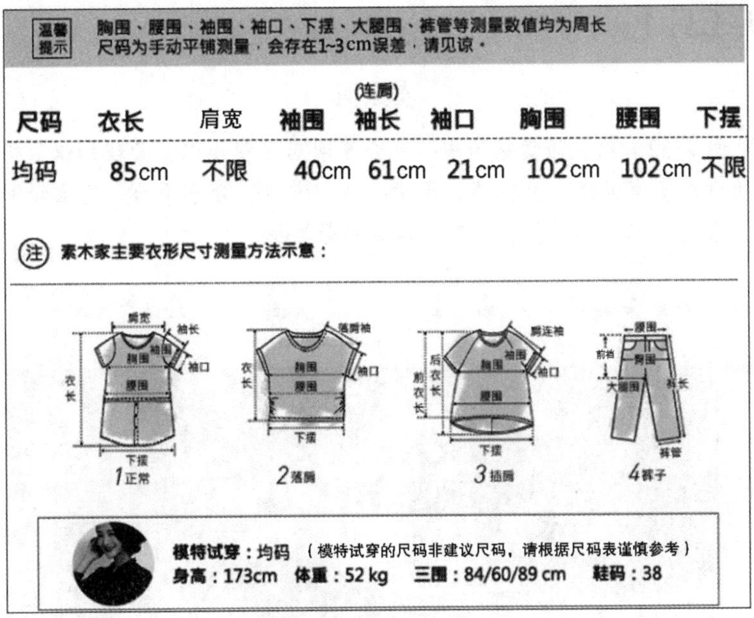

图4-30 商品尺码表

5. 模特图的优化

模特图能展示商品的上身效果，买家通过模特图可以对商品产生较深的印象。淘宝卖家提供的模特图应该符合品牌的定位，在商品详情页展示的模特图应该是高清图片，其中有全身图，并从不同角度展示商品，如图 4-31 所示；多色彩系列的商品在模特图部分应该对所有色彩都进行展示，但要以主推色为主。

图4-31 商品详情页的模特图

【数据分析工具】

卖家网

卖家网（见图4-32）以电商卖家为中心，分享网店运营知识、管理知识、行业前沿资讯、规则等信息，为电商卖家提供工具推荐、干货交流、学习、分享平台。淘宝卖家可以在卖家网获取淘系数据、直播数据、选品数据以及品牌洞察等数据。

图4-32　卖家网

【素养提升小课堂】

根据目前的淘宝搜索规则，网店的商品标题可以说是对搜索权重影响最大的一个因素。很多卖家都会定期优化自己的商品标题，其主要目的就是让商品的排名更靠前，其实这种做法也有可能会让网店商品的排名变得更靠后，而且流量也会跟着减少，这就违背了优化的初衷。那么，卖家在优化商品标题时需要注意哪些事项呢？

第一，不要叠加太多跟商品无关的产品词或者品牌词。在标题中加入一些不相干的词会拉低商品的排名。

第二，不要使用违禁词。淘宝对违禁词是有相关规定的，如果一款商品的标题含有违禁词并被淘宝网抽查到的话，那么这款商品会被直接下架，其链接也会被屏蔽。

要点提示：电商企业要遵守平台规则，禁用违禁词。

【课后思考题】

淘宝卖家小王通过不断地摸索和学习，终于使网店的流量和人气有了明显的增加。但是细心的小王发现，网店有不少访客浏览了一个页面就离开了，且商品的成交转化率较低；其中一小部分买家只把商品加入了购物车，却没有付款结算。针对这些情况，小王又没辙了。

请结合本章所学的知识，帮助小王分析出现这些情况的原因，并告诉小王应该从哪些方面改进以提高商品的成交转化率。

第 5 章

网店客单价分析

越来越多的卖家花大量的人力、物力和财力做大量的引流工作，参加淘宝的各种活动，让网店成功地获得了较高的人气和成交转化率，但是在最后核算时却发现网店的利润并不是特别理想。为什么高销量却不能带来高利润呢？

在流量相同的情况下，客单价的高低直接决定了网店销售额的多少。尽管淘宝卖家通过各种渠道和活动增加了网店的销量，但是绝大多数买家在网店只消费过一次，且消费金额并不高，网店的利润自然也不会太高。

因此，如何提高客单价、实现网店利润的最大化，是每个淘宝卖家关注的核心问题。

关键知识点

- 客单价的定义及公式
- 利用"爆款"提高客单价
- 利用网店优势提高客单价
- 商品类目的广度与深度
- 挖掘客户的购买能力

思维导图

5.1 认识客单价

如何提高客单价以实现网店利润的最大化是每个淘宝卖家关注的核心问题。在分析影响客单价的因素之前，淘宝卖家首先需要掌握什么是客单价，它对网店有什么作用，自己该从哪些方面对它进行分析。

客单价是一个客户在一定周期内购买商品的平均金额，即平均交易金额。

$$客单价 = 成交金额 ÷ 成交客户数$$
$$销售额 = 购买人数 × 客单价$$

因此，客单价是影响网店盈利的因素之一，在流量相同的前提下，客单价越高，销售额就越高。解析客单价需从商品类目的广度与深度、网店的促销活动、商品的关联营销、客户的购买能力以及店铺的定位等方面进行深入的分析，影响客单价的五大因素如图 5-1 所示。

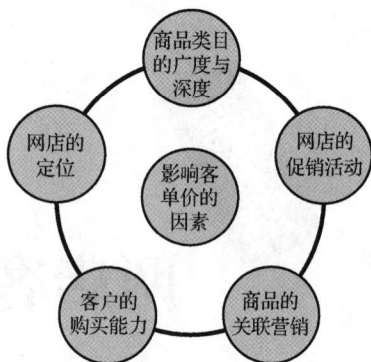

图5-1　影响客单价的五大因素

5.2 利用"爆款"提高客单价

"爆款"是指网店里销量很高甚至供不应求的商品。在如今的网购环境下，"爆款"扮演着"催化剂"的角色，能在短时间内给网店带来大量的流量和较高的成交转化率。在清楚"爆款"的好处后，很多卖家会萌生打造网店"爆款"的想法。但是，一部分新手卖家会提出疑问：打造"爆款"究竟该怎么做呢？"爆款"背后有无可以参考的方法或规律呢？

淘宝卖家可以把客户的购物流程作为打造"爆款"的切入点。客户在网购时，通常会经过图 5-2 所示的流程。

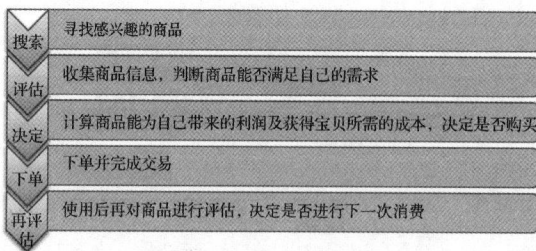

图5-2　客户的购物流程

在掌握客户的购物流程后，我们再来对"爆款"进行分析。在淘宝上，商品的展示主要依靠视频和图片，买家了解商品的渠道相对较少，因而更加倾向于听取已经购买过该商品的第三方的意见。如果第三方的意见绝大多数是积极的，就会有更多的买家下单购买，商品就会慢慢成为"爆款"，在此阶段，该商品是"爆款"的雏形。

尽管"爆款"雏形的形成受买家从众行为的影响，但是它也仅仅是一个雏形而已，淘宝卖家要真正地将其打造成为网店的"爆款"，还需要做好整体的营销策划。那么，淘宝卖家应该怎样最大限度地把流量转化为销量呢？

5.2.1 "爆款"是流量的重要入口

"爆款"的具体表现形式就是高流量、高曝光量、高成交转化率。但是"爆款"从严格意义上来讲分为两种，即引流"爆款"和盈利"爆款"——引流"爆款"也叫小"爆款"，盈利"爆款"也叫大"爆款"。从成本上来讲，引流"爆款"的利润往往比较低。本节着重讲解引流"爆款"。

"爆款"让众多卖家关注的原因主要是某单件商品的热销可以拉动网店的成交额快速增长，甚至影响一整个季度的销售格局。在成功打造"爆款"后，卖家可以在这个周期内持续获得收益。因此，越来越多的淘宝卖家开始重视"爆款"的打造。一般情况下，大部分中小卖家的网店正处于成长期，其活动运营及策划能力较弱。因此，许多中小卖家通常会借助淘宝官方平台的各种促销活动打造"爆款"。

某淘宝网店在5月17日参加了天天特价活动，成功打造了网店的"爆款"。该网店最近25天的流量变化情况如图5-3所示。

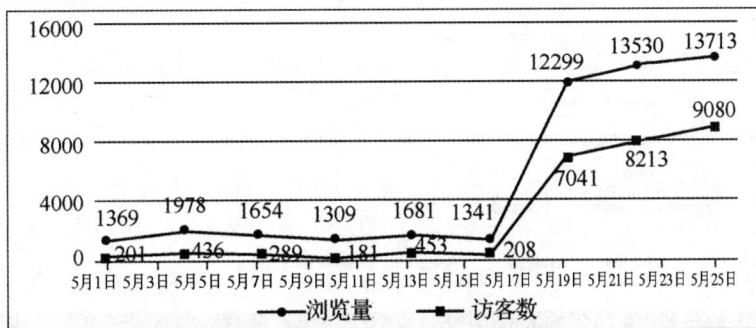

图5-3 该网店最近25天的流量变化情况

从图5-3中可以看出该网店在最近25天内流量变化很大。5月1日—5月16日，网店的流量比较低；5月17日—5月19日，网店的流量迅速增加；5月20日—5月25日，流量趋于稳定，总体呈平缓增加趋势。预测在接下来的3～5天内，网店的流量可能会有所减少。

某淘宝卖家在参加天天特价活动后，以时间为维度，对网店流量的相关数据，即浏览量、访客数、平均访问深度以及访客回头率进行了对比分析，具体数据如表5-1所示。

表5-1 网店流量的相关数据

日期	浏览量/次	访客数/人	平均访问深度/个	访客回头率
参加活动的第一天	14 219	9 446	2.71	23.46%
参加活动的第二天	16 713	10 860	2.78	21.85%
上周同期	8 329	6 019	1.23	3.44%
同期增长比率	100.66%	80.43%	126.01%	535.17%

从表5-1可知，网店的"爆款"在为网店带来流量的同时，也使得网店的平均访问深度和访客回头率得到了相应的提高。平均访问深度从侧面反映了网店的买家黏性，买家的平均访问深度高，说明买家对网店的其他商品也比较感兴趣。如果淘宝卖家在网店的关联营销上运用一定的方法和技巧，就可以提高网店的潜在客单价。

5.2.2 "爆款"的选款

由于"爆款"对提高网店销售额有很大的作用，越来越多的卖家加入打造"爆款"的热潮中。打造"爆款"的第一步就是选款。选款是打造"爆款"至关重要的一个环节，选对了商品就已经成功了一半，如果选择了错误的商品，那么，后续的推广和优化都只是徒劳。淘宝卖家应该从以下两个方面来选款。

1. 根据目前热销的类目选款

新手卖家在选款之前可以参考淘宝目前热销的类目，因为现阶段热销的款式是经过一段时间沉淀下来的。新手卖家通过淘宝排行榜可以了解现阶段热销类目的成交和搜索趋势，淘宝类目销售上升榜和淘宝类目搜索热门排行分别如图5-4和图5-5所示。

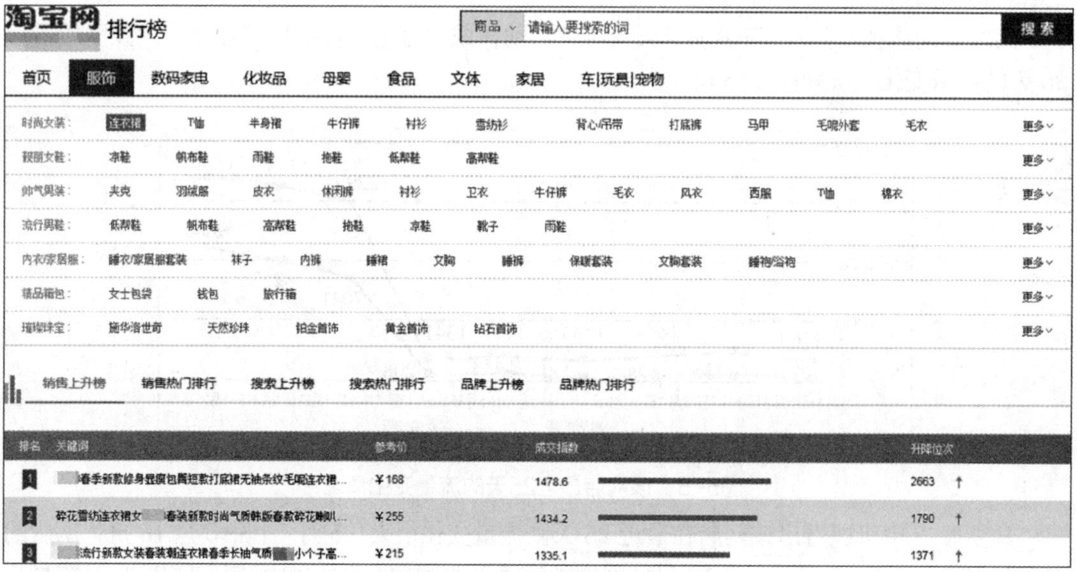

图5-4 淘宝类目销售上升榜

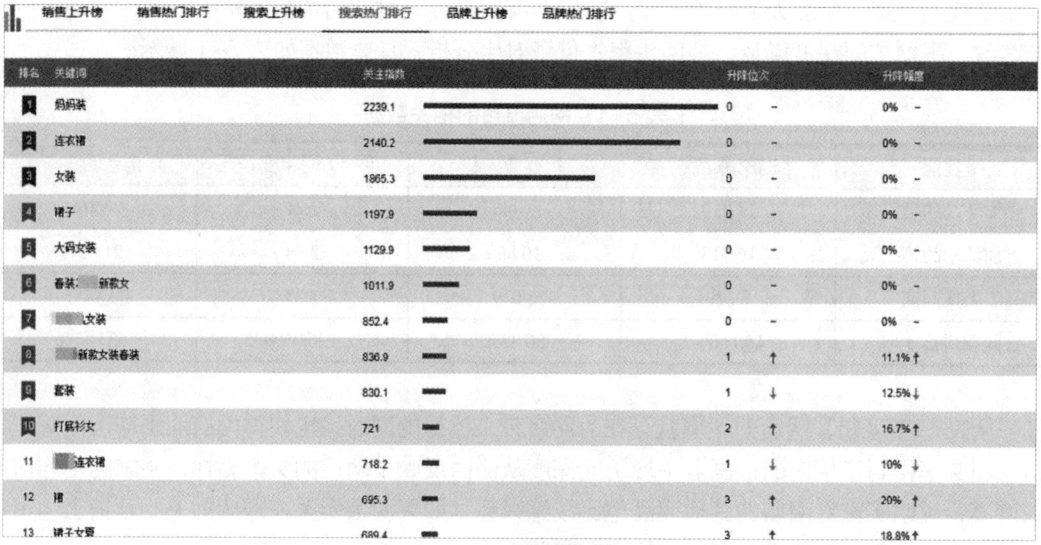

图5-5 淘宝类目搜索热门排行

根据淘宝的热销类目，淘宝卖家大致可以确定现阶段消费市场的需求是什么，淘宝卖家选款应以消费市场的需求为出发点，把握好市场的趋势，也可以参考线下的市场调研结果为选款决策提供更多的依据。

2. 根据自身的实际情况选款

选款最重要的是结合自身的实际情况，不同网店的实际情况不同，淘宝卖家需要从价格、货源以及测款3个方面进行选款。

（1）价格

本书第2章已经详细讲解了网店不同商品的定价策略。一个网店的商品价格主要划分为高、中等、低3个价位。一般情况下，"爆款"主要是网店中等价位的商品。由于新手卖家往往缺乏活动运营策划的能力和经验，很难对高价位的商品做出合理的把控；而中等价位商品凭借其价格适中、质量较好、款式新颖等优势能够迅速被买家所接受。

新手卖家在定"爆款"的价格时，应尽量把价格定得略低于同行同款商品的价格，因为"爆款"的主要作用是引流，而商品的价格优势能在第一时间为网店带来较多流量。

（2）货源

"爆款"代表高销量，新手卖家在打造"爆款"之前应该保证货源充足，因为中途断货会严重影响"爆款"的形成。即使接下来的货源补充得再到位，也很难成功打造"爆款"。因此，新手卖家在没有足够经验的情况下，应尽量选择货源充足的商品作为"爆款"来打造。

（3）测款

在推广商品之前，新手卖家应该明确哪款商品更受买家青睐，在进行充分的调研前，新手卖家不能凭主观判断随意选款。某淘宝网店对同等价位的3款不同商品进行了测款，同时将3款商品上架，并且记录了3款商品在最近30天的相关数据指标，结果如表5-2所示。

表5-2　测款结果

商品	浏览量 / 次	访客数 / 人	点击率	跳出率	成交转化率
A	1 491	399	23.44%	58.37%	14.19%
B	1 543	671	37.16%	36.31%	29.26%
C	1 810	483	31.23%	49.26%	10.13%

综合各项数据指标分析可知：A商品的点击率过低，表示A商品不能在第一时间内吸引买家的注意力；C商品的跳出率较高，虽然跳出率不能精准表明商品的受欢迎程度，但是基本上可以确定商品对网店的影响，如果跳出率过高，会直接影响网店其他商品的引流销售情况；点击率、成交转化率更高并且跳出率更低的B商品应该被选为"爆款"来打造。

5.2.3　"爆款"的深度优化与推广

在淘宝卖家完成选款后，深度优化与推广是打造"爆款"的又一个重要的环节。不同的淘宝网店主营的类目不同，在实际的优化操作中，淘宝卖家往往会根据市场的变化，适当地调整商品的标题，使之与市场需求达到最佳的匹配状态。这样能够使商品在不同的时间段达到最好的引流效果，最终使商品成为"爆款"。下面将讲解商品标题的关键词优化。

1. 筛选类目转化率

卖家要想在市场需求旺季将一款商品打造成"爆款"，最大限度地引入流量，一般而言，需要将商品的标题修改1～2次。因为在市场需求旺季到来之前，淘宝卖家的数据来源主要是去年的相关数据及自己的经验，可选择的关键词相对较少。除此之外，关键词还会受到社会热门事件、流行趋势等多方面因素的影响。

以某主营女装的淘宝网店统计的商品热门关键词为例，将热门关键词的词表按照搜索人气进行降序排列；然后选中"转化率"一列，对转化率进行"自定义筛选"，筛选出转化率为"0"的热门关键词，如图5-6所示。

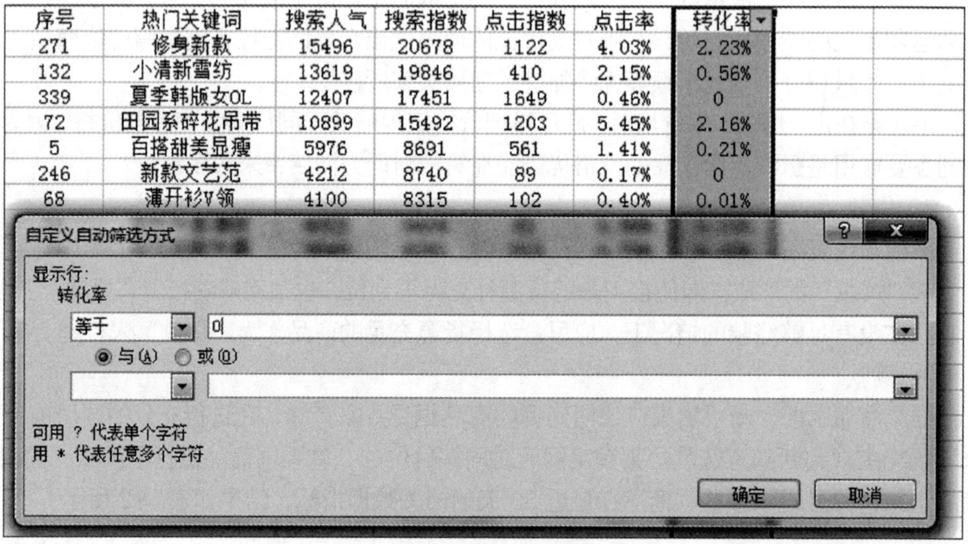

序号	热门关键词	搜索人气	搜索指数	点击指数	点击率	转化率
271	修身新款	15496	20678	1122	4.03%	2.23%
132	小清新雪纺	13619	19846	410	2.15%	0.56%
339	夏季韩版女OL	12407	17451	1649	0.46%	0
72	田园系碎花吊带	10899	15492	1203	5.45%	2.16%
5	百搭甜美显瘦	5976	8691	561	1.41%	0.21%
246	新款文艺范	4212	8740	89	0.17%	0
68	薄开衫V领	4100	8315	102	0.40%	0.01%

自定义自动筛选方式

显示行：
转化率

等于　　0

○ 与(A)　○ 或(O)

可用 ? 代表单个字符
用 * 代表任意多个字符

确定　　取消

图5-6 筛选热门关键词的转化率

转化率为"0"的热门关键词对于网店没有实质性的作用，不适合用于"爆款"商品的引流。所以，卖家可以直接把转化率为"0"的热门关键词从商品的标题中删除。图5-7所示是筛选后的热门关键词。

序号	热门关键词	搜索人气	搜索指数	点击指数	点击率	转化率
271	修身新款	15496	20678	1122	4.03%	2.23%
132	小清新雪纺	13619	19846	410	2.15%	0.56%
72	田园系碎花吊带	10899	15492	1203	5.45%	2.16%
5	百搭甜美显瘦	5976	8691	561	1.41%	0.21%
68	薄开衫V领	4100	8315	102	0.40%	0.01%
11	宽松外套薄款	4013	6404	61	0.56%	0.03%
34	镂空短款外套	3649	6281	213	0.79%	0.02%
80	蕾丝边条纹雪纺	2327	4015	381	1.03%	0.06%

图5-7 筛选后的热门关键词

2. 筛选热门关键词

有一部分商品的属性词也是热门关键词，但是因为淘宝卖家数量庞大，这些关键词在搜索时无法带来展现量，如"新款"等关键词。

在Excel表格中，淘宝卖家可以直接利用筛选器筛选热门关键词。按照图5-6所示方法，首先将整理好的热门关键词按照搜索人气进行降序排列，再选中"热门关键词"一列，对热门关键词进行筛选，取消勾选明显和商品属性关联不大的热门关键词，如"连衣裙"，如图5-8所示。

序号	热门关键词	搜索人气	搜索指数	点击指数	点击率	转化率
		3621	27894	19450	23.16%	3.33%
		8516	10525	1689	35.40%	2.16%
		7121	87644	113	16.32%	0.09%
		6470	80111	101	8.16%	0.03%
		5511	70456	139	14.06%	0.14%
		3716	5123	410	6.43%	0.56%
		3204	4916	81	9.83%	1.01%
		2910	3217	103	7.49%	0.03%
		1326	2618	236	5.36%	0.45%
		1003	1516	99	6.01%	0.02%
		894	1075	46	4.82%	0.05%
		615	723	216	25.76%	1.29%

图5-8 筛选热门关键词

最终筛选结果如图 5-9 所示。Excel 表格可以一次性排除多个关键词，这大大减少了淘宝卖家的工作量。

序号	热门关键词	搜索人气	搜索指数	点击指数	点击率	转化率
2	雪纺裙 修身	13621	27894	19450	23.16%	3.33%
11	连衣裙 2022 夏	8516	10525	1689	35.40%	2.16%
35	春夏新款	7121	87644	113	16.32%	0.09%
56	淑女款	5511	70456	139	14.06%	0.14%
79	连衣裙夏 长裙	3716	5123	410	6.43%	0.56%
112	沙滩裙 长裙	3204	4916	81	9.83%	1.01%
201	蝴蝶结 连衣裙	2910	3217	103	7.49%	0.03%
289	韩版修身 短裙	1326	2618	236	5.36%	0.45%
377	连衣裙 A字裙	1003	1516	99	6.01%	0.02%
412	公主裙	894	1075	46	4.82%	0.05%
501	高腰 连衣裙	615	723	216	25.76%	1.29%

图5-9 最终筛选结果

在实际的操作中，大多数淘宝卖家会采用三级或四级类目词表来选择商品的关键词。但是针对"爆款"，新手淘宝卖家可以采用操作方便的二级类目词表。而一级类目词表能反映出近期需求量最大的品类，为淘宝卖家后续使用相关的热门关键词提供参考依据。

5.3 利用网店优势提高客单价

客单价的提高不是简单地提高商品的销售价格。客单价的公式如下。

客单价 = 总成交金额 ÷ 成交总买家数 = 笔单价 × 人均购买笔数

公式中的笔单价是指每一笔订单的平均消费额，其公式如下。

笔单价 = 总成交金额 ÷ 订单总笔数

微课视频

提高客单价的方法

例如，在某天的 11:00—12:00，共有 10 个买家在某网店发生交易行为，总成交金额为 1 000 元，其中 9 个买家都只下了一笔订单，但有 1 个新手买家不懂怎么加入购物车，共拍下了 3 件商品，分别付了 3 次款，最后完成交易。

那么，网店的客单价为 1000÷10=100（元），笔单价为 1000÷（9+3）≈ 83.33（元）。

客单价是由笔单价和人均购买笔数决定的。笔单价与价格有关，商品的价格主要由买家属性和网店属性决定，而人均购买笔数则与关联营销密切相关。关联营销是指卖家在一个商品详情页同时放了其他同类、同品牌、可搭配的关联性较强的商品，由此可以达到提升其他商品的浏览量和成交转化率的目的。每个网店销售的商品的市场定位不同，所以，不同的网店会产生不同的客单价。

每个网店都有自己独特的优势，如装修风格、商品包装、推广渠道以及营销方法及技巧等。淘宝卖家需要以网店的实际情况为立足点，巧妙利用网店优势提高客单价。

5.3.1　网店的定位

网店的定位直接决定了一个网店所服务的消费市场。网店的定位主要包括价格的定位和商品的定位。

1. 价格的定位

科学合理的价格能最大限度地提高网店的客单价。在淘宝网店的消费群体确定后，卖家还要考虑怎样用价格对网店进行定位。

一家主营服饰的网店一般有不同款式、不同风格的商品，而这些商品对应的价格通常也所有不同。网店可以直接按照价格定位将网店的消费群体划分为高消费层级买家、中等消费层级买家和低消费层级买家，并为相关商品定价。

例如，一家主营 3～12 岁儿童的服装的网店的卖家巧用价个制定了提高客单价的战略方案，具体如图 5-10 所示。

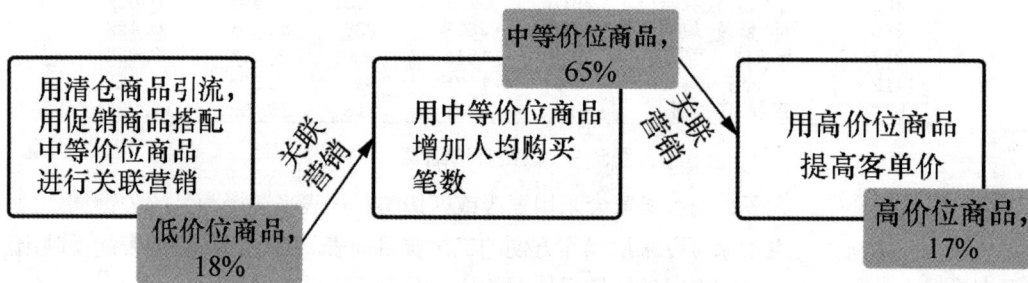

图5-10　提高客单价的战略方案

从网店提高客单价的战略方案中可以看出，该童装店的低价位商品占 18%，中等价位商品占 65%，高价位商品占 17%，卖客还进行了关联营销。

又如，某淘宝卖家直接利用低价位商品提高客单价，低价位的连衣裙为 19.90 元，累计销量为 2 922 件，卖家又在商品首页的"掌柜推荐"和"看了又看"位置对中等价位和高价位的连衣裙进行了关联营销，如图 5-11 所示。

低价位商品主要是清仓商品和促销商品，清仓商品因为款式过时、断码缺码以及尾货等原因需要尽快销售，能凭借低廉的价格为网店带来大量的流量；而促销商品则是原本属于中等价

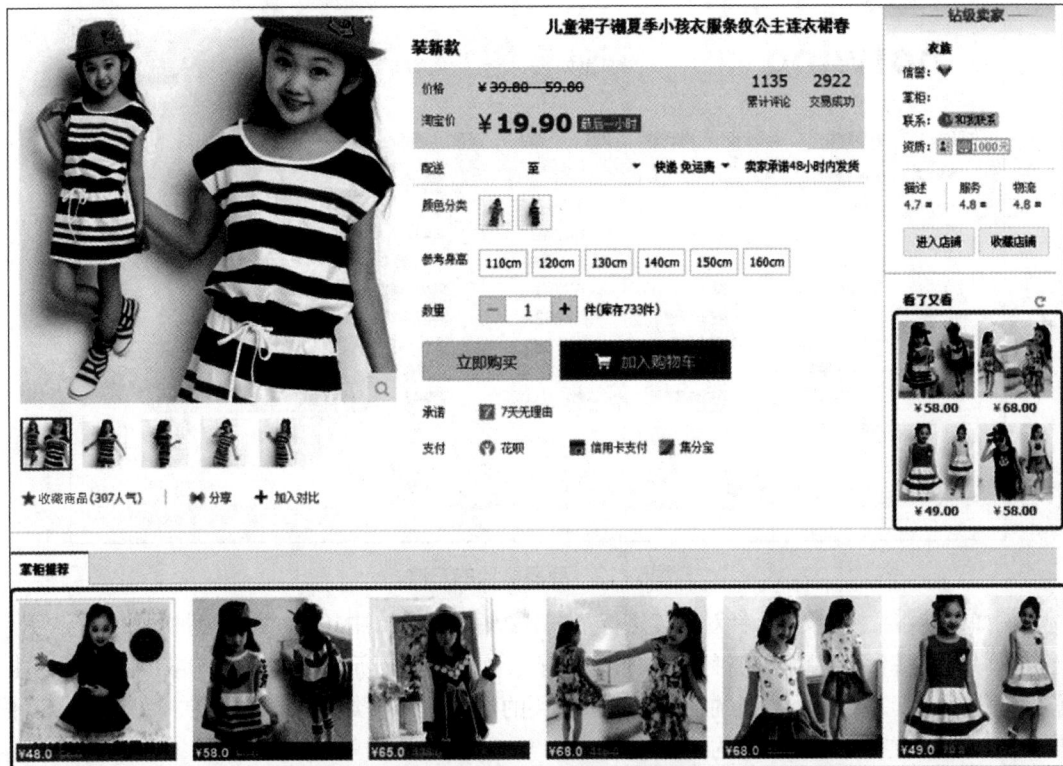

图5-11 利用低价位商品提高客单价并进行关联营销

位或高价位的商品，卖家采取促销的方式来吸引买家，并且在降价的同时，把促销商品和中等价位的商品进行关联营销，尽量把买家的注意力吸引到中等价位的商品上；而卖家还把中等价位的商品和高价位的商品进行关联营销，高价位商品的主要作用就是提高客单价。

看似简单的提高客单价的方案，实则是卖家严谨思考的成果，以低价位商品作为提高客单价的切入点，逐步把买家的注意力吸引到中等价位商品和高价位商品上去。这一环环相扣的营销思路是值得新手淘宝卖家借鉴和学习的。

2. 商品的定位

商品的定位则是指淘宝卖家根据商品类目的广度与深度对网店进行定位。在开店之初，淘宝卖家就已经确定了自己网店的主营类目，随着网店的逐步发展，卖家应该进行更深层次的思考：如何利用商品类目的广度与深度提高客单价？

（1）商品类目的广度

商品类目的广度是指淘宝网店经营的不同商品类目数量的多少。一般而言，商品类目的广度越广、买家可选择的范围越广，就越有利于提高客单价。

例如，A网店主营服装，也销售箱包和鞋，如图5-12所示。

买家访问A网店时，可选择的类目较多。如果卖家针对不同类目的商品进行有效的搭配或关联营销，能最大限度地提高网店的客单价。

（2）商品类目的深度

商品类目的深度是指淘宝网店同一商品类目下商品数量的多少。商品类目的深度能反映一家网店的专业程度，类目深度越大，表示网店越专业，买家越容易精准地找到需要的商品。

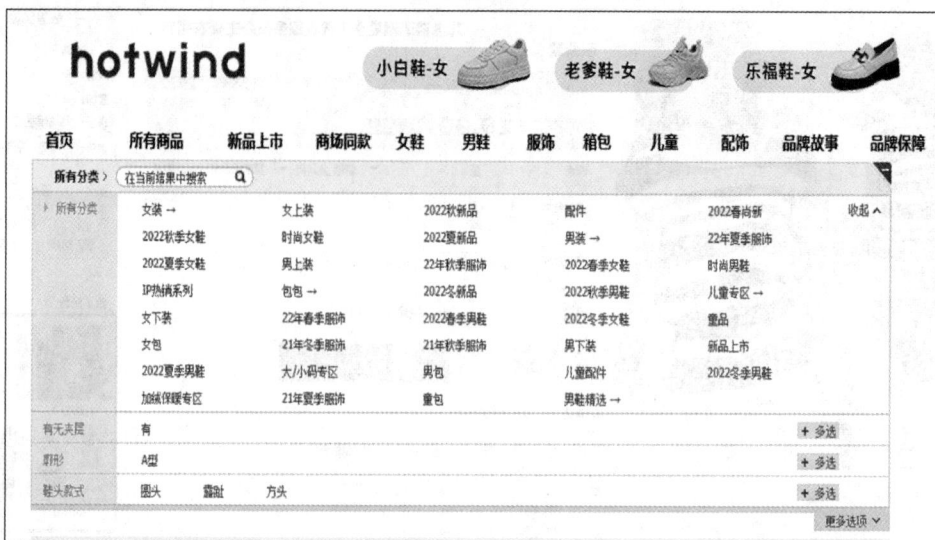

图5-12　商品类目的广度

　　例如，B网店主营女装，针对女装进行了细分：短袖T恤、中长款衬衫、短袖衬衫、连衣裙、连体裤/连衣裤、蕾丝/雪纺衫、短裤和防晒衣，如图5-13所示。买家在访问B网店时，能够快速地根据卖家对商品类目的细分找到想购买的商品。同一类目的商品以高、中等、低3种价位同时展现，有利于客单价的提高。

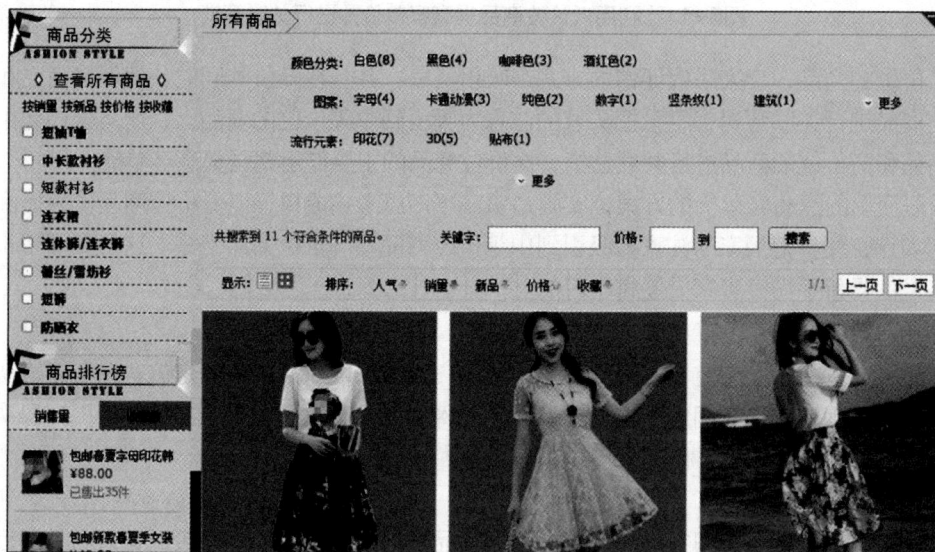

图5-13　B网店商品类目的深度

5.3.2　同类商品客单价的提高

　　淘宝卖家可以通过提高商品的单价和人均购买笔数来提高客单价。直接提高商品的单价有一定的作用，但是客单价的提高空间有限。如果只提高商品的单价，可能会导致网店的买家数量减少。但在不包邮的情况下，如果网店的同类商品的人均购买笔数由1笔增加到2笔及以上，网店的客单价和利润也将大幅增加，如表5-3所示。

表5-3　人均购买笔数对客单价和利润的影响

商品名称	笔单价/元	人均购买笔数	客单价/元	商品成本/元	商品利润/元
2022 夏新款 T 恤	89	1	89	57	32
2022 夏新款 T 恤	89	2	178	114	64
2022 夏新款 T 恤	89	≥ 3	≥ 267	≥ 171	≥ 96

从表5-3中可以得知，在笔单价一定的情况下，一款商品的人均购买笔数越多，商品的客单价就越高，利润也就越高。因此，如何提高人均购买笔数成了众多淘宝卖家关注的热点问题。

一般情况下，同类商品主要以促销式营销的方式提高客单价，而促销式营销的方式也比较多，如 × 件包邮、第 × 件 × 折等。其核心营销思想就是让买家认为买得越多优惠越多，从而刺激买家的购买欲望。

1．× 件包邮

× 件包邮是众多淘宝卖家常用的方法。包邮肯定会涉及成本问题，但是卖家承诺 × 件包邮，可通过增加人均购买笔数来提高客单价。

淘宝卖家要想通过 × 件包邮提高客单价，首先要提前计算出网店能承受的邮费成本及能接受的最大的打折力度分别是多少，并估算网店的最高客单价与买家接受度（即成交转化率）之间的平衡点。

例如，某淘宝网店主营男士衬衫，衬衫的定价为45元，商品成本为23元，卖家为了提高网店的客单价，设置了 × 件包邮的促销活动。卖家统计了不同的促销方式与成交转化率之间的关系，结果如表5-4所示。

表5-4　不同的促销方式与成交转化率之间的关系

促销方式	人均购买笔数	客单价/元	成交转化率	总成本/元	利润/元
1 件包邮	1	45	95.16%	33	12
2 件包邮	1	90	68.23%	56	34
3 件包邮	1	135	12.49%	79	56
4 件及以上包邮	1	≥ 180	9.56%	≥ 102	≥ 78

由表5-4可以分析出，以 × 件包邮的方式提高客单价最重要的是要考虑到网店的最高客单价与成交转化率之间的关系。由网店的统计数据分析可知，2件包邮为该网店的最高客单价与买家接受度之间的平衡点。

除此之外，淘宝卖家还需要考虑邮费成本问题。买家来自全国各地，部分偏远地区的邮费偏高。卖家在包邮之前需要考虑偏远地区的邮费问题，不能为了提高客单价而盲目地进行包邮促销。

2．第×件×折

仍以表5-4所示网店为例，该淘宝卖家为了利用多种促销方式增加人均购买笔数，又使用了另一种促销方式，即第 × 件 × 折，具体情况如下：第1件原价，客单价为 $45 \times 1 = 45$（元）；

第2件8折，即2件衣服的客单价为45+45×0.8=81（元）；依此类推。具体数据如表5-5所示。

表5-5　第 × 件 × 折的客单价与成交转化率之间的关系

促销方式	人均购买笔数	客单价/元	成交转化率	总成本/元	利润/元
第1件原价	1	45	41.25%	23	22
第2件8折	1	81	82.23%	46	35
第3件7.5折	1	114.75	18.01%	69	45.75
第4件7折	1	146.25	6.24%	92	54.25

对比表5-4，从客单价分析，包邮促销的客单价稍微高于打折促销；从成交转化率分析，网店采取"第2件8折"的促销方式的时候，打折促销的成交转化率明显高于包邮促销（2件包邮）。淘宝卖家可以灵活运用不同的促销方式增加利润。

很多网店容易忽视对商品效果图与SKU的优化，商品效果图能刺激买家的购买欲望，而SKU能为买家提供多种不同的选择，如图5-14所示。对商品效果图与SKU进行优化，可有效提高客单价。

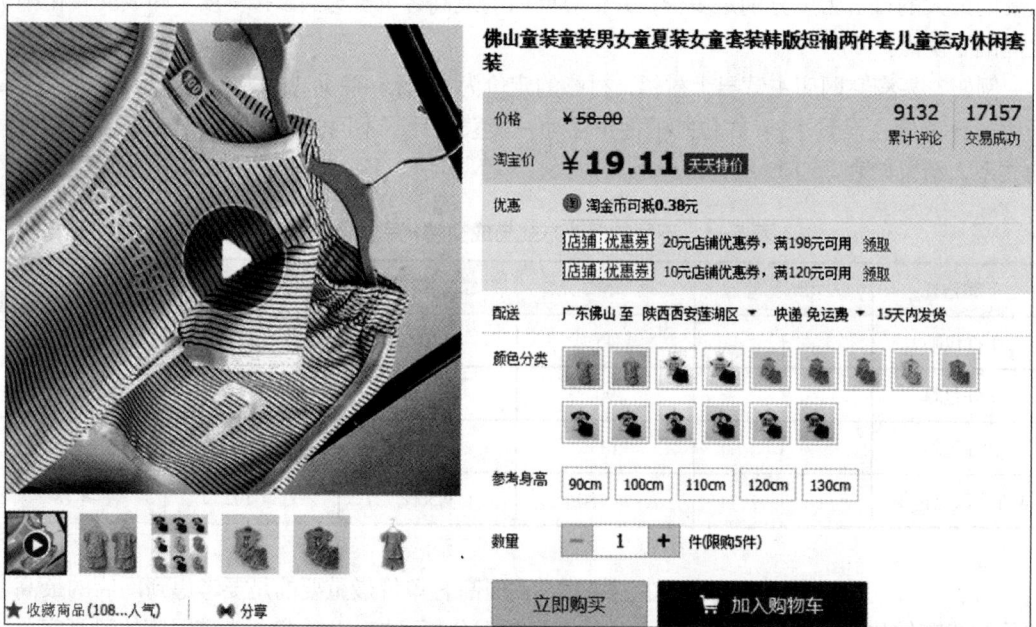

图5-14　商品效果图与SKU

5.3.3　不同类商品客单价的提高

无论是淘宝客、直通车还是钻石展位，大部分引流方式都需要投入大量的资金成本。让每个进入网店的访客多浏览一个商品、在一个商品详情页多停留一会儿，是提高潜在的成交转化率和客单价的关键。因此，利用关联营销对商品进行精准营销是每个新手卖家都应具备的营销技能。

在推广费用保持不变的情况下，一家主营女装的网店分别对店内的一件衬衫和一条短裙进行了数据测试，卖家在5月先采用单件营销的方法，并统计了5月的相关数据，如图5-15所示。

开始测试时间	测试方法	测试商品	测试数据					
			时长/天	浏览量	访客数	人均购买笔数	笔单价/元	客单价/元
2022年5月1日	单件营销	2022夏新款V领修身衬衫	1	397	151	3	49	147
			7	2312	898	18	49	882
			15	5670	2044	32	49	1568
			30	8961	3429	66	49	3234
		2022夏时尚显瘦短裙	1	499	245	8	29	232
			7	1029	681	12	29	348
			15	2140	800	16	29	464
			30	3020	1297	22	29	638

图5-15　单件营销时的测试数据

在6月1日，卖家改变了营销方法，采用关联营销将衬衫和短裙进行了搭配，此时的相关数据如图5-16所示。

开始测试时间	测试方法	测试商品	测试数据					
			时长/天	浏览量	访客数	人均购买笔数	笔单价/元	客单价/元
2022年6月1日	关联营销	2022夏新款V领修身衬衫	1	460	213	7	49	343
			7	2543	1011	22	49	1078
			15	8973	3620	49	49	2401
			30	12463	8079	105	49	5145
		2022夏时尚显瘦短裙	1	788	396	19	29	551
			7	4513	1440	33	29	957
			15	7985	3842	61	29	1769
			30	15311	8813	179	29	5191

图5-16　关联营销时的测试数据

经过对比可以得知，关联营销能为网店带来更多的流量，客单价也得到了提高。

淘宝卖家花费大量的资金成本引进流量，但这并不能保证每位买家进入一个商品的页面之后都会产生购买行为，如果买家在该商品页面没有看到想要买的商品，可能就会离开该页面，而且很难再次进入同一家网店。因此，淘宝卖家往往会采取关联营销的方法引导买家进入他更感兴趣的页面，使网店的跳失率降低，从而提高成交转化率。

关联营销主要分为相关型关联营销和互补型关联营销。

1. 相关型关联营销

相关型关联营销是指淘宝卖家根据两款及两款以上商品的相关程度进行组合营销。例如，某淘宝网店主营母婴用品，淘宝卖家在某款婴儿浴盆的商品详情页进行了相关型关联营销，如图5-17所示。

图5-17　相关型关联营销

　　买家在选购婴儿浴盆的时候，会很自然地查看与婴儿浴盆相关的商品，如捏捏叫玩具、宝宝洗脸盆、收纳箱、婴儿秋冬抱被等。买家访问相关商品页面既能使卖家达到分流的目的，又能提高潜在的客单价。因此，淘宝卖家可以在商品详情页进行相关型关联营销。

2. 互补型关联营销

　　互补型关联营销是指淘宝卖家对功能互补的商品进行搭配营销。两款及两款以上不同的且在功能上互补的商品搭配，有可能带来意想不到的效果。在日常生活中，有的商品很适合组合销售，如"面包＋牛奶""牙膏＋牙刷＋杯子""床单＋被套＋枕套＋枕芯"等。

　　当买家在淘宝首页搜索框中输入"床上用品"时，搜索结果页面会自动显示床上用品三件套或四件套，如图5-18所示。卖家直接把床单、被套、枕套等进行互补型关联营销，可最大限度地提高客单价。

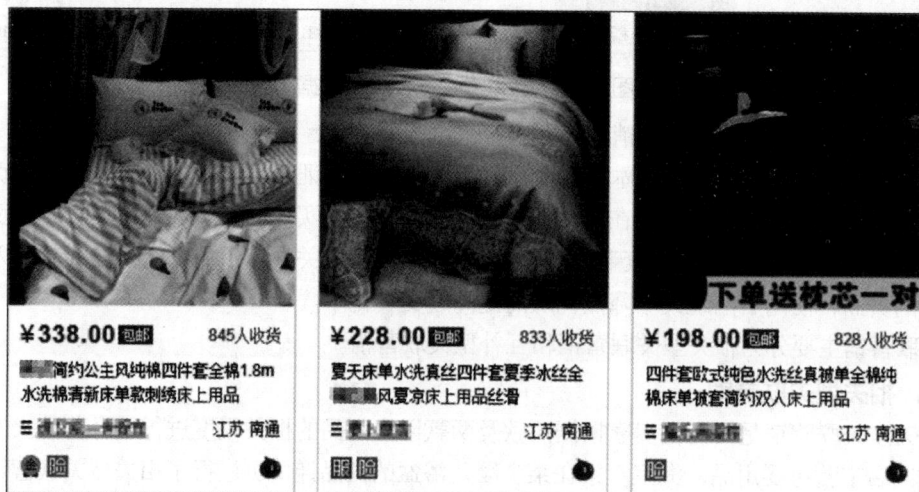

图5-18　互补型关联营销

仅有的一个方案可能很难被广大的买家接受，因此，淘宝卖家可以根据商品的功能和规格进行有机组合搭配，形成多功能、多选择的套餐方案。例如，牛奶不仅可以和面包形成互补型关联营销，还可以和馒头、糕点、饼干等食品搭配，甚至可以延伸得到更多组合，最终实现"1+1 > 2"的整体效果，如图5-19所示。

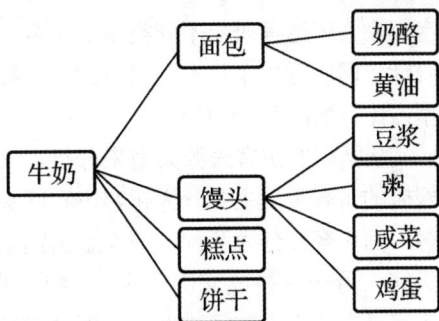

图5-19　互补型关联营销的延伸

商品的互补组合搭配越多，买家的选择就越多，这些搭配就越能满足不同买家的消费需求，并刺激买家不断产生新的消费需求。这样的营销方法不仅能优化买家的消费体验，对于卖家来说，更能最大限度地提高网店的客单价。

5.4　挖掘客户的购买能力

客户价值是客户关系管理的核心。现在越来越多的淘宝卖家开始注重挖掘客户的购买能力。那么，如何设置营销战略并利用营销工具来增强客户的购买能力呢？一般而言，淘宝卖家需要经过精细化的数据分析来增强网店的运营能力，进而达到挖掘客户购买能力的目的，并实现客单价的提高。

为了更好地对网店的客户关系进行维护和管理，淘宝卖家首先应该以交易金额或交易次数为维度对客户进行等级划分，如普通会员、高级会员、VIP 会员、尊贵 VIP 会员等；再针对不同等级的会员设置相应的积分规则与优惠力度。表 5-6 所示为某淘宝网店设置的会员等级。

表 5-6　某网店设置的会员等级

会员等级	满足条件		升级模式	会员享受的基本优惠和权益
	最低交易金额 / 元	最低交易次数		
普通会员	50	1	自动升级	无折扣
高级会员	200	10	自动升级	8.5 折
VIP 会员	500	25	自动升级	7.5 折
尊贵 VIP 会员	1000	40	自动升级	7 折

淘宝卖家可以有针对性地管理不同等级的会员，同时可以开展相应的优惠活动，提高网店的客单价。淘宝卖家在设置了自己网店的会员等级规则后，后台会根据每个客户的交易记录，自动按照设置的规则对客户进行会员等级的划分。

5.4.1　回头客对网店的贡献

一个淘宝网店的访客类型能从侧面反映该网店的推广效果、服务水平以及整体实力。但并非每一个访客对网店都有价值，实现访客价值的最大化是淘宝卖家运营网店的重中之重。某淘宝卖家为了透彻研究不同类型的访客，统计了网店近1个月不同渠道的访客类型占比，如图5-20所示。

从网店的访客来源渠道来分析，该网店的访客类型主要分为新客户和回头客。回头客又分为两种，一种是浏览回头客，另一种是成交回头客。浏览回头客是指6天内访问过网店又再次来访问的客户。成交回头客是指买过网店商品又再次来网店购买的客户。

网店出现回头客是网店健康发展的重要表现，回头客的出现表示网店赢得

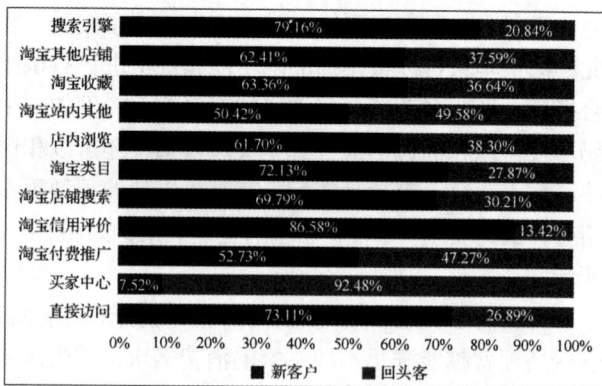

图5-20　网店近1个月不同渠道的访客类型占比

了买家的信赖。一个网店最重要的就是客源，尤其是新开的淘宝网店，在客源较少或不稳定的情况下，卖家更应该维护好回头客。

1. 提高客单价

回头客占比是影响网店客单价的重要指标之一。回头客占比高，说明买家对商品的质量、卖家的服务态度以及网店的整体水平都比较满意。回头客具有较高的成交转化率，如果卖家在与买家交流的过程中采用适当的销售技巧，网店的客单价会有很大的提高空间。图5-21所示是一位买家与客服的对话。

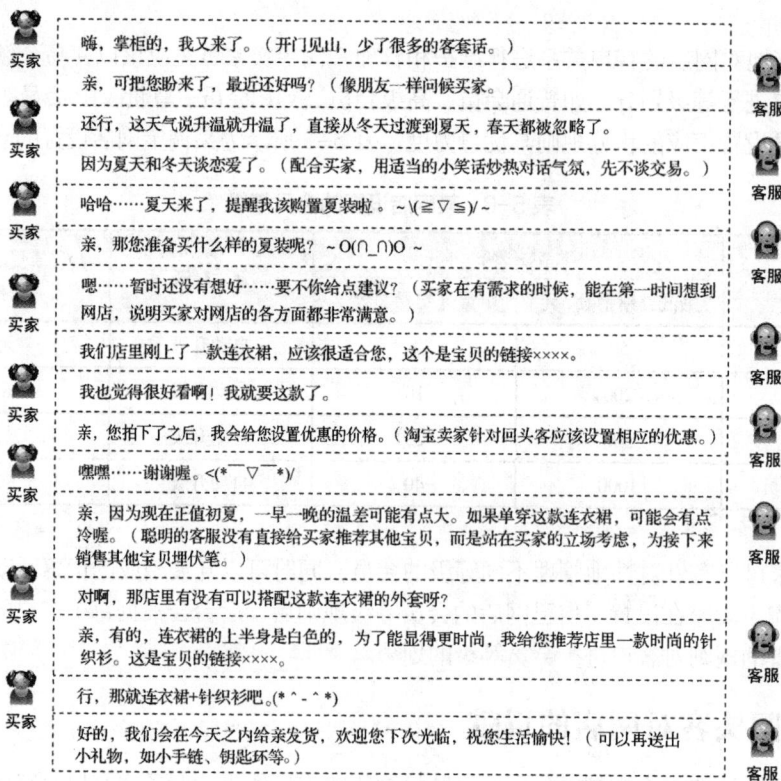

图5-21　买家与客服的对话

从回头客与客服的对话中，我们可以很明显地看出回头客对网店的贡献，尤其是成交回头客。这类回头客的成交转化率高，退货率和换货率却很低。如果客服运用适当的销售技巧，就可大幅提高网店的客单价。

该卖家对网店不同商品的月均客单价进行了相关的统计，如图5-22所示。对网店不同商品的月均客单价分析可知，从整体上来看，除了T恤之外，其他商品的回头客月均客单价均高于新客户的月均客单价。因此，该网店客单价的提高主要依赖回头客。

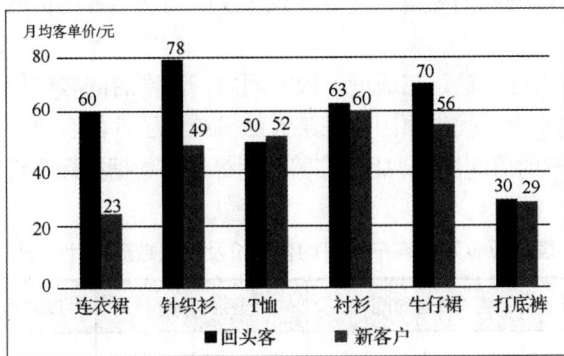

图5-22　网店不同商品的月均客单价

但是图5-22仍然反映出了一些问题，如衬衫和打底裤的回头客的月均客单价和新客户的月均客单价相差不大，产生这种现象有以下两种可能。

① 网店的推广效果显著，吸引了一批新客户。

② 网店的回头客正在流失。

如果是第二种原因，卖家就应该认真分析网店存在的问题，并且找出相对应的解决措施。回头客流失问题分析如图5-23所示。

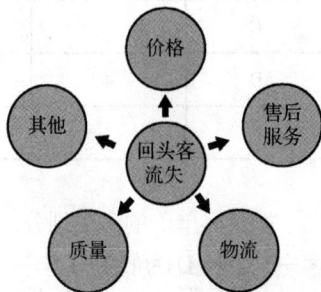

图5-23　回头客流失问题分析

2. 免费宣传

回头客除了能提高网店的客单价之外，往往还会给网店带来新的买家，如他们的亲人、同学、同事等；同时，回头客的优质评论对其他买家具有很大的诱导作用。

5.4.2　客户关系的维护

根据"二八法则"，一个网店80%的利润可能只来自20%的客户，而这20%的客户主要就是网店的老客户。

因此，客户关系的维护是一个网店能否实现持续健康发展的关键。网店看似和客户相隔很远，实际上，只要淘宝卖家有维护客户关系的意识，积极保持和维护与客户之间的关系并和客户友好交往，网店的客单价及利润自然就会提高。

维护客户关系的第一步就是区分客户的价值，并非所有来网店消费的客户都具有价值。实现客户价值最大化是每个淘宝卖家运营网店的重中之重。图5-24所示为客户

图5-24　客户价值金字塔

价值金字塔。

根据"二八法则"来划分客户价值，网店80%的利润来自中等质量客户和高质量客户，而剩下的80%的客户仅为网店带来20%的利润。所以，淘宝卖家需要对网店的交易数据进行精准的分析，通过数据分析出潜在客户的特性。接下来具体讲解该怎样区分客户价值。

1. 根据成交量区分客户价值

成交量是指淘宝网店在某一固定的时间段内具体的商品成交数量。网店的成交量是一种体现供求关系的变量，并且能直接反映出网店客单价的变化情况。

例如，某淘宝网店主营女鞋，在最近一段时间内，该网店的客单价呈逐渐下降的趋势。淘宝卖家为了找出原因，在某天随机统计了5位客户产生的相关数据，并且根据客户的访问深度、店内停留时间等相关数据指标进行了统计，结果如表5-7所示。

微课视频

有效维护客户
关系的7种方式

表5-7 不同客户的日均客单价及相关数据统计情况

买家	访问深度	店内停留时间/秒	客服咨询时间/秒	成交量/件	日均客单价/元
A	3	146	62	2	316
B	2	153	60	1	158
C	1	70	0	0	0
D	4	208	89	0	0
E	2	138	75	1	158

按照客单价的多少划分，这5位客户可以分成3类，A为高质量客户，B和E为中等质量客户，C和D为低质量客户。

A的日均客单价最高，毋庸置疑，A的客户价值在5位客户中是最高的。

B和E的客单价相同，此时淘宝卖家主要是根据客户对网店人力资源成本的消耗程度来区分客户价值的。B的店内停留时间高于E，客服咨询时间少于E，说明B会先对商品的相关情况进行了解再咨询客服，相对而言，B为网店节约了一定的人力资源成本。如果是在"双11"这类大型的促销活动中，客服的工作量非常之大，B的客户价值就会很明显。所以，B的客户价值略高于E。

C、D的客单价均为0，C没有消耗网店的人力资源成本，而D在深入访问网店的情况下，又对网店的人力资源成本进行了消耗。但是，两者的客单价都为0元，这就能说C的客户价值高于D吗？答案是不一定。C访问了一个页面就离开了，说明对网店不感兴趣；而D对网店进行了深入的有效访问，说明D是网店的潜在客户，D的流失说明商品在某方面还存在一定的问题。淘宝卖家需要对相应的问题予以解决，抓住这一部分潜在客户也是提高客单价的关键。

2. 根据利润率区分客户价值

客户价值是管理客户关系的核心内容。如何找出网店最具有价值的客户，并利用数据对成本与收益进行有效的评估对淘宝卖家至关重要。卖家普遍认为："开发一位新客户不如维护一位老客户。"因为老客户能为网店创造的商业价值远远高于新客户，且维护老客户的成本低于开发新客户的成本。所以，卖家千万不能忽视网店的老客户，要善于维护和挖掘老客户的价值，根据客户已经购买的商品进行回访和跟踪,以实现二次营销甚至是多次营销。

　　某主营服饰的淘宝网店按照成交时间和成交数量对不同商品的利润进行了统计,卖家为了进一步统计羽绒服和 T 恤的利润,直接利用 Excel 表格的筛选功能对两款商品的相关数据进行了分析,如图 5-25 所示。

买家	成交商品	成交时间	价格/元	成本/元	成交数量/件	利润/元
A	羽绒服	2021年10月1日	399	216	6	1098
B	毛衣	2021年10月29日	88	39	20	980
C	羽绒服	2021年11月11日	689	432	2	514
D	棉裤	2021年11月11日	99.89	37	8	503
E	防寒服	2021年11月12日	288	134	3	462
F	冲锋衣	2022年1月6日	589	323	2	532
G	针织衫	2022年3月17日	65	23	20	840
H	T恤	2022年4月2日	39.9	15	35	872
I	衬衫	2022年5月9日	89	35	8	432

自定义自动筛选方式

显示行:

成交商品

等于　　羽绒服

○ 与(A)　⦿ 或(O)

等于　　T恤

可用 ? 代表单个字符
用 * 代表任意多个字符

确定　取消

图5-25　不同商品数据的筛选方法

　　卖家筛选出了 A、C、H 3 位客户,筛选结果如图 5-26 所示。

A	B	C	D	E	F	G
买家	成交商品	成交时间	价格/元	成本/元	成交数量/件	利润/元
A	羽绒服	2021年10月1日	399	216	6	1098
C	羽绒服	2021年11月11日	689	432	2	514
H	T恤	2022年4月2日	39.9	15	35	871.5

图5-26　筛选结果

　　根据成交时间分析,A、C 是在 2021 年秋冬季购买的羽绒服,H 是在 2022 年春季购买的 T 恤。客户关系必须在特定时间进行维护,当时正值冬季,所以 A、C 需要在近期内进行回访。回访也应该讲究战略战术,回访一般是在新品上架、网店开展促销活动、节假日等时间段进行,其目的在于引导消费过的客户参与活动。

　　根据利润分析,A 为网店创造的利润最大,其次是 H。A 购买了 6 件价格为 399 元的羽绒服,H 购买了 35 件价格为 39.9 元的 T 恤,而 C 购买了 2 件价格为 689 元的羽绒服。再结合购买的数量分析,我们可大致判断 A 和 H 购买商品可能并非自己使用,他们可能是服饰经营商,而 C 可能是自己使用。

　　因此,根据大致的分析结果可以区分出客户价值,A 和 H 是网店的高质量客户,C 属于网店的高消费层级买家,并且更注重商品的品质。卖家需要针对不同的客户提供相应的服务,同时应注重维护客户关系,保持客户对网店的黏性,培养客户的忠诚度,进而形成长期的合作关系。当确定了客户的属性和维度之后,网店便可以直接通过短信、电子邮件等方式进行二次营销了。

　　同时,网店应该设置完善的会员体系,如图 5-27 所示。良好的会员体系能使卖家与客户产生友好的互动，凸显会员在网店能享受的优惠与特权，让高质量客户感受到网店对他的重视与关心，这有利于网店口碑的传播和忠诚客户群体的培养。

在维护客户关系时，淘宝卖家要尽力保障客户合法权益，根据《消费者权益保护法》，淘宝卖家在获取客户私人信息时，要保护客户隐私，不得外泄相关信息，在未经客户同意的情况下，不得披露客户资料。淘宝卖家要采取必要的技术手段保证客户资料的完整性和安全性，做好客户资料的数据备份，做到客户资料的可追溯，防止客户资料泄露，保护客户的隐私权。

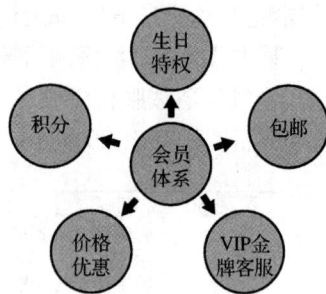

图5-27 会员体系

另外，淘宝卖家向客户提供各类支付服务时，均应遵守公正、平等、诚实、信用原则，不仅要在店铺公示各项服务内容、收费标准等信息，在客户使用服务的同时也应履行相应的告知义务。客户有权根据有关信息选择是否继续使用某项服务。

【数据分析工具】

生意参谋

客单价是指商场（店铺）每一个顾客平均购买商品的金额，客单价也即平均交易金额。门店的销售额是由客单价和顾客数（客流量）所决定的，因此，要增加门店的销售额，除了尽可能多地吸引进店顾客、增加顾客交易次数以外，提高客单价也是非常重要的途径。

在商场（店铺）的日常经营中，影响入店客流量、交易次数和客单价的因素有很多，如店堂环境卫生、色彩和整体布局、商品储备、补货能力、促销活动方案设计、员工服务态度和对专业知识的熟悉程度、推销技巧、商品质量与价格、休闲设施，还有天气、竞争对手等。

如何获取网店客单价的相关数据呢？淘宝卖家可以通过生意参谋来查看店铺的客单价。打开生意参谋首页，下拉页面，通过"单客价值"，可以观察客单价变化情况，如图5-28所示。

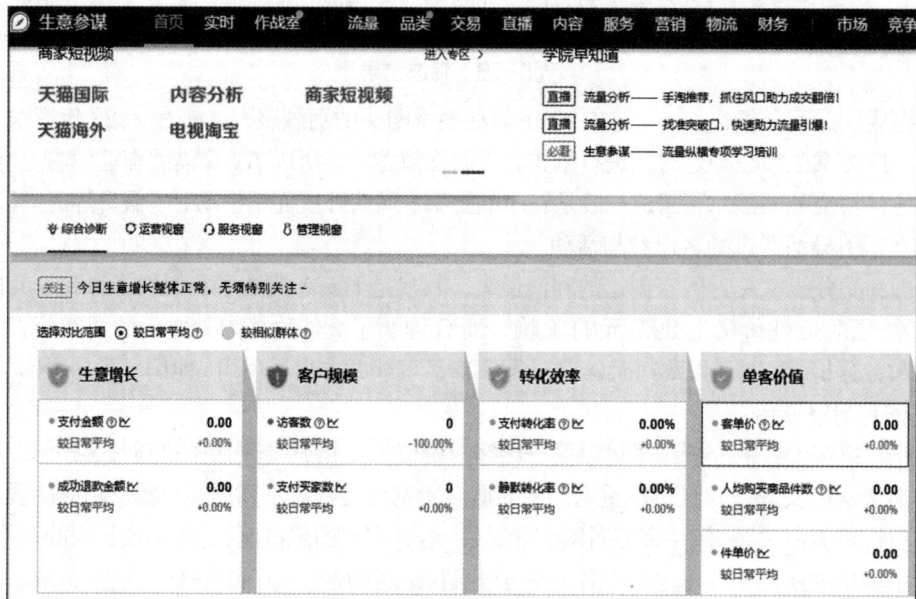

图5-28 生意参谋数据分析界面

【素养提升小课堂】

影响客单价的因素有很多，如店铺环境卫生、色彩和整体布局、商品储备、补货能力、促销活动方案设计、员工服务态度和对专业知识的熟悉程度、推销技巧、商品质量与价格、休闲设施，还有天气、竞争对手等。淘宝卖家若想提高店铺客单价，不仅要美化店铺环境，优化店铺整体布局，还要提高店铺的商品质量并增强自身的营销策划能力，更要懂得电商行业和销售行业的规则，合理控制商品价格，公平公正地参与行业竞争，不能用不正当的竞争手段提高店铺客单价。淘宝卖家应严格遵守行业行为准则，为营造出一个健康的营销环境贡献自己的力量。

要点提示： 电商企业要遵守行业规则，公平竞争。

【课后思考题】

淘宝卖家小王的网店生意逐渐走上了正轨。小王在虚心向有经验的淘宝卖家请教的同时，自己也会在淘宝论坛、淘宝帮派等平台分享开网店以来的心路历程。小王认为，这是一个数据化的时代，只有研究透彻数据背后隐藏的规律，才能逐渐从众多竞争对手中脱颖而出。

小王最近学习了"客单价"的相关课程，学习了如何根据自己的实际情况利用不同的方法提高网店的客单价。但是，小王还是对客户关系维护这个问题比较困惑，因为小王的网店老客户较少，大部分的客户只在店里消费了一次。小王不知道该怎么区分新老客户，对维护新老客户的关系更是无从下手。

请结合本章所学的知识，分析小王的网店目前存在的问题，找到这种问题出现的原因，运用数据化报表协助小王解决问题。

第6章

网店搜索引擎优化

　　随着越来越多的人加入淘宝开店创业的大军中，淘宝网店的数量急剧增加，导致大量同样的商品出现。在淘宝搜索框中输入某个关键词时，几十页、上百页的搜索结果便会呈现在买家的眼前，但是买家一般只浏览前几页的商品，而后面几十页的商品会被直接忽略。那么，新手卖家该如何让自己的商品从众多商品中脱颖而出呢？

　　淘宝搜索引擎优化（Search Engine Optimization，SEO）能帮助广大的新手卖家解决这个问题，淘宝SEO的作用就是提高商品的排名，让买家能优先搜索到网店的商品，从而提高网店商品的成交转化率。

关键知识点

- 淘宝SEO的定义
- 影响商品排名的因素
- 标题的关键词
- 商品标题的设置
- 商品上、下架时间的优化

思维导图

6.1 淘宝SEO的解读

SEO 是指利用搜索引擎的搜索规则来提高网站的自然排名，以获取更多的流量，进而达到网站建设和商品销售的目的。很多的新手卖家在看到淘宝搜索引擎时，可能会认为淘宝搜索引擎和百度、搜狗属于同一类型的搜索引擎。其实不然，淘宝搜索引擎属于商品库存搜索引擎，也就是说有库存的商品才能被买家搜索到。

淘宝 SEO 利用淘宝搜索规则来优化排名，使网店的商品在搜索结果页面中的排名更靠前，获得更多的流量。

6.1.1　淘宝SEO的定义

淘宝上销售的商品可以用海量来形容，卖家都在争夺排名靠前的位置，都想让买家看到自家商品，而由搜索引来的流量不仅是免费的，其转化率也相对较高，所以做好淘宝 SEO、优化网店商品的搜索排名是每个卖家的愿望。

淘宝卖家通过对淘宝搜索引擎排名规则的研究，对商品的标题、类目、属性、详情以及上下架时间等进行优化，使得商品更加符合平台的规则，进而获得较好的搜索排名，并通过靠前的搜索排名来获取较多的搜索流量。

6.1.2　影响商品排名的因素

卖家想要做好淘宝 SEO，首先需要了解淘宝官方公布的搜索排名规则，具体如下。

① 淘宝搜索排序的目的是帮助买家找到最满意的商品。网店经营情况、商品价格与信息等都可能会对搜索结果产生影响。

② 淘宝反对通过各种不正当手段对搜索结果进行影响的行为，并将给予严厉打击。淘宝有权对卖家的违规行为和作假情况进行统计，并根据卖家的相关记录调整其商品在搜索结果中的排名。

③ 淘宝有权根据多变的业务情况，采用灵活的解决方案，对商品排序与搜索结果进行持续的调整。

淘宝也给出了几项排名下调的情形（包括但不限于），如图 6-1 所示。卖家需结合淘宝官方公布的规则，对影响搜索权重的商品指标和网店指标进行优化。

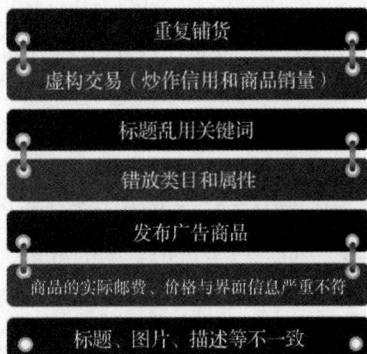

重复铺货

虚构交易（炒作信用和商品销量）

标题乱用关键词

错放类目和属性

发布广告商品

商品的实际邮费、价格与界面信息严重不符

标题、图片、描述等不一致

图6-1　排名下调的情形（包括但不限于）

1. 影响搜索权重的商品指标

影响搜索权重的商品指标主要有相关性、主图点击率、收藏量和支付转化率，如图6-2所示。

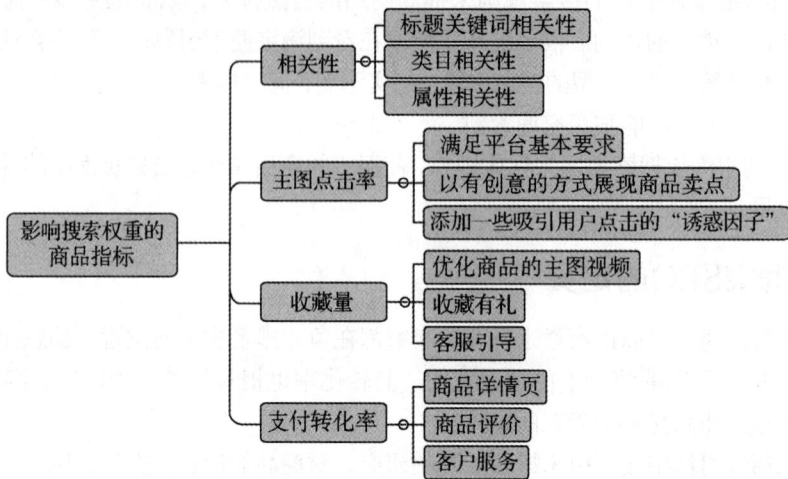

图6-2　影响搜索权重的商品指标

（1）相关性

商品的标题关键词、类目、属性的相关性与商品的搜索权重密切相关，因为买家在淘宝进行搜索时，搜索引擎会根据卖家为商品设置的标题关键词、类目、属性进行商品匹配，从而决定把哪些商品推送给买家。

卖家在分析商品标题关键词时，可以从商品自身的特点出发，将这些特点分为商品名称、所属行业、具有的功能、品牌、型号等方面，寻找这些方面的代表关键词，然后根据这些关键词的搜索热度选择最相关的关键词。

大多数买家通过搜索某一关键词进行商品浏览时，该关键词在淘宝后台都有一个与之对应的最佳类目，当买家搜索该关键词时，优先展示的商品都是最佳类目下的商品。卖家在发布商品时，应熟知商品所属的类目，也可以参考同行相关商品的类目选择。

随着淘宝个性化搜索机制的推广，商品的属性相关性也成了影响商品搜索权重的一大因素。因此卖家在发布商品时，要尽量完整、准确填写属性信息，这有利于搜索展现，也能进一步配合搜索引擎将关键词精确匹配到网店商品。

（2）主图点击率

如果卖家千辛万苦做好淘宝 SEO，让商品在搜索结果页面排在前面，结果却因为主图不够吸引买家，导致主图点击率很低，那么卖家前期做的 SEO 工作就相当于白费了。主图点击率也是影响搜索权重的因素之一。卖家在设计主图时，在确保满足淘宝平台基本要求的基础上，可以用有创意的方式展现商品卖点，也可以添加一些吸引用户点击的"诱惑因子"，使自己的商品比同类商品更具有诱惑力。"诱惑因子"可以传达商品的价格优惠信息，也可以传达商品的质量信息，总之就是要吸引买家，使其产生点击主图的欲望。

（3）收藏量

收藏量是指统计周期内收藏该网店或商品的人数，收藏量如图 6-3 所示。收藏量是判断一个网店热度的标准，收藏量的多少可以影响买家的购买欲望。在同类网店中收藏量高的网店往往曝光量高于其同行。在同类商品中收藏量高的商品往往比收藏量低的商品更畅销，可见收藏量是影响网店或商品搜索权重的一个重要因素。卖家可以通过优化商品的主图视频、收藏有礼、客服引导等方式增加收藏量。

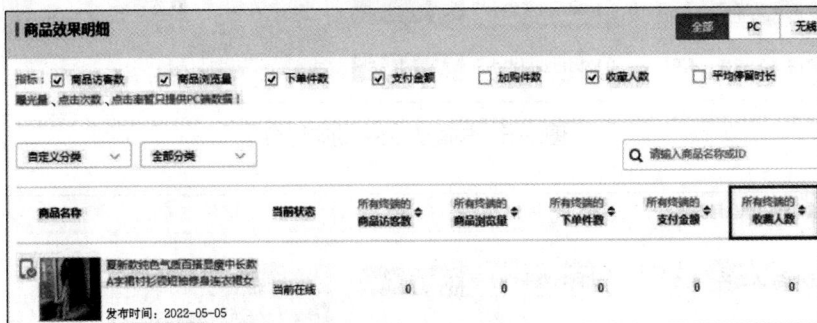

图6-3　商品收藏量在页面上的显示

（4）支付转化率

支付转化率是指所有到达网店并产生购买行为的人数和所有到达网店的人数的比率，支付转化率在页面上的显示如图6-4所示。其公式如下。

$$支付转化率 = （产生购买行为的人数 ÷ 所有到达网店的人数） × 100\%$$

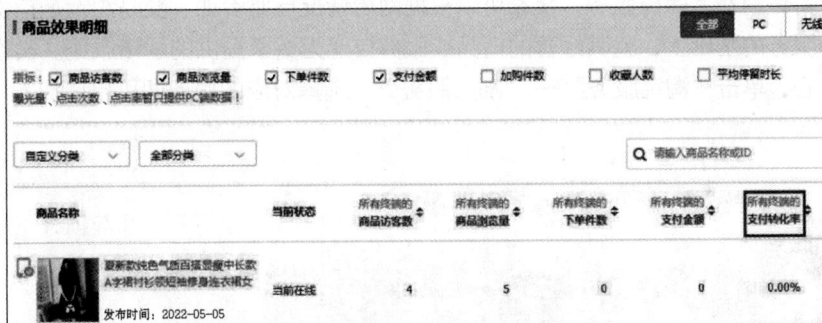

图6-4　支付转化率在页面上的显示

支付转化率是影响搜索权重的重要因素，直接影响着商品的搜索排名。影响支付转化率的重要因素有商品详情页、商品评价、客户服务等。卖家通过优化商品详情页、引导买家留下好评等方式，刺激买家的购买欲望，进而提高支付转化率。

2. 影响搜索权重的网店指标

商品的搜索排名不仅考量与商品有关的指标，网店指标也举足轻重，就像我们在日常购物中，对于大商场的信任度往往要高于普通的街边小店。在淘宝进行网店经营也是同样的道理，网店DSR动态评分、网店开通的消费者保障服务也同样影响着商品的搜索权重。

（1）网店DSR动态评分

网店DSR动态评分是自然搜索权重的影响因素之一。网店DSR动态评分是指在完成交易后，买家对商品与描述相符、卖家的服务态度、物流服务的质量等指标进行评分，我们将在下一章对此进行深入讲解。拥有较高的DSR动态评分（见图6-5）更能使网店获得买家的信任，能提高潜在的成交转化率；相反，较低的DSR动态评分（见图6-6）则容易引起买家对网店的商品质量、卖家的服务态度、物流速度等多方面的怀疑，导致客源流失。

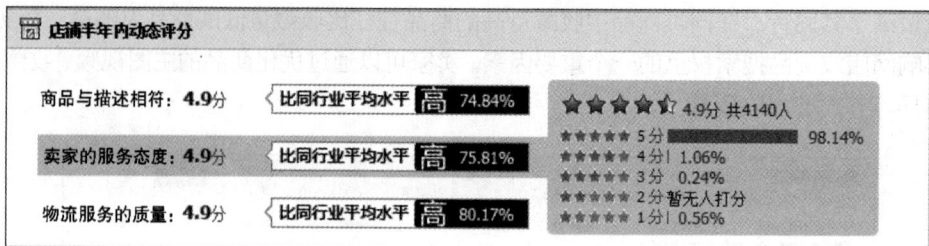

图6-5　较高的DSR动态评分

图6-6　较低的DSR动态评分

（2）消费者保障服务

目前，消费者保障服务包括基础消保、7天无理由退货，以及其他交易约定等。而7天无理由退货为特色消费者保障服务，卖家可以根据网店情况自愿参加。交易约定是指卖家在加入消费者保障服务的基础上，就其经营的商品或服务自愿为买家提供的承诺服务。卖家登录账号进入卖家中心，单击"淘宝服务"—"加入服务"，选择对应的服务即可申请加入，如图6-7所示。

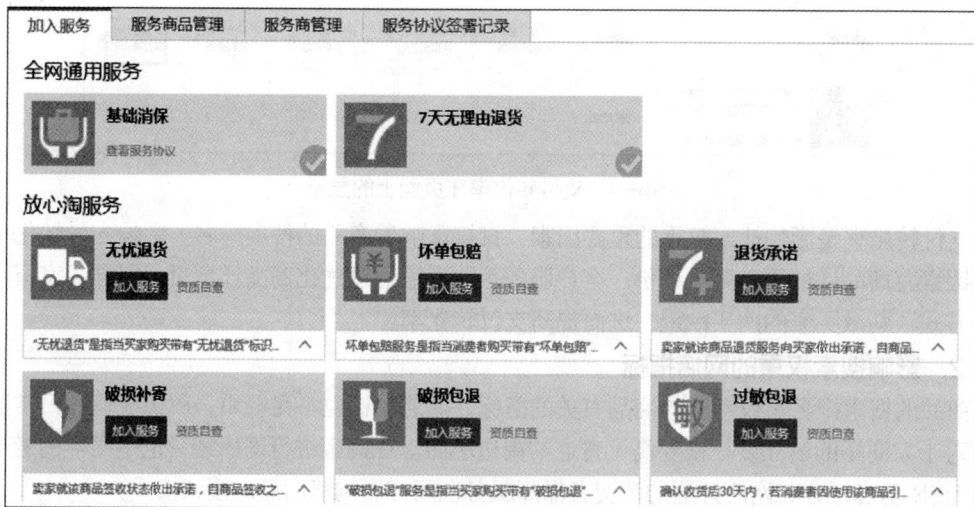

图6-7　加入消费者保障服务

加入消费者保障服务倾向于不仅能让商品的排名更靠前，还能有效地提高网店转化率。相比于没有加入消费者保障服务的网店商品，买家会更倾向于购买有消费者保障服务的商品。

卖家需要多方面优化影响搜索权重的指标，才能提高商品的综合排名，为网店带来更多的免费流量。

6.2 商品标题的优化

商品的标题相当于商品的"门户"，会直接影响商品的流量和排名。优质的商品标题能使商品的排名更靠前，从而使商品被买家搜索到的概率更高，相应地，商品的访问量和成交转化率也会得到提升。

如何对商品标题进行优化是很多卖家都在努力探索的问题。任何事物都有关键点和次要点，淘宝 SEO 的关键点在于精准匹配。淘宝卖家在设置商品标题之前要先洞悉买家的喜好，在确保商品类目相符的情况下，根据买家的喜好来设置商品的标题，使买家更容易搜索到商品。

6.2.1 认识标题的关键词

卖家在撰写商品标题之前，需要了解商品标题是如何构成的。在淘宝上搜索不同类目的商品关键词，可以发现目前淘宝上的商品标题均是由核心词、属性词、长尾词和促销词构成的。这里以一款连衣裙商品为例，商品的模特上身效果如图 6-8 所示。

1. 核心词

卖家要选一个好的核心词，这样才能将流量集中。核心词一般包含产品词、类目词、品牌词和二级词。卖家在撰写标题时，应该从买家的角度考虑，如选择类目词时，卖家可以参考淘宝首页的类目划分，如图 6-9 所示。这款要发布的连衣裙产品词是"连衣裙"，类目词为"女装"，品牌词为"李某"。

图6-8　商品的模特上身效果

图6-9　淘宝首页的类目划分

2. 属性词

属性词是与商品属性相对的词语，能够说明商品的尺寸、色彩、质地等相关的信息，能让买家在搜索商品时，尽可能准确地定位商品。卖家在确定属性词时，一方面可以参考商品本身的信息，另一方面可以参考发布商品时淘宝官方要求填写的商品属性信息。仍以上述商品为例，卖家需要填写的商品属性有货号、品牌、廓形等，如图6-10所示。

图6-10　连衣裙类目的商品属性

3. 长尾词

长尾词指可以带来搜索流量的非目标关键词，这类词精准度比较高。长尾词的确定需要根据竞争对手和客户群体进行分析，一般可以通过以下方法收集。

（1）淘宝搜索下拉框

例如，当买家搜索"连衣裙"时，淘宝搜索下拉框会出现一些系统推荐的词，这些词搜索流量很大，可作为标题的关键词，如图6-11所示。

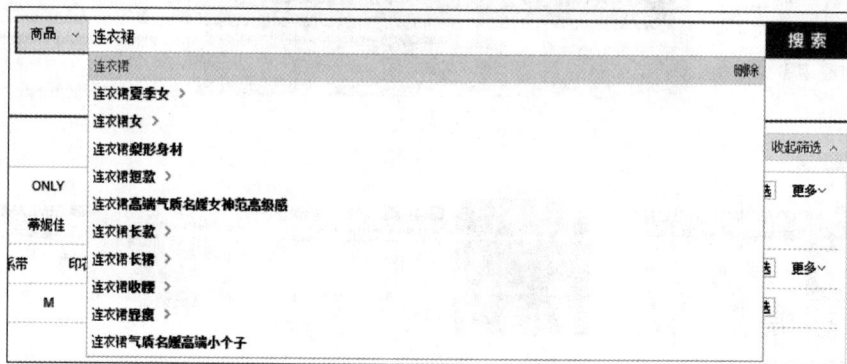

图6-11　淘宝搜索下拉框

（2）搜索后的"您是不是想找"栏推荐的关键词

例如，当搜索"连衣裙"时，搜索结果页面中间的"您是不是想找"栏会出现一些系统推荐的关键词，这些都是买家常搜索的关键词，如图6-12所示。

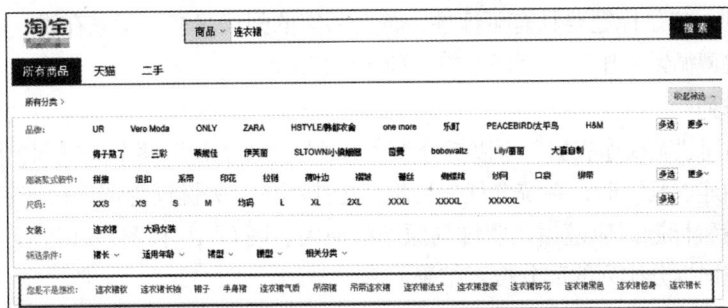

图6-12 搜索结果页面中间的"您是不是想找"栏

（3）参考同行热销商品

卖家根据网店经营的类目，参考同行热销商品的标题，这些标题的关键词都是经过市场筛选的、具有一定优势的关键词。

（4）直通车系统推荐词

在直通车设置"新建商品推广"时，系统会自动匹配关键词，每个关键词都会有相关性、展现指数、市场平均出价、竞争指数等多维度的数据提供给卖家参考，如图6-13所示。

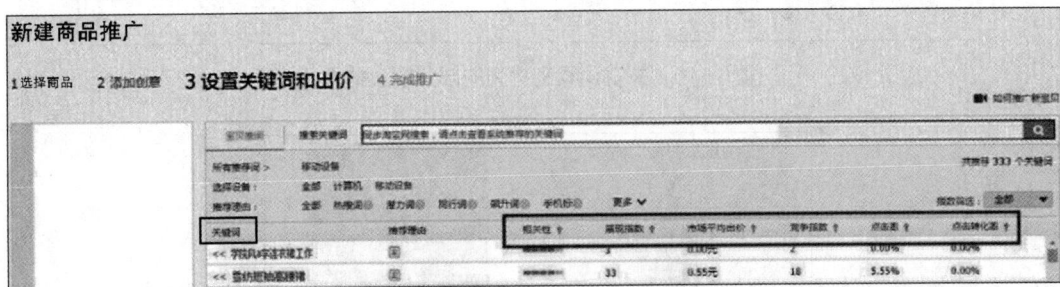

图6-13 直通车系统推荐词

（5）移动端锦囊词

移动端除了可以用淘宝搜索下拉框收集关键词外，也可以参考输入关键词后结果页面中间的锦囊词，如图6-14所示。

（6）生意参谋

根据生意参谋中的市场行情，卖家可以参考不同时间段的热门搜索词、热门长尾词等多维度数据，并从中选取关键词。

卖家参考以上方法，结合该款连衣裙本身的特点，筛选出的长尾关键词为"新款""小清晰""印花短裙""衬衫裙子"。

4. 促销词

促销词是指与网店活动相关、能够激发买家购买欲望的词，如"包邮""特价""火爆热卖"等。

图6-14 移动端锦囊词

6.2.2 商品标题的设置

标题的设置要考虑两点：一是利于淘宝搜索引擎抓取，通常情况下，搜索引擎能够抓取权重高的词，因此卖家在进行标题优化时，要使之符合搜索引擎的抓取规则；二是标题要具有可读性，符合买家的阅读习惯，卖家在设置标题时一般要遵循紧密排列、空格无关、顺序无关的原则。

1. 紧密排列

例如，关键词"无袖连衣裙"可以拆分为"无袖""连衣裙"两个关键词，而通常情况下，买家搜索"无袖连衣裙"时，系统会优先展现紧密排列的、关键词为"无袖连衣裙"的商品，这就是卖家在设置标题时应遵循紧密排列原则的原因。图6-15和图6-16所示分别是关键词紧密排列和关键词拆分排列的部分搜索结果。

图6-15 关键词紧密排列的部分搜索结果

图6-16 关键词拆分排列的部分搜索结果

2. 空格无关

一般情况下，关键词中含有空格不影响商品的正常展现，如搜索"连衣裙夏中长款"和搜索"连衣裙夏 中长款"，其结果不受影响，如图6-17和图6-18所示。但如果空格的拆分使得关键词混乱，如将关键词"春装"，拆分成"春 装"就会导致搜索结果不一样。淘宝商品标题最多只能有30个汉字（60个字符），空格也会占用有效字符，所以一般情况下，卖家可以在需要用空格拆分的关键词之间添加其他利于搜索的关键词，以充分利用标题字符。

图6-17　无空格搜索的部分结果

图6-18　有空格搜索的部分结果

3. 顺序无关

关键词在组合时一般是不分先后顺序的，因为淘宝后台在筛选关键词时只是查看标题是否包含被搜索的关键词，而对关键词的顺序没有要求，如输入关键词"长款连衣裙"和"连衣裙长款"，只要标题同时包含"长款"和"连衣裙"，商品就可以被搜到，搜索结果分别如图6-19和图6-20所示。

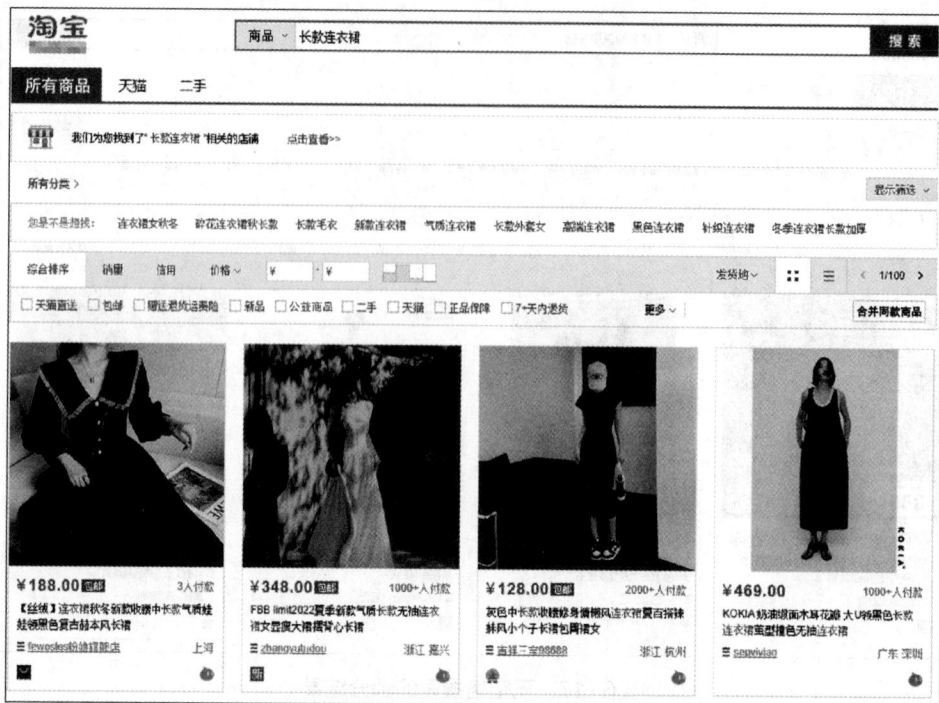

图6-19 搜索"长款连衣裙"的部分结果

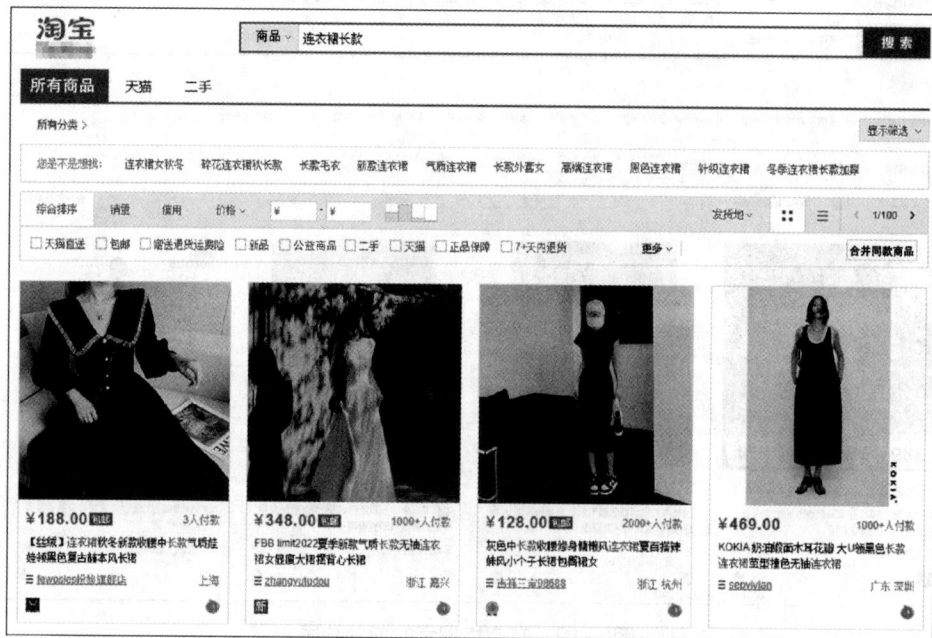

图6-20 搜索"连衣裙长款"的部分结果

结合以上原则和买家的搜索习惯，该卖家确定连衣裙商品的标题为"乐某2022夏装新款女装小清新无袖连衣裙韩版衬衫裙子印花短裙"。卖家将商品上架后，后期还需要继续监测相关数据，周期性地持续优化标题，使得商品的搜索权重逐步上升，为网店带来更多的免费流量。

6.3　商品上、下架时间的优化

淘宝卖家都在争夺流量这块"大蛋糕"。在付费流量的成本逐渐增加的情况下，很多中小卖家几乎失去了和大卖家竞争的优势，因此，中小卖家只能争夺站内免费的流量，其中搜索流量占了很大的比例。众所周知，在淘宝的搜索排名中，商品的上、下架时间是涉及搜索规则的重要因素之一。

淘宝卖家一定要在掌握了淘宝搜索规则的前提下对商品的上、下架时间进行优化。如果淘宝卖家能合理地优化商品的上、下架时间，就可以让自己网店商品的搜索排名更靠前。

6.3.1　商品的上、下架周期

商品的上、下架周期是指从商品上架到商品下架的时间。按照淘宝规定，商品的上、下架周期为一周，每15分钟刷新一次。例如，某淘宝卖家将网店的商品在5月19日上午10:30上架，那么，商品的下架时间为5月26日上午10:30。值得卖家注意的是，商品不是真的被下架，而是一个周期结束后又会以一周为期开始另一个新的周期，但商品的状态可以保持不变。

在其他因素保持不变或影响不大的情况下，越接近下架时间，商品的排名越靠前，商品就越容易被买家搜索到。淘宝卖家可根据商品上架的黄金法则来安排商品的上、下架周期，如图6-21所示。

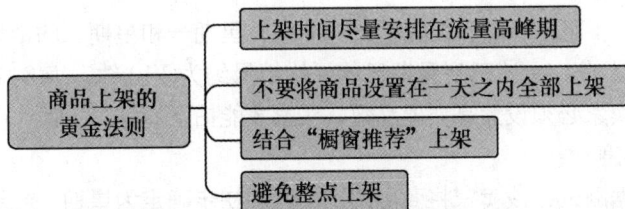

图6-21　商品上架的黄金法则

建议淘宝卖家不要一天之内把网店全部的商品都上架，因为流量只有在上架当天和一周后才会增加，其他时间的流量相对较少。淘宝卖家可以把流量平均分到7天，确保自己的网店在一周内每天都有上、下架的商品。淘宝卖家应合理地安排商品的上、下架时间，这样即使是新品也有机会排到首页。

6.3.2　商品最佳上、下架时间的设置

1. 商品上架时间的设置

网店流量分配不均和流量浪费是众多中小卖家面临的基础性难题。下面将讲解商品上架时间对流量获取和分配的重要性，以指导中小卖家优化上架时间，有效增加自然搜索流量。

例如，某主营母婴用品的淘宝网店准备上架一款两件套亲子装，卖家为了确定最佳的上架时间，先对该款商品的上架时间进行了测试，测试期间定价为189元。

（1）以天为维度

该卖家统计了该款商品在一周内每天的销量，如图6-22所示，商品在一周内每天的综合数据如表6-1所示。

微课视频

商品上架与优化

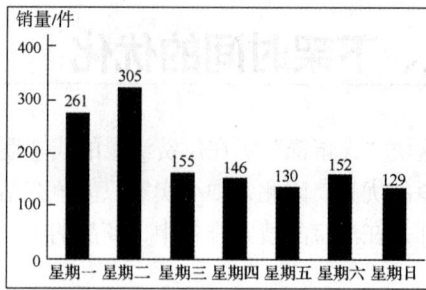

图6-22　商品在一周内每天的销量

表6-1　商品在一周内每天的综合数据

上架时间	销量/件	价格/元	销售额/元	高质商品数/件
星期一	261	189	49 329	890
星期二	305	189	57 645	763
星期三	155	189	29 295	469
星期四	146	189	27 594	527
星期五	130	189	24 570	602
星期六	152	189	28 728	499
星期日	129	189	24 381	394

　　结合图 6-23 和表 6-1 可以看出，在测试的一周内，星期一和星期二的销量最高，星期三到星期日的销量则相差不大，星期三到星期日的平均销量约为 142 件。表 6-1 中的高质商品数是指商品的库存量，卖家必须设置高质商品数，买家才能拍下商品。

　　（2）以时间段为维度

　　经过上一阶段的数据测试，该卖家将商品的上架时间初步确定为星期一或星期二。该卖家又在思考，一天有 24 小时，究竟在哪个具体的时间点上架最利于销售呢？该卖家决定在星期二对商品的上架时间段进行测试。

　　商品在不同时间点的销量如图 6-23 所示，商品在不同时间点的综合数据如表 6-2 所示。

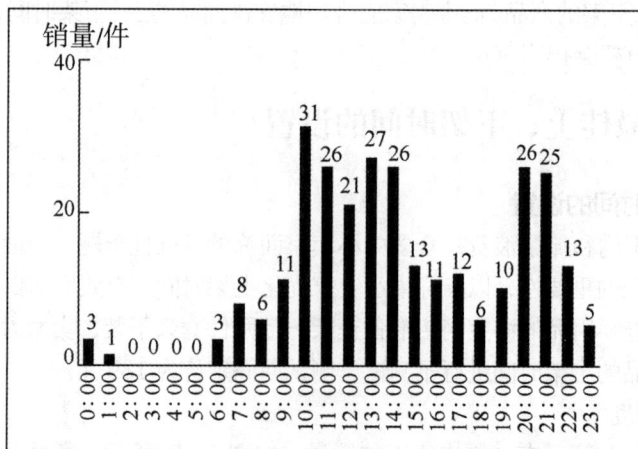

图6-23　商品在不同时间点的销量

表 6-2　商品在不同时间点的综合数据

上架时间点	销量/件	价格/元	销售额/元	高质商品数/件
0:00	3	189	567	106
1:00	1	189	189	132
2:00	0	189	0	12
3:00	0	189	0	15
4:00	0	189	0	13
5:00	0	189	0	14
6:00	3	189	567	143
7:00	8	189	1 512	641
8:00	6	189	1 134	899
9:00	11	189	2 079	1 023
10:00	31	189	5 859	1 560
11:00	26	189	4 914	1 399
12:00	21	189	3 969	1 246
13:00	27	189	5 103	1 542
14:00	26	189	4 914	1 520
15:00	13	189	2 457	1 196
16:00	11	189	2 079	1 003
17:00	12	189	2 268	1 230
18:00	6	189	1 134	849
19:00	10	189	1 890	973
20:00	26	189	4 914	1 420
21:00	25	189	4 725	1 355
22:00	13	189	2 457	1 312
23:00	5	189	945	741

　　结合图 6-24 和表 6-2 可以看出，在测试期间的 24 小时内，10:00—14:00、20:00—21:00 这两个时间段是销量最高的时间段。再细分到时间点，10:00 出现了第一次销售高峰，13:00 出现第二次销售高峰，20:00 出现了第三次销售高峰。

　　可见，该卖家可以把商品的上架时间设置为星期一或星期二，具体的时间为 10:00、13:00、20:00，以充分利用商品的上架时间为商品争取更多的免费优质流量。

2. 商品下架时间的设置

　　对于即将下架的商品，卖家应如何利用搜索规则为商品获取更多的免费优质流量呢？卖家可以对即将下架的商品设置橱窗推荐。橱窗推荐是一种常用的推广工具，能够使网店商品的排名更加靠前，使买家搜索到商品的概率更大。橱窗推荐通常是结合商品的上、下架时间设置的，橱窗推荐的商品最好是即将下架的商品，并且通常是距离下架时间 1 天左右的商品。

　　结合图 6-24 范例，该卖家把这款亲子装于 5 月 18 日（星期一）10:00 上架，于 5 月 25 日（星期一）10:00 下架；之后卖家将上架时间调到当天（5 月 25 日）13:00，后于 6 月 1 日（星期一）13:00 下架。该卖家连续统计了最近两周该款亲子装的销量，如图 6-24 所示。

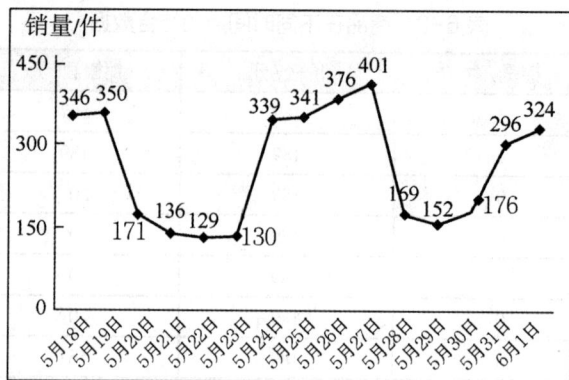

图6-24　商品最近两周的销量走势

根据图6-24可以看出，商品刚上架和快下架时的销量较高，同时，聪明的卖家根据之前的测试结果，将商品的上架时间定在星期一，所以，该款商品在同一周内，可以迎接3次销售高峰，分别是刚上架时的销售高峰、即将下架时的销售高峰以及第二次上架时的销售高峰。

可见，选择最佳的上、下架时间能为网店的商品带来更多的免费流量。但是不同的网店实际情况不同，卖家还需要注意以下3点。

① 注意店铺主力消费群体的定位：学生、上班族、自由职业者、家庭主妇等不同的消费群体的消费高峰期和时间段是不同的。

② 在商品成交的黄金时段，由于平台每15分钟刷新一次，卖家应尽量保证每30分钟上新一款商品，确保网店商品的上新时间不断层，能多次享受销售高峰期带来的流量。

③ 给即将下架的商品设置橱窗推荐：保障商品在下架前迎来流量高峰期，在商品下架后取消橱窗推荐并且立即再一次上架商品。

【数据分析工具】

知瓜数据网站

知瓜数据网站在数据挖掘、自然语言处理技术领域，提供了转化量分析、粉丝互动分析、粉丝画像分析等实用功能，也提供了主播销量榜、"爆款"商品榜、MCN（Multi-Channel Network，多频道网络）排行榜等各类电商直播的相关榜单，提供淘宝直播平台的数据分析服务。

它目前主要提供以下几大模块的数据分析服务。

第一，多维度查找主播。广告主可根据主播标签、行业类型、粉丝数、点赞数、评论数进行主播查询，助力直播广告主精准投放。

第二，主播"带货"能力分析。监测主播直播过程中的各项数据变化，包括直播进店率与直播"带货"量，发掘优质"带货"主播，提供直播大盘数据。

第三，直播数据复盘。提供主播与粉丝的互动信息及粉丝画像，进行主播画像分析、直播互动分析，提供商品直播详情，进行商品销量估值，增强投放效果。

第四，电商"爆款"商品详情。广告主可快速查看淘宝直播热卖商品的直播进店人数与销量，进行"带货"TOP级主播一键查看，了解主播的"带货"能力。

第五，全面榜单数据。广告主可了解淘宝直播平台流量趋势，查看主播排行榜、商家排行榜、机构排行榜，定位主播账号内容，寻找优质主播、潜力主播。

【素养提升小课堂】

网店在进行搜索引擎优化时，除了要遵循常规步骤外，还要注意不能使用欺骗等非正常手段进行搜索引擎优化，要遵循互联网搜索引擎优化的规则及相关法律法规。搜索引擎优化的目的是使需求方合理地获得行业内相关品牌流量，树立良好的品牌形象。这种服务形式在不违反相关法律法规的情况下进行，属于正常的商业行为，在司法实践中已获得认可。

在实践中，淘宝卖家应依靠合法的技术手段开展业务，遵守搜索引擎规则，坚持诚信原则，坚持商业道德，注意不违背公平原则，并取得相关主体的必要授权，以降低法律风险。

要点提示： 电商企业要遵守行业规则，坚守商业道德，树立良好的企业形象。

【课后思考题】

小王在淘宝开店创业这条路上，从最初的"青涩青年"成长为现在的"数据分析'达人'"，这一路走来，他学习了关于淘宝网店运营的知识，在向前辈"取经"的同时，也不断摸索和学习，通过数据分析解决了许多问题。

最近小王学习了淘宝SEO的相关知识，在此期间，他通过不同的渠道收集了很多的关键词，但是令他迷茫的是，在众多的关键词里，如何判断哪些关键词才是优质的呢？

请根据本章所学的知识，结合小王目前遇到的问题，运用数据化报表帮他分析并解决问题。

DSR动态评分深入解读

在淘宝商品排名中，搜索权重已经开始向网店DSR动态评分倾斜，网店DSR动态评分成为影响商品排名的重要因素之一，淘宝官方此举主要是为了引导淘宝网店完成从数量到质量的过渡。除此之外，网店DSR动态评分也是衡量一家网店能否参加淘宝官方各种活动的基本标准之一。

DSR动态评分是衡量一家网店健康与否的参数之一，它能够很直观地让卖家意识到网店目前存在的问题，并及时进行整改。网店DSR动态评分最理想的状态就是一直"飘红"，即高于同行业平均水平，其中任意一项"变绿"都值得卖家警惕。

关键知识点

- DSR动态评分的含义
- DSR动态评分对网店的影响
- DSR动态评分的计算方法
- 预期DSR动态评分的计算方法
- 提高DSR动态评分的方法

思维导图

7.1 全面认识DSR动态评分

DSR 动态评分不仅代表着整个网店的形象和综合实力，更是诚信度与服务质量的体现。

广大淘宝卖家需全面充分地了解 DSR 动态评分的重要性。细节决定成败，如今的买家对商品各方面的细节要求都很高，因此，淘宝卖家更应该注重网店日常运营的每个细小环节，保证商品质量，诚信经营。

7.1.1 DSR动态评分的含义

DSR 是指淘宝网店的动态评分。DSR 动态评分是指在淘宝交易成功后，买家可以对本次交易的卖家就"商品与描述相符""卖家的服务态度""卖家的发货速度"3 项进行评分，如图 7-1 所示。每项评分取连续 6 个月内所有买家给予的评分的算术平均值。

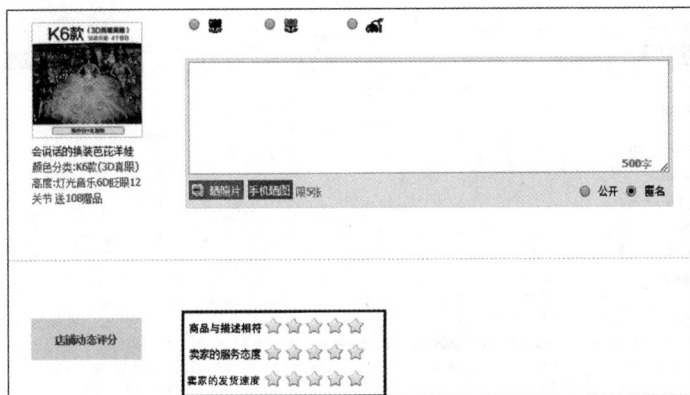

微课视频

DSR评分数据分析

图7-1　DSR动态评分

当 DSR 动态评分的某一项等于或高于同行业平均水平时，该项会呈现为灰色；而当 DSR 动态评分的某一项低于同行业平均水平时，该项会呈现为绿色。DSR 动态评分模块如图 7-2 所示。

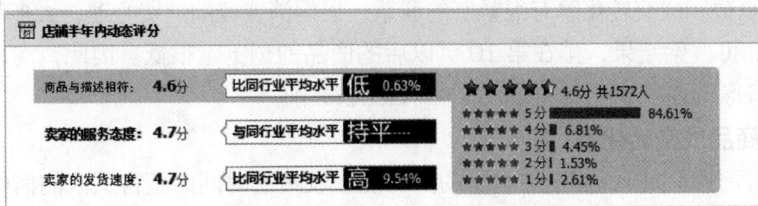

图7-2　DSR动态评分模块

7.1.2 DSR动态评分对网店的影响

淘宝官方对网店实行 DSR 动态评分考核主要是为了对买家在网店的购物体验和买家对商品的满意程度进行数据化统计分析。

DSR 动态评分是衡量网店整体水平的数据指标之一，并且评分的高低直接影响商品的搜索排名，进而影响网店的流量和成交转化率。那么，淘宝卖家应该从哪些方面去解读 DSR 动态评分对网店的影响呢？

DSR动态评分对网店主要有商品排名、商品成交转化率以及参加官方活动的资格3个方面的影响。

1. 影响商品排名

DSR动态评分会直接影响商品的排名，网店的综合评分越高，商品的排名相对越靠前，买家就越容易搜索到商品。

例如，使用淘宝高级搜索（在淘宝搜索框后单击"高级搜索"，如图7-3所示）功能，在"关键词"搜索框中输入"衬衫"，全淘宝约有703.62万件符合条件的商品，如图7-4所示。但是淘宝PC端的每一个搜索结果页面只能展示48件商品（不包括搜索结果页面最右端和最底端的直通车展位），淘宝系统会过滤一部分商品，最终只在100页内展示相关的商品。

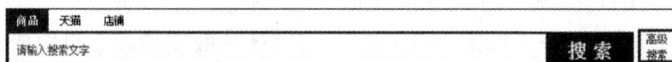

图7-3 淘宝高级搜索

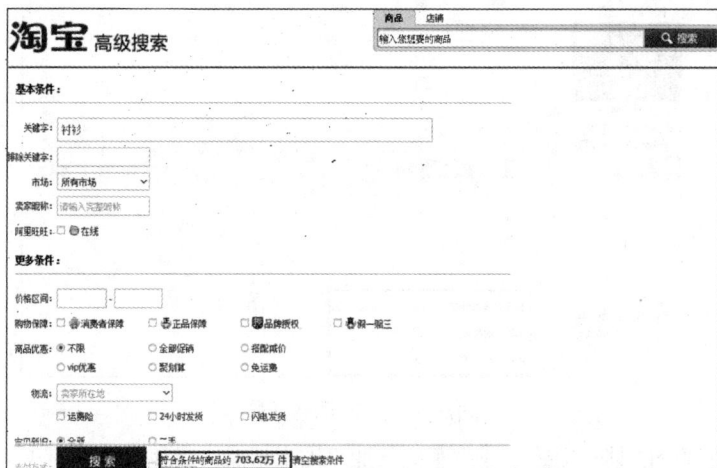

图7-4 搜索结果

商品所在页数和成交转化率有很紧密的联系，根据消费者的消费心理，大多数情况下，买家只浏览前10页搜索结果，排在第10页以后的商品的浏览量很低。因此，淘宝卖家应该尽量提高网店的DSR动态评分，保证商品的排名比较靠前。

2. 影响商品成交转化率

DSR动态评分高于同行业平均水平的网店能在较短的时间内获得买家的信赖，无形中提升买家对网店的第一印象，相反，低于同行业平均水平的DSR动态评分很容易降低买家对网店的好感，直接导致网店客源的流失。

买家在选购商品的时候，通常都会关注DSR动态评分。当遇到同一款商品时，买家首先比较的通常也是DSR动态评分，买家会优先选择DSR动态评分较高的网店的商品。所以，DSR动态评分高于同行业平均水平的网店在商品成交转化率方面具有一定的优势。

当一个网店的DSR动态评分长期处于"飘绿"状态时，即使在流量较多的情况下，网店的成交转化率也会较低，商品的排名也会相对靠后，商品获得的流量因此会减少，很容易形成恶性循环。因此，当网店的DSR动态评分出现"飘绿"的情况时，淘宝卖家一定要及时处理。

3. 影响参加官方活动的资格

淘宝卖家参与大型促销活动、淘宝客活动等是有资格限制的。淘宝官方的各类活动能在短时间内提高网店的曝光率和成交转化率。如果网店的 DSR 动态评分太低，网店就会直接失去报名的资格。图 7-5 所示为某淘宝客活动的招商要求。

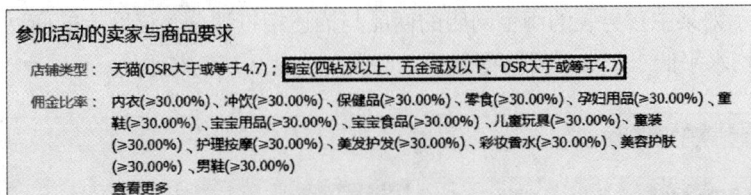

参加活动的卖家与商品要求
店铺类型：　天猫(DSR大于或等于4.7)；淘宝(四钻及以上、五金冠及以下、DSR大于或等于4.7)
佣金比率：　内衣(≥30.00%)、冲饮(≥30.00%)、保健品(≥30.00%)、零食(≥30.00%)、孕妇用品(≥30.00%)、童鞋(≥30.00%)、宝宝用品(≥30.00%)、宝宝食品(≥30.00%)、儿童玩具(≥30.00%)、童装(≥30.00%)、护理按摩(≥30.00%)、美发护发(≥30.00%)、彩妆香水(≥30.00%)、美容护肤(≥30.00%)、男鞋(≥30.00%)
查看更多

图7-5　某淘宝客活动的招商要求

7.2　DSR动态评分的计算

DSR 动态评分是众多淘宝卖家格外关注的指标。有的淘宝卖家很困惑，为什么最近网店没有获得买家评分，但是 DSR 动态评分却发生变化呢？为什么一个买家的评分较低，导致整个网店的 DSR 动态评分急剧下降呢？

如果淘宝卖家掌握了 DSR 动态评分的计算方法，这些问题就会迎刃而解，并且卖家能从根本上解决 DSR 动态评分偏低的问题。

7.2.1　解析DSR动态评分的计算方法

DSR 动态评分是淘宝卖家极其关注的数据指标之一，DSR 动态评分过低，不仅会直接影响网店参加淘宝官方活动的资格，还会间接影响到店买家的购买意愿。下面分析和解读淘宝有关 DSR 动态评分的计算方法。

网店评分指标包括商品与描述相符、卖家的服务态度、物流服务的质量 3 项。买家评分生效后，3 项评分将分别平均计入网店评分中。

具体计算方法是每项网店评分取连续 6 个月内买家给予该项评分的总和除以连续 6 个月内买家给予该项评分的次数。每个自然月内，相同买家、卖家之间交易，网店评分仅计取前 3 次（计取时间以交易成功时间为准）。网店评分一旦给出无法修改。例如，一共有 20 个买家参与评分，每个买家只参与 1 次，其中 19 人给 5 分，1 人给 1 分，动态平均分为（19×5+1×1）÷20= 4.8（分）。

特别说明如下。

第一，交易成功后的 15 天内，买家可本着自愿的原则对卖家进行网店评分，逾期未评分则视为放弃，系统不会产生默认评分，不会影响卖家的网店评分。

第二，若买家在进行网店评分时，只对其中 1 项或 2 项指标评分就提交，则视为完成网店评分，无法修改和补充评分，剩余未评指标则视为买家放弃评分，系统不会产生默认评分。

第三，天猫订单买家完成网店评分后，系统会自动代卖家给买家一个好评。

7.2.2 预期DSR动态评分的计算方法

通常而言，每个淘宝卖家对 DSR 动态评分都有一定的预期，一旦 DSR 动态评分出现"飘绿"的情况，网店目前的 DSR 动态评分就会严重不达标。此时，淘宝卖家应该引起高度重视，并且对商品与描述相符、卖家的服务态度以及卖家发货的速度 3 项数据分别进行深入分析。

图 7-6 所示为某主营男装的淘宝网店的商品与描述相符评分，该网店的商品与描述相符评分比同行业平均水平低 1.03%，目前得分为 4.6 分，共有 2 172 人评分。

图7-6 商品与描述相符评分

根据图 7-6 数据，计算出商品与描述相符评分。

82.14%×5+10.45%×4+4.24%×3+1.34%×2+1.84%×1 ≈ 4.697（分）

该评分比同行业平均水平低 1.03%，可以计算出同行业平均评分。

4.697÷（1 - 1.03%）≈ 4.746（分）

要提高网店的商品与描述相符评分，主要是要全面提高网店的全 5 分评分，如图 7-7 所示。

目前的DSR动态评分	与同行业平均水平相比	同行业评分	评分分数	5分	4分	3分	2分	1分	预期5分评分人数	网店预期DSR动态评分
4.697	-1.03%	4.746	2172	82.92%	9.95%	4.04%	1.32%	1.76%	100	4.711
				83.64%	9.52%	3.88%	1.26%	1.67%	200	4.723
				84.39%	9.09%	3.70%	1.20%	1.61%	313	4.746

图7-7 预期5分评分人数与网店预期DSR动态评分变化

网店的预期 5 分评分人数为 100 人时，网店预期 DSR 动态评分计算如下。

（100×5+2172×82.14%×5+2172×10.45%×4+2172×4.24%×3+2172×1.34%×2+2172×1.84%×1）÷（100+2172）≈ 4.711（分）

在外部条件保持不变的情况下，当网店的预期 5 分评分人数为 100 人时，DSR 动态评分仍低于同行业平均水平。商品与描述相符评分仍然处于"飘绿"的状态。

同理，当网店预期 5 分评分人数为 200 人时，网店预期 DSR 动态评分计算如下。

（200×5+2172×82.14%×5+2172×10.45%×4+2172×4.24%×3+2172×1.34%×2+2172×1.84%×1）÷（200+2172）≈ 4.723（分）

DSR 动态评分仍低于同行业平均水平。此时，网店的商品与描述相符的评分已经在逐渐上升。

当预期 5 分评分人数为 416 人时，网店预期 DSR 动态评分计算如下。

（416×5+2172×82.14%×5+2172×10.45%×4+2172×4.24%×3+2172×1.34%×2+2172×1.84%×1）÷（416+2172）≈ 4.746（分）

当网店的预期 5 分评分人数为 416 人时，商品与描述相符的评分和同行平均水平持平。因此，在其他条件不变的情况下，当网店 5 分评分人数大于 416 人时，商品与描述相符的评分就会高于同行业平均水平，416 人是商品与描述相符评分"由绿变红"的转折点。

因此，淘宝卖家要想全面提高网店 DSR 动态评分，至少需要 416 次连续的全 5 分评分。根据上述计算方法计算其他两项指标，其中任意一项指标出现"飘绿"的现象时，淘宝卖家都必须立即采取相应的措施进行改进。

7.3 提高DSR动态评分的方法

很多淘宝卖家都很关心提高 DSR 动态评分的方法，而提高 DSR 动态评分最根本的就是优化买家的购物体验，让买家感受到买卖双方之间不仅是交易的关系，更有情感的维系。DSR 动态评分作为网店最基本的"内功"之一，决不等同于客单价、成交转化率等运营指标。那么，DSR 动态评分的提高具体包含了哪些内容呢？该怎么根据其特性来提高呢？图 7-8 所示为 DSR 动态评分的组成。

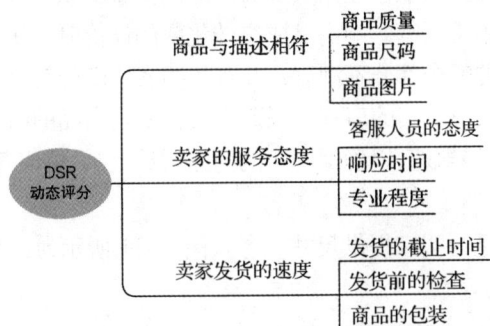

图7-8　DSR动态评分的组成

7.3.1　商品与描述相符评分的提高

商品与描述相符评分的主要构成如图 7-9 所示，当商品与描述相符评分出现异常的时候，淘宝卖家要从商品质量、商品尺码以及商品图片 3 个方面着手寻找原因进行改进。

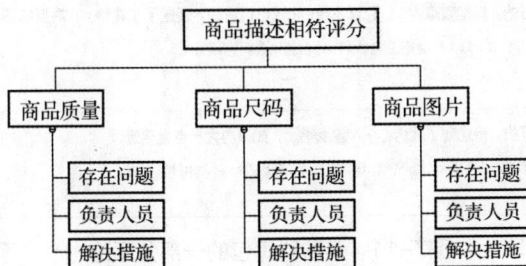

图7-9　商品与描述相符评分的主要构成

1. 商品质量

商品质量直接决定了网店在淘宝市场上的立足点，优质的商品能获得广大买家的好评，为网店的后续发展奠定坚实的基础。而劣质的商品极容易伤害买家的购买意愿，且淘宝官方对伪劣商品是严惩不贷的。

图 7-10 所示为某主营女装的淘宝网店的一款衬衫的评价，商品的"累计评论"中的"大家印象"主要分为橙色和灰色两种，橙色代表好评，灰色代表较低评分，其中灰色有 125 个评论说商品的"质量不行"。

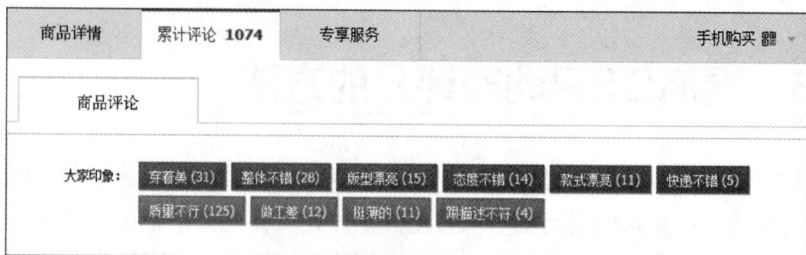

图7-10 某主营女装的淘宝网店的一款衬衫的评价

针对购买心理和行为的研究发现，买家在决定下单购买某件商品之前，如果对商品各方面的性能不甚了解，他们往往会听取已经购买过该商品的买家的意见。当商品评价出现"质量不行""做工差""跟描述不符"等影响商品成交转化率的评价时，淘宝卖家应该在第一时间联系买家，询问买家对商品的哪个部分不满意，并且和买家协商请其追加评论。

商品质量是网店采购人员负责的事宜。采购人员在采购商品的时候，务必严把质量关，在商品的材质、做工等方面严格甄选，以确保网店的商品质量上乘，争取获得绝大部分买家的认可。

2. 商品尺码

商品尺码的功能主要是为买家提供尺寸参考。图 7-11 所示为某款斜挎包的一部分评论，很多买家都反映斜挎包太小。

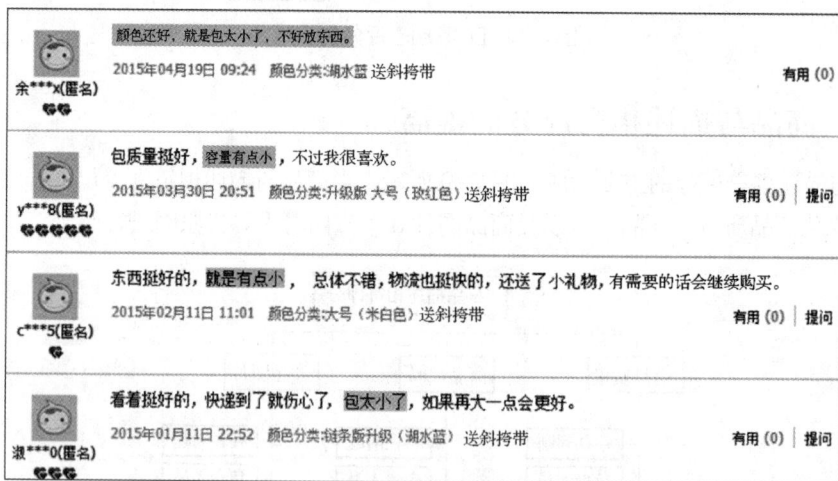

图7-11 某款斜挎包的一部分评论

这属于典型的商品尺码问题造成的低评分。这部分买家没有结合商品尺码表选择商品，收到商品时才发现尺码偏小。这部分买家给出的商品与描述相符评分往往会很低，进而影响商品与描述相符的整体评分。

商品尺码表多由运营人员负责制作，他们应该在商品详情页专门设置商品尺码表。商品尺码表应该结合商品实物图进行全方位的展示，图 7-12 所示为某款斜挎包的商品尺码表。运营人员也可以在尺码表中附上这样一句话：因测量方法和工具有异，可能会存在 1～3cm 的误差。

品　牌	
名　称	Miss Love香水系列
用　途	手提、斜挎
颜　色	赫本粉、梦露黑、凯莉杏
面　料	PU面料
内里材质	涤纶
产品重量	0.7kg
内部结构	包内1个证件袋、1个拉链暗袋
外部结构	无
尺　寸	上宽20cm、下宽21cm、包高18cm、底厚13cm、柄高3cm、可调节肩带长95~116cm

图7-12　某款斜挎包的商品尺码表

3. 商品图片

买家网购下单的依据之一是商品的图片和文字描述。优质的商品图片能吸引买家的注意，大幅提高成交转化率。买家想象中的商品和图片展示中的商品是一样的，收到商品后却发现实物和商品图片相差很大，这种极大的心理落差是网店获得差评和低分的主要原因之一。图7-13所示为某款连衣裙的一部分差评。

图7-13　某款连衣裙的一部分差评

商品图片的设置与优化是由美工人员负责的。美工人员在设置图片的时候切忌美化过度，同时应在商品详情页设置相关的色差对比图，并且说明"该商品图片均为实物拍摄图，因为显示器和光线等不同可能会存在一点色差"。

7.3.2　卖家服务态度评分的提高

在上百万家淘宝网店中，新手淘宝卖家该如何提高网店的整体服务质量呢？当今的买家越来越注重消费软环境，其中较重要的一个因素就是服务态度。

卖家的服务态度对网店的发展具有长远的影响。良好的服务态度不但可以直接提高网店的成交转化率，还能提升网店的口碑。淘宝卖家可以从客服人员的态度、响应时间以及专业程度3个方面提高卖家的服务态度评分，如图7-14所示。客服及客服相关的知识会在后续章节详细讲解。

图7-14　卖家的服务态度评分的影响因素

买家在消费的过程中完全能够感受到卖家的服务态度的好坏。当买家咨询客服人员的时候，客服人员的态度、响应时间以及解答问题的专业程度都是衡量卖家的服务态度的标准。

如果客服人员态度较恶劣，会直接吓跑买家，失去客户；如果响应时间过长，客服人员回

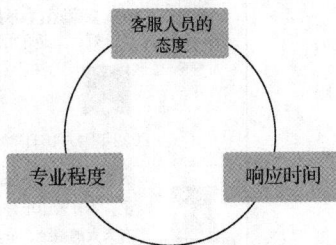

复时买家已经离开网店，也会失去潜在的客户；如果解答买家的问题的时候不够专业，不能取得买家的信任，同样会失去客户。这3个方面的改进是提高卖家的服务态度评分最基本的因素，它们相辅相成，缺一不可。

7.3.3 卖家发货速度评分的提高

关于卖家发货的速度这一指标，很多淘宝卖家认为这是物流公司的问题，并不属于网店应关注的方面。如果淘宝卖家有这种想法，说明他对这一指标的认识还不够深入。影响卖家发货的速度的除了物流公司之外，还包括发货的截止时间、发货前的检查、商品的包装等，如图7-15所示。

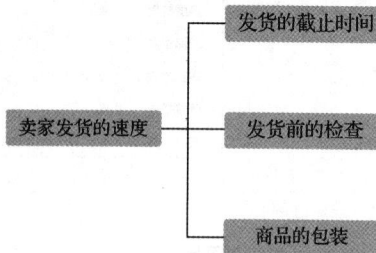

图7-15 卖家发货的速度评分的影响因素

1. 发货的截止时间

发货的截止时间是指从买家拍下商品到卖家发货的时间。简而言之，发货的截止时间也就是最迟发货时间。

在正常情况下，网店的发货截止时间设置在买家下单后24小时以内。在当天发货截止时间前，网店的所有订单必须全部完成审核并发出。对大多数中小卖家而言，网店的运营能力还有待增强，此时淘宝卖家可以直接告知买家店里不接急单。图7-16所示为某主营面食的网店的不接急单公告。

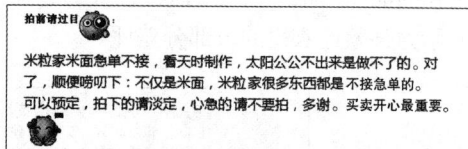

图7-16 某主营面食的网店的不接急单公告

如果网店参加了淘宝官方的大型活动，商品的成交量较高，有的商品甚至会出现断货的情况，此时客服人员应该及时用阿里旺旺、短信、电话等方式告知买家。如果买家愿意等待，客服人员应注意安抚买家的情绪，并且在发货之前通知买家；如果买家不愿意等待，为了避免买家给网店打低分，客服人员应该协助买家完成退款等后续工作。

2. 发货前的检查

买家拍下商品后，网店仓库人员应进行发货前的检查，确保买家收到的商品没有质量问题。图7-17所示为某款热卖的牛仔背带连衣裙的部分差评。

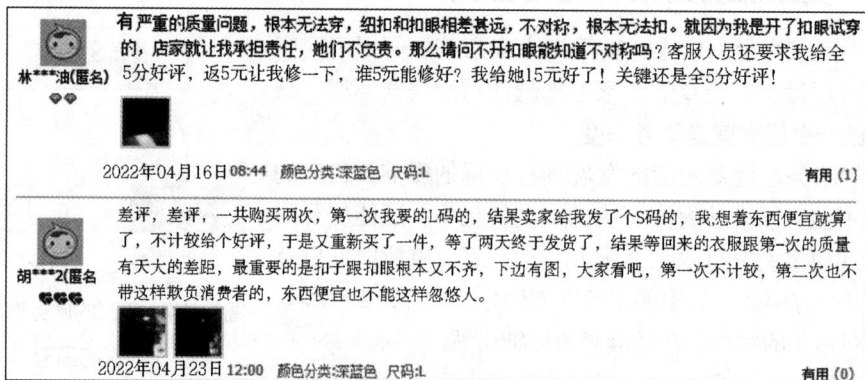

图7-17 某款热卖的牛仔背带连衣裙的部分差评

因为牛仔背带连衣裙的扣眼对不上，买家直接给了网店差评。仓库人员在发货之前应仔细检查商品，一旦发现问题商品，应立即登记并处理，问题件登记表如表7-1所示。

表7-1　问题件登记表

时间	名称	货号	批次	问题描述	解决方案
2022/4/20	宽松牛仔背带连衣裙	KT782	3	扣眼对不上	返回生产线
2022/4/20	宽松牛仔背带连衣裙	S189	3	扣眼没有剪开	返回生产线
2022/4/23	宽松牛仔背带连衣裙	A130	2	背带上没有纽扣	仓库组配备纽扣
2022/4/25	宽松牛仔背带连衣裙	A794	2	纽扣脱落	返回生产线

3. 商品的包装

大多数买家在签收快递之后都会兴致勃勃地拆开包裹，享受网购带来的快感和满足。买家拆开包裹的时候通常会出现两种情况：第一种情况是商品被包裹在一个破旧的塑料袋中；第二种情况是商品装在一个干净整洁的专用包装袋中，并且其中有卖家赠送的小礼物。这两种不同的包装方法会产生两种截然不同的结果。

商品的包装能在第一时间给买家留下极深的印象。优质的包装能给买家留下良好的印象，买家能感受到淘宝卖家的用心，相应地，也容易给出好评。图7-18所示为某淘宝网店的商品包装。

部分淘宝卖家为了节省包装费，直接用快递公司的包装袋，而在运输过程中，快递可能会出现碰撞挤压，导致买家在收到商品的时候，出现商品的包装不完整、外包装严重破损等情况。此时，商品的质量再好也没有用，如果因为包装问题而引起买家的不满，

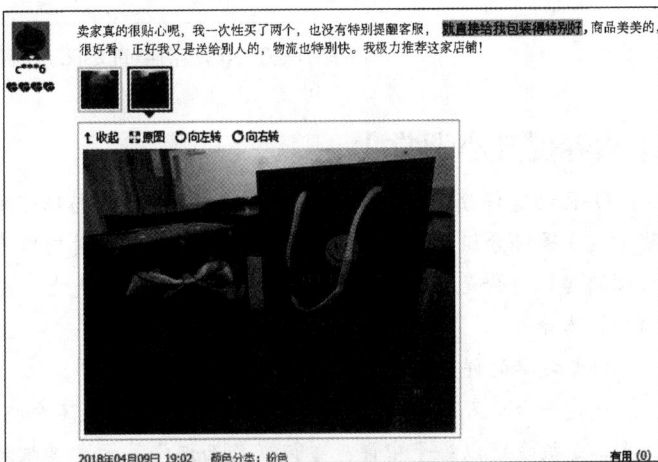

图7-18　某淘宝网店的商品包装

会导致买家对商品的印象大打折扣。淘宝卖家在包装时需要注意的事项如下。

① 保持包装盒的干净与整洁，破旧的包装盒会让买家怀疑商品的质量。

② 可以在包装盒内放上小卡片、小手链、小挂饰等小礼品，小礼品的成本很低，但是能让买家感受到卖家的用心。

③ 切忌把商品的标签放置在包装盒内，因为一部分买家购买商品是为了赠送给朋友的。

【数据分析工具】

看店宝

看店宝是一款通过分析淘宝 / 天猫商品的公开页面信息，进行信息查询和统计分析，提供数据下载功能，帮助运营人员提高工作效率、促进销售的数据分析工具。淘宝店铺可以利用看店宝进行关键词排名查询、DSR 动态评分查询、店铺类目占比分析、店铺经营数据及单品数据分析。淘宝卖家若想查询店铺 DSR 动态评分数据，可以登录看店宝，看店宝页面如图 7-19 所示，在"店铺分析"下就可以找

图7-19　看店宝页面

到店铺 DSR 动态评分数据。

接下来单击"店铺 DSR"，会出现店铺 DSR 动态评分页面，从中可以获取店铺的 DSR 动态评分及店铺 DSR 动态评分的计算方法等，如图 7-20 所示。

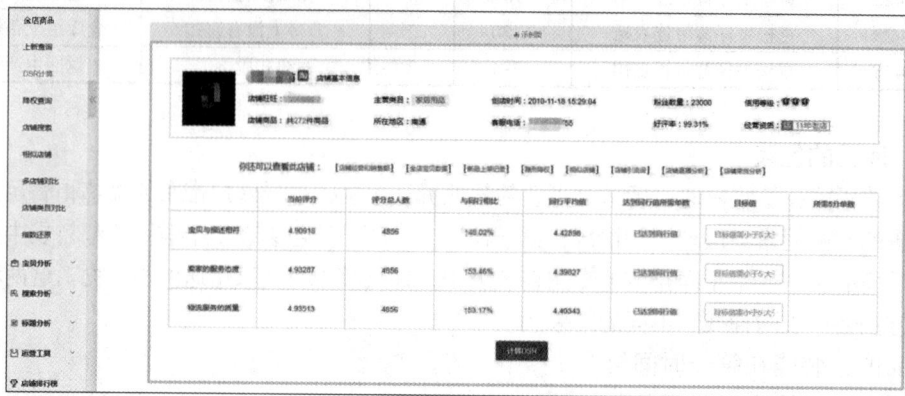

图7-20 某淘宝店铺DSR动态评分页面

【素养提升小课堂】

DSR 动态评分不是一个简单的分值，而是商品与描述相符、卖家的服务态度、物流服务的质量这 3 项评分组合而成的，每项评分取连续 6 个月内所有买家给予评分的算术平均值。一个店铺的起始评分是 5.0，DSR 动态评分高的店铺才是处于良性发展状态的，进店的买家才有好的购物体验。

哪些订单的评分不计入 DSR 动态评分呢？

一是平台"商家违规行为管理规则"规定的涉及不合格商品、虚假交易等违规行为的订单。

二是被发现以给予中评、差评、负面评价等方式谋取额外利益或其他不正当利益的买家、竞争对手等的恶意行为所对应的订单；

三是含有辱骂信息、泄露信息、污言秽语、广告信息、不具实际意义的信息、色情低俗内容或违反公序良俗的其他评论内容的订单；

四是平台发现的其他异常订单。

要点提示：遵守社会公德，公平、公正竞争。

【课后思考题】

淘宝卖家小王通过不断的学习和研究，逐渐形成了自己的淘宝网店的数据化运营模式，学会了用数据分析买家的购买特性，掌握了自己网店主力消费群体的消费时间段分布以及兴趣、爱好、特征等信息。小王根据同行业卖家的变化情况，适当调整了自己网店的销售战略，他的淘宝网店运营开始渐入佳境。

最近的成交买家中，有一位买家的评分是 3 分。1 个 3 分的评分让小王网店 DSR 动态评分中的"商品与描述相符""卖家的服务态度"两项指标直接"由红转绿"，具体来看，"商品与描述相符"比同行业平均水平低 0.86%，"卖家的服务态度"比同行业平均水平 0.91%。小王看到这种情况不禁傻眼了，为什么 1 个低评分就让网店 DSR 动态评分出现这种状况？

请根据本章所学的知识，帮助小王分析出现这种状况的原因，并找出相应的解决办法。

第 8 章

淘宝客服数据分析

随着网络购物的兴起，淘宝网店迅速发展起来，进而产生了一个全新的职位——淘宝客服，即淘宝网店的客服人员，他们在整个购物流程中扮演着极其重要的角色。

实际上，淘宝客服的工作已经不再是简单的"聊天"，而是逐渐成为网络营销的关键环节之一。淘宝掌柜首先应该认识到淘宝客服对整个网店的重要意义，然后根据网店的实际情况设置科学的淘宝客服绩效考核制度，为培养金牌客服做准备。

关键知识点

- 淘宝客服的重要性
- 淘宝客服KPI考核
- 淘宝客服等级的划分

思维导图

8.1 淘宝客服的基础知识

如今，随着淘宝网络购物的发展，淘宝客服成为网店人员构成中一个不可缺少的部分。好的淘宝客服对整个网店的发展有极其重要的推进作用，不容小觑。淘宝掌柜要想管理好自己网店的淘宝客服，最大限度地挖掘客服为网店创造利润和价值的能力，首先需要了解淘宝客服的相关基础知识。

8.1.1 淘宝客服的重要性

淘宝客服实质上是网店的一种服务形式。淘宝客服旨在协助淘宝掌柜更高效地管理网店。图8-1所示为网店运营结构金字塔。

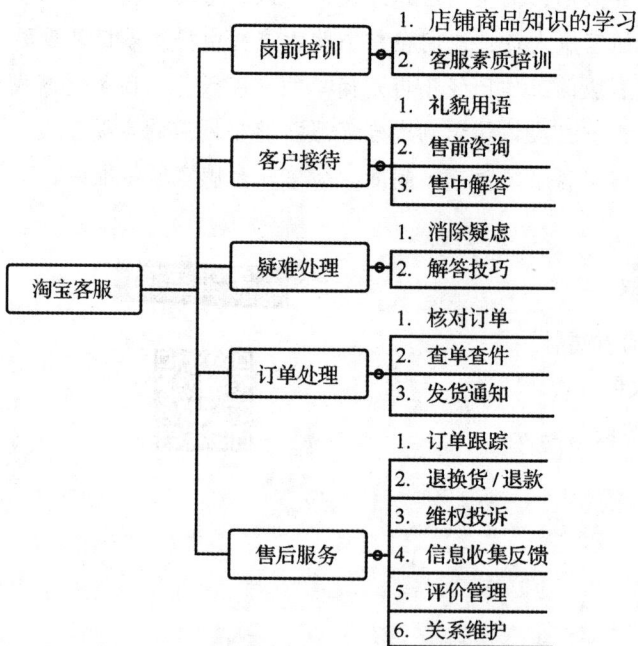

淘宝客服多通过阿里旺旺与买家交流，了解买家的需求与喜好，解答买家的各种问题，进而促成交易，并为买家提供优质的售后服务。图8-2所示为淘宝客服的工作流程。

图8-1 网店运营结构金字塔

图8-2 淘宝客服的工作流程

淘宝客服在商品销售、网店推广、售后服务以及客户关系维护等方面均发挥着重要作用。

● 商品销售：淘宝客服可根据买家的需求为其推荐相关的商品，为买家答疑解惑，提高网店的成交转化率。

● 网店推广：淘宝客服的服务质量代表着整个网店的水平和实力，淘宝客服是网店的门面，优质的服务能直接提升买家对网店的好感。

● 售后服务：解决商品退换货、物流、中差评等问题。

● 客户关系维护：对网店老客户及高价值客户等进行维护。

8.1.2 淘宝客服应具备的基本素质

如果想要做一名称职的淘宝客服，那就要具备相应的职业素质，那么淘宝客服需要具备哪些基本素质呢？

1. 心理素质

淘宝客服要有良好的心理素质，在为客户服务的过程中，通常会承受各种压力并面临挫折，没有良好的心理素质是不行的。淘宝客服应具备的心理素质具体如下。

① 处变不惊的应变力。

② 承受挫折和打击的能力。

③ 满负荷情感付出的支持能力。

④ 积极进取、永不言败的良好心态。

2. 品格素质

① 忍耐与宽容是优秀淘宝客服的一种美德。

② 不轻易承诺：说了就要做到，言必信，行必果。

③ 谦虚是做好网店客服工作应具备的品格素质之一。

④ 拥有博爱之心，真诚对待每一位客户。

⑤ 要勇于承担责任。

⑥ 要有强烈的集体荣誉感。

⑦ 热情主动的服务态度：淘宝客服还应对客户持有热情主动的服务态度，充满激情，让每位客户感受到自己的热情态度，在接受自己的同时接受商品。

⑧ 要有良好的自控力：自控力就是控制自己情绪的能力，淘宝客服作为一名服务人员，首先自己要有一个好的心态来面对工作和客户，淘宝客服有好心情才有可能带动客户并使其下单。

3. 技能素质

① 良好的文字语言表达能力。

② 高超的语言沟通技巧及谈判技巧：优秀的淘宝客服还应具备高超的语言沟通技巧及谈判技巧，只有具备这样的素质，才能让客户接受自己推荐的商品。

淘宝客服是各个淘宝店铺中十分重要的角色，因为他们是直接跟客户接触的，能够在第一时间掌握客户的需求，也能够了解客户对商品的反馈，还可以进行促销等，但是想要成为金牌淘宝客服，必须培养上述基本素质。

8.1.3 淘宝客服工作流程中纠纷率最高的环节

淘宝客服的工作流程主要分为 5 个环节，如图 8-2 所示。在这 5 个环节中，售后服务中的评价管理是对网店影响最大的环节，正面积极的评价对网店发展是有利的，负面消极的评价给网店造成的损失是十分严重的，"100 个好评抵不过 1 个差评"就是对此最真实的写照。

负面消极评价产生最多的环节往往也是纠纷率较高的环节，所以淘宝网店需把纠纷给网店造成的损失降到最低。图 8-3 所示为某主营女装的淘宝网店近 30 天的服务情况，该网店近 30 天纠纷率为 0.02%，高于行业均值，其中淘宝介入处理退款 8 笔，占总退款笔数的 2.9%。这些数据直接反映了该网店当前存在很严重的问题。

图8-3 某主营女装的淘宝网店近30天的服务情况

该掌柜为了把纠纷率降到最低，针对网店产生纠纷的环节进行了数据化的统计。图 8-4 所示为某主营女装的淘宝网店纠纷出现环节分布，其中售后环节出现的纠纷占纠纷总数的 97.25%。

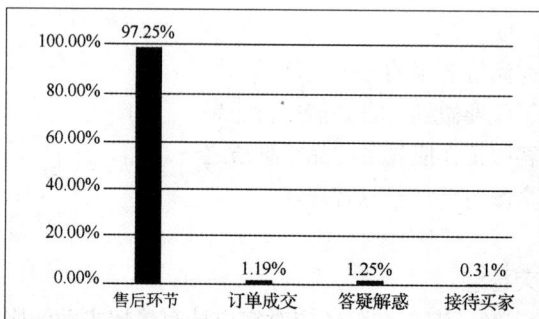

图8-4 某主营女装的淘宝网店纠纷出现环节分布

为何售后环节的纠纷率如此之高呢？该掌柜继续对售后环节出现纠纷的原因进行了统计分析，结果如图 8-5 所示。其中物流问题引起纠纷的概率最高，包括物流太慢和商品包装磨损严重，物流问题引起的纠纷占比为 37.85%，其次是客服态度问题，最后是商品自身问题，即尺码有偏差和商品质量问题。

综上所述，该网店纠纷率最高的环节是售后环节，其中物流问题和客服态度问题是最主要的因素。解决引起网店纠纷的问题已经迫在眉睫。

首先，该掌柜应考察物流公司的资质，选择性价比高、口碑相对较好的物流公司作为网店的物流合作伙伴；其

图8-5 售后环节出现纠纷的原因

次是加大对淘宝客服的培训和考核力度，利用科学合理的数据量化淘宝客服的工作，不断增强网店淘宝客服的综合能力。

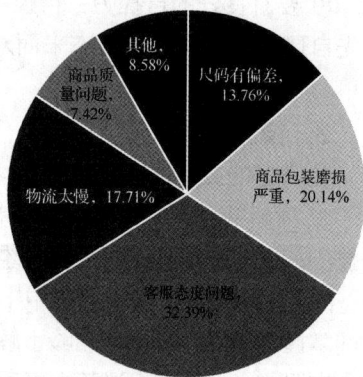

8.2 淘宝客服KPI考核

淘宝网店应建立科学合理的关键绩效指标（Key Performance Indicator，KPI）考核制度。对于淘宝掌柜而言，淘宝客服 KPI 考核制度应把淘宝客服的业绩目标与网店的整体运营目标相结合，以便淘宝掌柜及时发现潜在的问题，并反映给淘宝客服，进而对淘宝客服的工作进行

评价和管理，引导网店向正确的方向发展。

8.2.1　淘宝客服KPI考核的含义

淘宝客服 KPI 考核是指淘宝掌柜通过对淘宝客服进行目标式的量化考核，把网店的总体运营目标分解为操作性强、分工明确的个体目标。淘宝客服 KPI 考核明确规定了淘宝客服的主要任务，明确了每个淘宝客服的业绩衡量指标。

8.2.2　淘宝客服KPI考核的具体内容

淘宝客服 KPI 考核主要服务于网店的整体业绩，为网店的中后期发展做铺垫。通常而言，对淘宝客服进行考核需要确定以下 3 个因素。

① 考核的指标。网店根据淘宝客服的工作质量、团队合作能力、工作态度等设置考核指标，如成交转化率、客单价、响应时间等指标。

② 评分的标准。网店分别对不同的考核指标制定相应的评分标准，要灵活制定评分标准，如在销售的旺季和淡季需分别制定不同的评分标准。

③ 权重的分配。权重的分配是指为考核指标分配相应的权重。某一指标的权重能直接体现出该指标在整个模型中的相对重要程度，全部指标的权重之和为 100%。

例如，某主营女装的淘宝网店现有 3 名客服，掌柜为了高效地管理整个客服团队，决定对客服采取 KPI 复合考核制度。图 8-6 所示为网店客服考核指标权重分配。

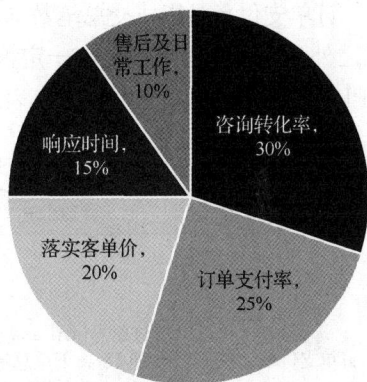

图8-6　网店客服考核指标权重分配

1. 咨询转化率

咨询转化率是指所有咨询客服并下单的人数（下单总人数）与所有咨询客服的人数（咨询总人数）的比率。相关内容在第 4 章已经做了详细的讲解（但在第 4 章中使用的名词为旺旺咨询转化率），故在此处不再详述。表 8-1 所示为该网店针对淘宝客服 KPI 考核制定的咨询转化率考核表。

表8-1　咨询转化率考核表

KPI 考核指标	计算公式	评分标准	分值	权重
咨询转化率（X）	咨询转化率 = 下单总人数 ÷ 咨询总人数 ×100%	$X \geqslant 41\%$	100	30%
		$38\% \leqslant X < 41\%$	90	
		$35\% \leqslant X < 38\%$	80	
		$32\% \leqslant X < 35\%$	70	
		$28\% \leqslant X < 32\%$	60	
		$25\% \leqslant X < 28\%$	50	
		$X < 25\%$	0	

掌柜对 3 名客服最近 30 天的咨询转化率做了统计，再结合表 8-1 分别计算出 3 名客服的咨询转化率、得分以及权重得分，结果如表 8-2 所示。

表 8-2　客服咨询转化率统计表

客服	下单总人数	咨询总人数	咨询转化率	得分	权重得分
A	88	275	32%	70	21
B	582	1455	40%	90	27
C	232	800	29%	60	18

从表 8-2 可直接看出，B 的咨询转化率最高，其次是 A，最后是 C。咨询转化率能直接反映出客服的工作质量。在同等条件下，咨询转化率越高，客服对网店的贡献就越大。

2. 订单支付率

订单支付率是指成交总笔数与下单总笔数的比率。订单支付率直接影响着网店的利润，除此之外，订单支付率也会在一定程度上影响网店的排名。表 8-3 所示为该网店针对淘宝客服 KPI 考核制定的订单支付率考核表。

表 8-3　订单支付率考核表

KPI 考核指标	计算公式	评分标准	分值	权重
订单支付率（F）	订单支付率 = 成交总笔数 ÷ 下单总笔数 ×100%	$F \geq 90\%$	100	25%
		$80\% \leq F < 90\%$	90	
		$70\% \leq F < 80\%$	80	
		$60\% \leq F < 70\%$	70	
		$50\% \leq F < 60\%$	60	
		$F < 50\%$	0	

掌柜对 3 名客服最近 30 天的订单支付率进行了统计，再结合表 8-3 分别计算出 3 名客服的订单支付率、得分以及权重得分，结果如表 8-4 所示。

表 8-4　客服订单支付率统计表

客服	成交总笔数	下单总笔数	订单支付率	得分	权重得分
A	228	240	95%	100	25
B	247	325	76%	80	20
C	198	225	88%	90	22.5

从表 8-4 可直接看出，A 的权重得分最高，然后是 C，最后是 B。

订单支付率是衡量网店利润的指标之一，同时又和客服 KPI 考核息息相关。因此，掌柜需要更加重视订单支付率，采取"以点带面"的考核方法，通过提高客服的订单支付率，达到提升网店销量的目的。

3. 落实客单价

落实客单价是指在一定的周期内，客服个人的客单价与网店客单价的比值。表 8-5 所示为该网店针对淘宝客服 KPI 考核制定的落实客单价考核表。

表8-5 落实客单价考核表

KPI考核指标	计算公式	评分标准	分值	权重
落实客单价（Y）	落实客单价 = 客服个人的客单价 ÷ 网店客单价	$Y \geqslant 1.23$	100	20%
		$1.21 \leqslant Y < 1.23$	90	
		$1.19 \leqslant Y < 1.21$	80	
		$1.17 \leqslant Y < 1.19$	70	
		$1.15 \leqslant Y < 1.17$	60	
		$Y < 1.15$	0	

掌柜对3名客服最近30天的落实客单价进行了统计，再结合表8-5分别计算出3名客服的落实客单价、得分以及权重得分，结果如表8-6所示。

表8-6 客服落实客单价统计表

客服	客服个人的客单价/元	网店客单价/元	落实客单价/元	得分	权重得分
A	78.23	66.3	1.18	70	14
B	76.9	66.3	1.16	60	12
C	82.8	66.3	1.25	100	20

从表8-6可直接看出，C的落实客单价最高，其次是A，B的落实客单价最低。落实客单价直接把客服个人的客单价与网店客单价联系起来，掌柜可以很直观地看出整个客服团队的水平，以便及时发现问题，这有利于整个客服团队KPI的提升。

4．响应时间

响应时间是指当买家咨询后，客服回复买家的时间间隔。响应时间又分为首次响应时间和平均响应时间。表8-7所示为该网店针对淘宝客服KPI考核制定的首次响应时间和平均响应时间考核表。

表8-7 首次响应时间和平均响应时间考核表

KPI考核指标	评分标准	分值	权重
首次响应时间（ST）/秒	$ST \leqslant 10$	100	10%
	$10 < ST \leqslant 15$	90	
	$15 < ST \leqslant 20$	80	
	$20 < ST \leqslant 25$	70	
	$25 < ST \leqslant 30$	60	
	$ST > 30$	0	
平均响应时间（PT）/秒	$PT \leqslant 20$	100	5%
	$20 < PT \leqslant 25$	90	
	$25 < PT \leqslant 30$	80	
	$30 < PT \leqslant 35$	70	
	$35 < PT \leqslant 40$	60	
	$PT > 40$	0	

掌柜对 3 名客服最近 30 天的响应时间进行了统计，再结合表 8-7 分别计算出 3 名客服的首次响应时间和平均响应时间分别对应的得分和权重得分，结果如表 8-8 所示。

表 8-8　客服响应时间统计表

客服	首次响应时间 / 秒	得分	权重得分	平均响应时间 / 秒	得分	权重得分
A	13	90	9	21	90	4.5
B	8	100	10	19	100	5
C	16	80	8	27	80	4

从表 8-8 可直接看出，B 的响应时间最短，其次是 A，最后是 C。

买家通过阿里旺旺咨询客服，表明买家对该商品比较感兴趣，而客服的响应时间会直接影响商品的咨询转化率，如果客服的响应时间短、回复专业、态度热情，将会大大提高商品的咨询转化率。

5. 售后及日常工作

淘宝客服 KPI 复合考核制度能够根据不同的指标对客服进行全方位的考核，除了相关的数据指标之外，还包括对客服的售后及日常工作的考核。表 8-9 所示为该网店针对淘宝客服 KPI 考核制定的售后及日常工作考核表。

表 8-9　售后及日常工作考核表

KPI 考核指标	评分标准	分值	权重
月退货量（T）/ 件	$T < 3$	100	10%
	$3 \leqslant T < 10$	80	
	$10 \leqslant T < 20$	60	
	$T \geqslant 20$	0	

掌柜对 3 名客服最近 30 天的售后服务进行了统计，再结合表 8-9 分别计算出 3 名客服的月均退货率、得分以及权重得分，结果如表 8-10 所示。

表 8-10　客服售后统计表

客服	月退货量 / 件	月成交量 / 件	月均退货率	得分	权重得分
A	6	289	2.08%	80	8
B	23	423	5.44%	0	0
C	0	260	0%	100	10

从表 8-10 可直接看出，C 的月均退货率最低，其次是 A，B 的退货率最高。退货率能直接反映出客服的服务质量。客服在与买家沟通的时候，应该注意方式与技巧，结合买家的喜好为其推荐商品。

综上所述，掌柜结合咨询转化率、订单支付率、落实客单价等数据指标对网店的客服进行综合考核，结果如表 8-11 所示。

表 8-11 客服 KPI 复合考核结果

项目	A	B	C
咨询转化率得分	21	27	18
订单支付率得分	25	20	22.5
落实客单价得分	14	12	20
首次响应时间得分	9	10	8
平均响应时间得分	4.5	5	4
月退货量得分	8	0	10
总得分	81.5	74	82.5

由表 8-11 可知，C 的综合水平最高，其次是 A，最后是 B。

掌柜综合分析了 3 名客服的情况后，针对 3 名客服目前存在的问题提出了相应的改进措施。

A 需要缩短响应时间，及时回复买家的咨询，提高潜在的咨询转化率；同时，尽量降低退货率，在与买家交流沟通的时候注意方式、方法。

B 急需提高订单支付率，咨询转化率很高但订单支付率过低会严重影响其个人的业绩；同时，需增强和提高售后服务能力和水平，逐步减少月退货量。

C 需要提高咨询转化率，而影响咨询转化率的很重要的一个因素就是响应时间，因此，C 目前应该重点注意缩短响应时间。

淘宝客服 KPI 复合考核制度从多方面对客服进行考核，不仅涉及个人的业绩，更有工作态度等多方面指标，能够更加透彻地反映出目前客服团队存在的问题。

淘宝客服 KPI 复合考核制度也将客服个人与整个网店联系起来。淘宝网店的运营和"木桶效应"相似：一只桶能装多少水取决于它最短的那块木板，当最短的那块木板变长，整个水桶的容量就会增加。因此，淘宝掌柜需要通过 KPI 考核的数据，分析客服团队存在的"短板"，并逐步使之"变长"。

8.3 打造网店金牌客服

在一个淘宝网店的价值创造过程中有这样的规律：20% 的骨干客服大约能创造整个网店 80% 的价值，这 20% 的客服具有咨询转化率高、服务质量高、纠纷处理能力强等特点。因此，这部分骨干客服也被称为"金牌客服"。淘宝掌柜必须思考的是：针对这部分核心员工，该如何制定相应的考核标准？

8.3.1 淘宝客服等级的划分

客服是淘宝网店发展的重要支柱，淘宝网店制定完善的客服考核标准是打造金牌客服的前提与基础。淘宝掌柜可以采取平衡计分卡（Balanced Score Card，BSC）制定网店客服考核标准。图 8-7 所示为平衡计分卡的组成。

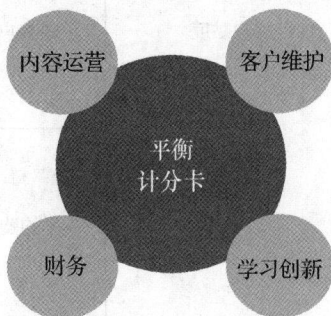

图8-7 平衡计分卡的组成

平衡计分卡是以内容运营、客户维护、学习创新以及财务为维度，根据淘宝网店的组织战略要求设计的指标体系。平衡计分卡是一种有效的网店绩效考核管理工具，它将网店的整体战略目标分解转化为多个相互平衡的绩效考核体系，并针对其中指标的实现情况进行考核，从而保证网店的整体战略得到有效的执行。而客服的考核标准主要是从客户维护及学习创新两个维度来制定的。

1. 客户维护

某淘宝网店在前期加大宣传的力度，使网店近期新增了 100 个新客户，但是因为老客户维护不到位，也流失了 100 个老客户。如果仅从成交额来看，老客户的流失似乎并没有太大的影响，但是实际上为了吸引这 100 个新客户，网店在宣传和推广等方面花费的成本远远高于维护老客户的成本，从投资回报率来看，这种运营之道是不可取的。但是，这并不代表网店不需要开发新客户。

客户维护是使用平衡计分卡进行绩效考核的关键。网店要生存和发展，必须创造利润和价值。一般而言，一个网店总会有新客户进来，但是也会有老客户流失。因此，维护新老客户关系成为网店对客服考核的核心。

例如，某淘宝网店主营女式箱包，随着网店的发展，现已有客服 5 人，掌柜制定了金牌客服的考核标准。图8-8 所示为其中客户关系维护的三大考核点。

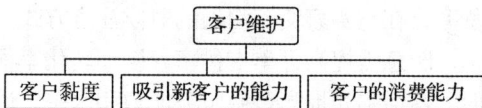

图8-8　客户关系维护的三大考核点

（1）客户黏度

客户黏度又称客户忠诚度，它是指客户对某一商品或服务产生了好感和信赖，形成了"依附性"偏好，进而重复购买的一种趋势。上述网店针对客户黏度的考核主要是利用回头客占比、老客户流失率、平均购买周期 3 个指标进行的，如表 8-12 所示。

表 8-12　针对客户黏度的考核表

第一层指标	第二层指标	标准	客服等级
客户黏度	回头客占比（A）	$A > 70\%$	金牌客服
		$50\% < A \leq 70\%$	高级客服
		$30\% < A \leq 50\%$	中级客服
		$A \leq 30\%$	初级客服
	老客户流失率（B）	$B < 20\%$	金牌客服
		$20\% \leq B < 30\%$	高级客服
		$30\% \leq B < 40\%$	中级客服
		$B \geq 40\%$	初级客服
	平均购买周期（Q）	$Q < 45$ 天	金牌客服
		45 天 $\leq Q < 70$ 天	高级客服
		70 天 $\leq Q < 95$ 天	中级客服
		$Q \geq 95$ 天	初级客服

回头客占比是指以前在网店产生过消费行为的客户数与总客户数的比率。回头客占比越大，说明客户黏度越高。金牌客服的回头客占比大于70%，说明金牌客服的成交额主要来自回头客，所以，回头客是极具价值的客户。

老客户流失率是指流失的老客户数与总客户数的比率。老客户流失率能直接反映出客户关系维护是否到位。客服应尽量减少老客户的流失，因为老客户的流失就意味着销售业绩的下降。

平均购买周期是指在网店内累计消费次数大于或等于2次且小于100次的客户（不包括批发商），相邻两次成交的平均时间间隔。不同网店经营的类目不同，日常消费品类目的平均购买周期较短，而耐用消费品的平均购买周期则相对较长。所以，网店掌柜需要根据网店的实际情况来制定该项考核指标。

客户黏度是客户忠诚营销活动的中心，也是衡量客户对商品及网店的信任度的重要标尺。开展客户黏度营销的最终目的就是实现利润的最大化，客户黏度小幅度提高，客服的业绩可能就会大幅度上升。因此，客服维护新老客户关系的最根本立足点就是提高客户黏度。

（2）吸引新客户的能力

新客户的下单人数能反映出网店对新客户的吸引程度，而其中很重要的一个因素就是客服的"催化"作用。吸引新客户的能力主要从新客户咨询转化率、新客户N天的重复购买率以及新客户N天的客户保持率3个指标进行分析，如表8-13所示。

表8-13　吸引新客户的能力考核表

第一层指标	第二层指标	标准	客服等级
吸引新客户的能力	新客户咨询转化率（C）	$C > 80\%$	金牌客服
		$70\% < C \leq 80\%$	高级客服
		$60\% < C \leq 70\%$	中级客服
		$C \leq 60\%$	初级客服
	新客户N天的重复购买率（D）	$D > 10\%$	金牌客服
		$7\% < D \leq 10\%$	高级客服
		$4\% < D \leq 7\%$	中级客服
		$D \leq 4\%$	初级客服
	新客户N天的客户保持率（E）	$E > 5\%$	金牌客服
		$4\% < E \leq 5\%$	高级客服
		$3\% < E \leq 4\%$	中级客服
		$E \leq 3\%$	初级客服

新客户咨询转化率是指之前没有购买记录、访问并下单成交的客户数与总客户数的比率。新客户咨询转化率直接体现了不同等级客服的服务质量。服务水平较高的客服能准确抓住客户的需求和喜好进行精准营销。

新客户N天的重复购买率是指在N天内产生的新客户中，有过2次及以上购买行为的客户数占总客户数的比率。这一指标从侧面反映了商品的质量及客服的服务水平。

统计某一天下单的客户总数，把其中之前没有购买记录的客户挑选出来，这部分客户中有人可能会在接下来的N天内有重复购买的行为，这一小部分客户与全部新客户数量的比率为

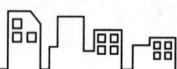

新客户 N 天的客户保持率。

例如，某女式箱包网店在 5 月 20 日共有 300 人下单，其中 190 人是之前没有过购买记录的新客户。在接下来的 7 天中，这 190 人中有 15 人发生了重复购买行为，那么，该网店的新客户 7 天的客户保持率为 $15 \div 190 \times 100\% \approx 7.89\%$。

吸引新客户的能力主要是针对初次在网店消费的客户的关系维护，对于中高级客服及金牌客服而言，这部分客户是提升自己业绩的关键，中高级客服及金牌客服凭借积累的销售经验、娴熟的销售能力以及优质的售后服务能迅速抢夺大部分新客户资源；而对于初级客服而言，最基础的是熟悉商品各方面的知识，用真诚的服务态度打动客户。

（3）客户的消费能力

客户的消费能力是影响网店利润的重要因素之一，不同消费层级的客户为网店带来的利润和价值不同。所以，能否针对不同消费层级的客户做好相应的维护也是区分客服等级的标准之一，某网店针对客户的消费能力的考核表如表 8-14 所示。

表 8-14　客户的消费能力的考核表

第一层指标	第二层指标	标准	客服等级
客户的消费能力	日均客单价（M）	$M > 300$ 元	金牌客服
		200 元 $< M \leq 300$ 元	高级客服
		100 元 $< M \leq 200$ 元	中级客服
		$M \leq 100$ 元	初级客服
	月销售总额（G）	$G > 6000$ 元	金牌客服
		4000 元 $< G \leq 6000$ 元	高级客服
		2000 元 $< G \leq 4000$ 元	中级客服
		$G \leq 2000$ 元	初级客服
	指标完成率（J）	$J > 90\%$	金牌客服
		$80\% < J \leq 90\%$	高级客服
		$70\% < J \leq 80\%$	中级客服
		$J \leq 70\%$	初级客服

日均客单价是指客服的每日销售额与接待客户总数的比值。一般情况而言，一天下了多个订单的客户也只计数为 1。

月销售总额是指每个客服的每月实际销售总额。月销售总额是考察客服的销售能力的重要指标，也是客服考核的核心指标之一。

指标完成率是指实际销售额与计划销售额的比率。例如，某网店甲客服的月销售额为 4973 元，计划销售额为 5000 元，因此，该客服的指标完成率为 $4973 \div 5000 \times 100\% = 99.46\%$。

客户的消费能力对应着网店客服区分和维护不同消费层级客户的能力，客服要重点维护高消费层级的客户。

2. 学习创新

学习是创新的基础，创新是学习的拓展。学习不仅是为了创新，但是创新离不开学习。因此，学习创新是客服考核的核心指标之一。某淘宝网店对客服制定的学习创新能力的考核表如表 8-15 所示。

表 8-15　学习创新能力的考核表

第一层指标	第二层指标	标准	客服等级
学习创新	员工被客户认知度（L）	$L > 80\%$	金牌客服
		$60\% < L \leqslant 80\%$	高级客服
		$40\% < L \leqslant 60\%$	中级客服
		$L \leqslant 40\%$	初级客服
	员工培训耗时（H）	$H < 50$ 时	金牌客服
		50 时 $\leqslant H < 100$ 时	高级客服
		100 时 $\leqslant H < 150$ 时	中级客服
		$H \geqslant 150$ 时	初级客服
	每吸引 100 个新客户所需成本（W）	$W < 100$ 元	金牌客服
		100 元 $\leqslant W < 200$ 元	高级客服
		200 元 $\leqslant W < 300$ 元	中级客服
		$W \geqslant 300$ 元	初级客服

客服的学习创新能力在很大程度上能影响网店的发展，客服的学习创新能力越强，所需要的时间成本和金钱成本就越少，其为网店的发展和壮大做出的贡献也就越大。因此，学习创新能力也是客服考核的标准之一。

8.3.2　利用数据化方法打造金牌客服

淘宝网店客服主要通过阿里旺旺与客户打交道。客服要想通过阿里旺旺把网店商品销售出去，首先就要了解客户目前的需求，并推荐相关的商品，通过与客户交流和沟通促成交易。随着客户消费心理的日益成熟、网络购物机制的日益完善和商品类目的日益丰富，整个市场的天平已经开始由卖家向买家倾斜，这使客服在工作中面临着越来越多的挑战，具体如图 8-9 所示。

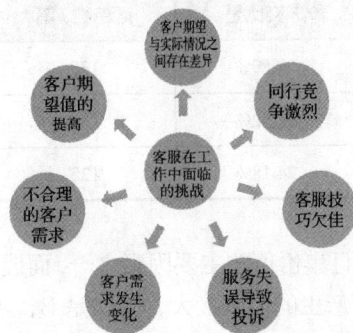

图8-9　客服在工作中面临的挑战

例如，现有甲、乙两家主营女装的淘宝网店，两家网店的数据指标对比如表8-16所示。

表8-16　甲、乙网店的数据指标对比

数据指标	甲网店	乙网店
客服人数	3人	6人
有效日均咨询人数	2 000人	1 300人
咨询转化率	53.46%	32.15%
客服工资	9 000元	9 000元
月销售额	40万元	20万元

根据表8-16所示的数据，甲网店的有效日均咨询人数和咨询转化率两项关键性指标均高于乙网店，甲网店的月销售额也高于乙网店。可见，更多的网店客服，并不一定能为网店创造更高的价值。淘宝掌柜制定有效的考核指标才是打造金牌客服和增强网店利润的关键。

所以，淘宝掌柜建立适应电商发展模式的客服考核标准迫在眉睫。那么，部分中小网店的淘宝掌柜该从哪些方面入手打造金牌客服呢？首先，淘宝掌柜应该明确自己网店的金牌客服需要具有哪些能力，思考如何利用数据化方法管理客服和打造金牌客服。下面将具体讲解如何打造网店的金牌客服，图8-10所示为金牌客服的考核指标。

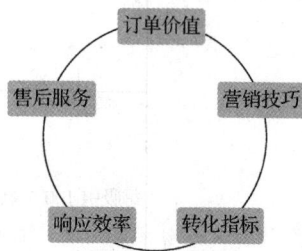

图8-10　金牌客服的考核指标

1. 订单价值

订单价值是指订单为网店带来的利润和价值，衡量指标主要包含成交额、成交比重、订单数、客单价以及异常订单数。其中异常订单数是指客服出现抢单、冒领订单以及改单等影响正常工作秩序的现象的订单数。

分析订单价值可以直接从成交额入手。在单位时间内，成交额 = 订单数 × 客单价，即用单位时间内交易成功的订单总数乘人均消费金额。

例如，某主营女包的淘宝网店现有3名客服，淘宝掌柜根据3名客服最近30天的订单价值的相关数据指标做了统计，结果如表8-17所示。

表8-17　客服最近30天的订单价值考核表

淘宝客服	成交额/元	成交比重	订单数/笔	客单价/元	异常订单数/笔
A	5 391	50.89%	132	40.84	9
B	2 640	24.92%	130	20.31	0
C	2 561	24.18%	125	20.49	0

根据表8-17，成交额是影响订单价值的主要因素之一，而成交额又与订单数和客单价有关。整体而言，A的订单价值对网店产生的价值最大，其次是B，最后是C。当客服的订单数和客单价得到提升后，成交额也会得到提升。但是在提升订单数和客单价的同时，客服需要公平公正地参与竞争，如果出现抢单、冒领订单以及改单等情况，淘宝掌柜需要采取相应的惩罚措施。

2. 营销技巧

营销技巧是指客服根据不同的场合采取相应的销售技巧，提升客单价。淘宝掌柜主要是从滞销品销售、主动营销两方面对客服的营销技巧进行培养。

滞销品是指网店的尾货或款式已经过时的商品，这一部分商品需要进行清仓处理，以低价吸引客户的注意力，为网店带来流量。

主动营销是指客服根据客户的需求和喜好，进行商品的推荐营销。在清楚掌握客户需求的基础上再进行主动营销能直接提升客服的个人业绩。某网店客服与客户的对话如图8-11所示。

营销技巧涉及客户心理、商品专业知识、社会常识、表达能力以及沟通能力等方面。营销过程就是人与人之间沟通的过程，营销技巧是销售能力的体现，也是客服的一种必备的工作技能。

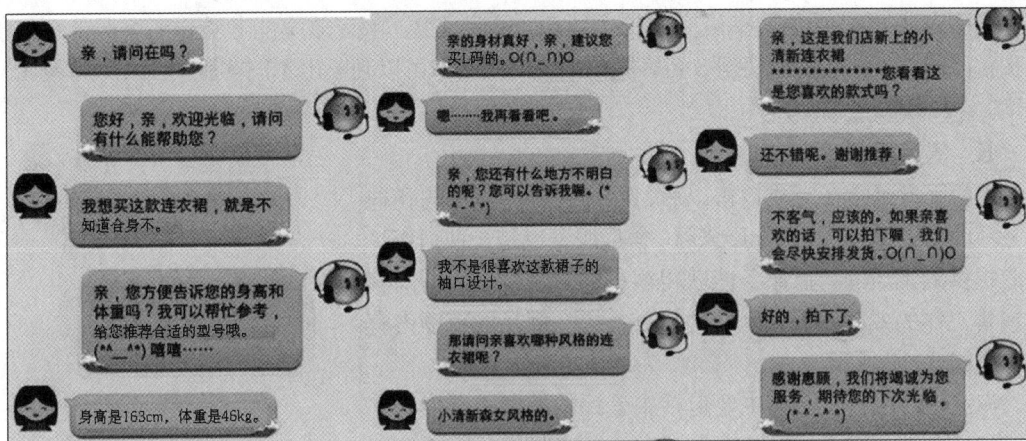

图8-11 客服主动营销

3. 转化指标

转化指标是指客服引导客户产生购买行为的指标。转化指标主要包括日均订单数、咨询转化率、新客户转化率等。

结合表8-17的案例，该店的掌柜对3位客服的转化指标做了相关的统计，结果如表8-18所示。

表8-18 客服转化指标考核表

淘宝客服	日均订单数／笔	咨询转化率	新客户转化率
A	4.4	46.33%	62.78%
B	4.3	31.42%	48.61%
C	4.16	32.56%	53.72%

根据表8-18，综合各项转化指标来分析，A的综合表现最好，其次是C，最后是B。

4. 响应效率

响应效率是影响咨询转化率的重要指标。如果客服的响应时间短，客户的问题能在第一时间内得到解决，他就有可能下单；如果响应时间过长，客户就有可能失去等待的耐心，从而导致网店失去潜在的客户。

响应时间除了包括首次响应时间和平均响应时间，还包括未回复客户数。其中首次响应时间是指客服第一次回复买家用时的平均值，能用来分析客服的响应够不够及时；平均响应时间是指客服每次回复买家用时的平均值；未回复客户数是指客服未接待的有效客户的总数。

表 8-19 所示为该店掌柜对 3 名客服的响应时间的统计。

表 8-19　客服响应时间统计

淘宝客服	首次响应时间 / 秒	平均响应时间 / 秒	日均未回复客户数 / 人
A	8	13	158
B	12	20	261
C	10	21	249

根据表 8-19，A 的效率最高，其次是 C，最后是 B。响应效率能考验一名客服的工作能力和抗压能力。该店掌柜根据 3 名客服的响应时间基本可以判断出不同客服的工作效率及工作态度。

5. 售后服务

售后服务是指在完成销售以后，网店为客户提供的各种服务活动。从网店的长远发展来看，售后服务也是一种销售，网店提供的优质的售后服务能获得客户的信赖，进而提高客服销售工作的效率，提升网店的信誉，提高商品的市场占有率，如图 8-12 所示。

淘宝网店的售后服务主要包括中差评的处理和退换货率的控制。表 8-20 所示为该店掌柜对 3 名客服售后服务的考核表。

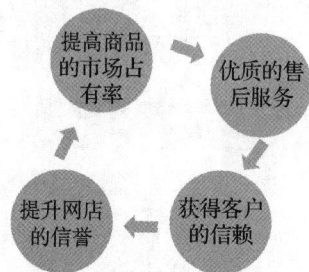

图8-12　优质的售后服务对网店
发展的贡献

表 8-20　淘宝客服售后服务的考核表

淘宝客服	中评数	差评数	中差评处理率	退换货率
A	3	4	83.89%	17.16%
B	6	2	86.77%	16.44%
C	2	3	80.41%	19.79%

根据表 8-20，B 的售后服务质量最高，其次是 A，最后是 C。中差评是影响 DSR 动态评分的重要因素，当网店出现中差评时，客服必第一时间联系客户，询问原因并协商解决的办法。中差评处理率是评价一名客服售后服务水平的最有力的数据。

退换货率是衡量客服服务质量的重要指标之一，退换货也是最容易产生纠纷的环节。因为退换货的途中会产生快递费用，客服在这一环节需要和客户进行有效的沟通。如果是商品出现非质量问题引起的退换货，客服应该明确告知客户，由此产生的快递费用由客户自己承担，并且客服在退换货的过程中应该全程跟踪物流信息、退款的去向，并做好客户的情绪安抚工作。

【数据分析工具】

客户运营平台

淘宝的客户运营平台是卖家获取客户运营数据的平台，淘宝卖家可以通过客户运营平台进行客户管理，查询客户列表、进行客户分群；进行客户会员数据管理，获取客户会员数据，进行客户忠诚度管理，维护客户权益。图8-13为淘宝的客户运营平台页面，我们可以清楚地看到人群标签分类及人群标签雷达，并由此获取客户数据，进行客户数据分析。

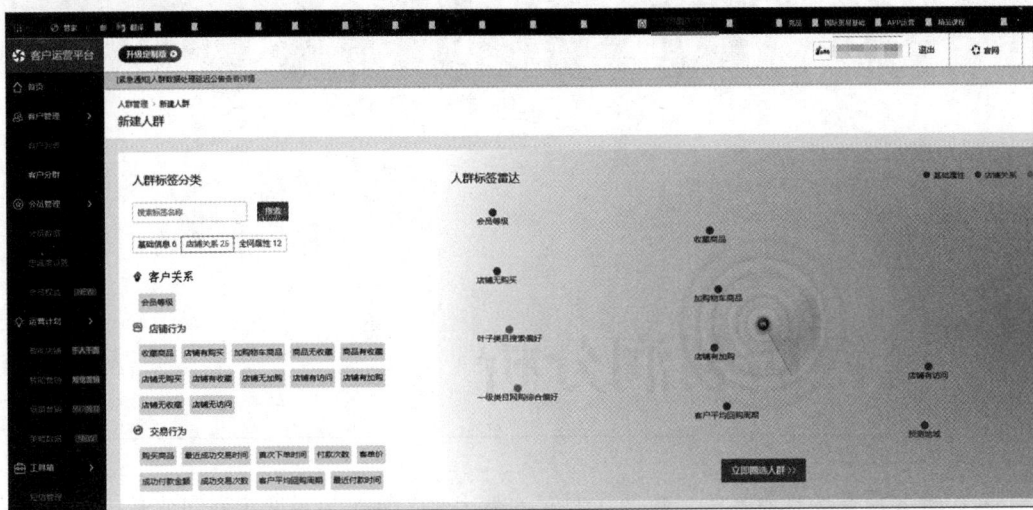

图8-13　客户运营平台页面

【素养提升小课堂】

电商客服需遵循以下工作守则。

第一，每位员工都要有高度的责任心和事业心，以公司的利益为重，为公司和个人的发展努力工作。

第二，牢记"客户第一"的原则，主动、热情、周到地为客户服务，努力让客户满意，维护好公司和店铺品牌形象。

第三，要热爱学习、勇于创新，通过学习新知识使专业知识的增加和个人素质的提升与公司发展保持同步。

第四，讲究工作方法和工作效率，明确效率就是金钱，效率就是企业的生命。

第五，要有敬业和奉献精神，满负荷、快节奏、高效率、高责任感是对所有员工提出的敬业要求。

要点提示：电商客服工作要讲究方式方法，坚守职业道德。

【课后思考题】

随着网店规模的扩大，淘宝卖家小王又多了一个身份——淘宝掌柜。因为经过之前的学习和摸索，小王的网店生意越来越好，很多时候他一个人根本无法回复多个客户的咨询，以致错失了很多的潜在客户。因此，小王决定招聘3名客服，在客服的协助下，小王的工作负担一下子减轻了很多，于是，他有更多的时间进行网店相关数据的研究、分析。

一段时间后，小王发现，统一的薪酬制度很容易打击客服的工作积极性。可是，小王没有人力资源管理相关的专业知识，不懂如何制定客服考核标准，也不知道该从哪些方面去培养网店的金牌客服。

请结合本章所学知识，为小王制定一套完整的客服考核标准。

第 9 章

网店利润分析

　　网店运营的最终目的就是实现网店利润的最大化。要想实现网店利润的最大化，卖家就必须分析影响网店利润的因素，并且通过不断优化影响利润的因素，增加网店的利润。从网店的数据化运营的角度出发，增加成交额、减少成本是增加利润的重要途径。卖家应该根据目前网店的实际情况以及淘宝市场的最新动态和发展趋势做出相应的有关运营的战略性调整，提前对网店的运营成本进行预测和分析，正确处理"开源"与"节流"的关系；转变"节约就是降低成本"的传统运营观念，善于从产出与投入的关系进行分析，用更低的成本创造出更大的利润和价值。

关键知识点

- 网店利润与利润率的定义
- 影响网店利润的因素
- 网店利润的预测与分析
- 网店利润的规划求解

思维导图

9.1 网店利润与利润率的定义

在学习了这么多淘宝网店的经营方法和技巧之后，接下来卖家需要进行更深层次的分析和思考。一名淘宝卖家即使有再多的经营方法和技巧，也需要深入地理解、分析网店的盈利模式。

淘宝网店的发展离不开好的盈利模式，一个好的盈利模式是网店发展与壮大的前提。那么，淘宝卖家该如何确定网店的盈利模式呢？首先，应该了解网店利润与利润率之间的关系。

利润是指收入与成本的差额，也包括其他直接计入损益的利得和损失。利润也被称为净利润或净收益。如果用 P 代表利润，K 代表商品成本，W 代表收入，那么利润的计算公式为 $P=W-K$。

利润率是利润与成本的比值。如果用 P' 代表利润率，那么利润率的计算公式为 $P'=(W-K)\div K\times 100\%$。利润率分为成本利润率、销售利润率以及产值利润率，本章主要讨论成本利润率。

例如，某主营童装的淘宝网店为了核算网店 4 月到 6 月的利润，根据相关的数据指标进行了统计，网店利润与利润率以及相关指标如表 9-1 所示。

表 9-1 网店利润与利润率以及相关指标

月份	成交量 / 件	成交均价 / 元	网店成交额 / 元	网店总成本 / 元	网店利润 / 元	利润率
4 月	1 346	95.45	128 475.7	83 928.3	44 547.4	53.08%
5 月	1 209	95.19	115 084.71	74 468.1	40 616.61	54.54%
6 月	1 532	86.26	132 150.32	85 752.8	46 397.52	54.11%

9.2 影响网店利润的因素

淘宝网店运营的核心是利润。对于大部分淘宝卖家而言，如何利用最低的成本获取最大的利润才是其最关心的问题。淘宝卖家首先应该明确影响网店利润的因素有哪些，然后对各个影响因素进行深入的分析和总结。

淘宝卖家可以把利润的计算公式作为利润分析的切入点，网店利润 = 网店成交额 − 网店总成本，因此，影响网店利润的因素有两个，分别是网店成交额和网店总成本。淘宝卖家要想实现网店利润的最大化，最理想的状态是增加网店成交额，降低网店总成本，但是在正常情况下，网店通常会采取降低网店总成本的方法来增加网店利润。

降低网店总成本需要先分析影响网店总成本的因素，而影响网店总成本的因素主要有商品成本、推广成本以及固定成本。下面分别对相关的影响因素进行深入的分析。

9.2.1 商品成本

商品成本是构成网店总成本的关键部分之一。淘宝卖家在运营整个淘宝网店的过程中，对于商品成本的预测、分析、决策和控制是必不可少的，而在决策和控制前需要先对商品成本进行预测和分析，预测和分析则需要根据网店之前的商品成本的相关数据进行研究。

例如，某淘宝网店主营女士服装，网店80%的商品来自当地的批发市场，其余20%的商品则来自1688网站。图9-1所示为该网店商品成本的构成。

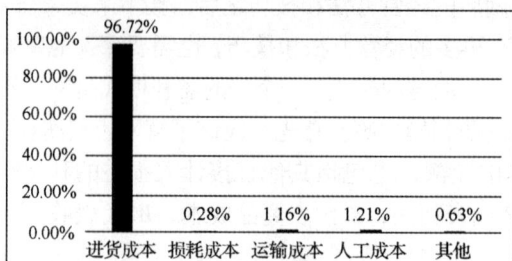

图9-1　商品成本的构成

在当地的批发市场进货需要安排员工进货，会产生一定的人工成本和其他成本；在1688网站进货则会产生相应的快递运输费，并且在运输途中可能会出现商品损耗、快件丢失等情况。

该网店某次进货的商品总成本为6932.43元，其中，两种不同进货渠道对应的商品成本如表9-2所示。

表9-2　两种不同进货渠道对应的商品成本

进货渠道	进货成本/元	人工成本/元	运输成本/元	损耗成本/元	其他/元
当地的批发市场	5 364.04	83.88	—	—	43.67
1688网站	1 341.01	—	80.42	19.41	—

网店从当地的批发市场进货的进货成本为 $6932.43 \times 96.72\% \times 80\% \approx 5364.04$（元），人工成本为 $6932.43 \times 1.21\% \approx 83.88$（元），其他成本为 $6932.43 \times 0.63\% \approx 43.67$（元），则进货成本消耗率为 $(83.88+43.67) \div 5364.04 \times 100\% \approx 2.38\%$。

网店从1688网站进货的进货成本为 $6932.43 \times 96.72\% \times 20\% \approx 1341.01$（元），其中运输成本为 $6932.43 \times 1.16\% \approx 80.42$（元），损耗成本为 $6932.43 \times 0.28\% \approx 19.41$（元），进货成本消耗率为 $(80.42+19.41) \div 1341.01 \times 100\% \approx 7.44\%$。

综合两种不同的进货渠道可以发现，从当地的批发市场进货的成本消耗率仅为2.38%，而从1688网站进货的成本消耗率高达7.44%。因此，淘宝卖家可以考虑适当减少网店在1688网站进货的比例。

随着竞争日益激烈，追求最大化的经济利益成为每个淘宝网店发展的必然选择。成本核算是淘宝网店运营和管理的重要环节。淘宝卖家想要在竞争激烈的市场中生存下去，就必须最大限度地降低商品的生产成本，做好相关的核算工作。淘宝卖家通过有效的成本核算，能够构建全面系统的网店成本管理思维，跳出传统的成本控制框架，掌握成本分析的核心思想，运用有效的方法为网店的决策和控制提供数据支撑。

9.2.2　推广成本

在网上开店之后，网店相关的运营问题让很多新手卖家无从下手，如网店的装修、网店的活动、网店DSR动态评分的提高等，但是最让广大新手卖家头疼的还是网店的推广。如今已经不再是坐等买家上门的时代了，网店的推广效果会直接影响网店的发展，推广的深度也决定着网店后期的发展速度。当然，网店推广有哪些方式，推广的效果如何十分重要，但对于初次接触网店推广的新手卖家而言，他们往往更关心的是推广成本，而推广成本取决于推广方式。

淘宝网店最常用的付费推广方式有淘宝客、直通车以及钻石展位。下面将讲解如何计算这3种不同的付费推广方式下的推广成本。本书的第3章已经详细讲解了这3种推广方式的收费方法和竞价技巧，因此，本小节只讲解这3种推广方式的成本核算。

例如，某淘宝卖家对网店最近30天付费推广的成本、成交额、利润以及成本利润率等数据指标进行了统计，结果分别如表9-3和图9-2所示。

表9-3　不同推广方式的成本、成交额、利润以及成本利润率

推广方式	成本/元	成交额/元	利润/元	成本利润率
直通车	341.53	579.46	237.93	69.67%
淘宝客	155.49	263.15	107.66	69.24%
钻石展位	497.86	572.81	74.95	15.05%
其他	89.21	117.39	28.18	31.59%

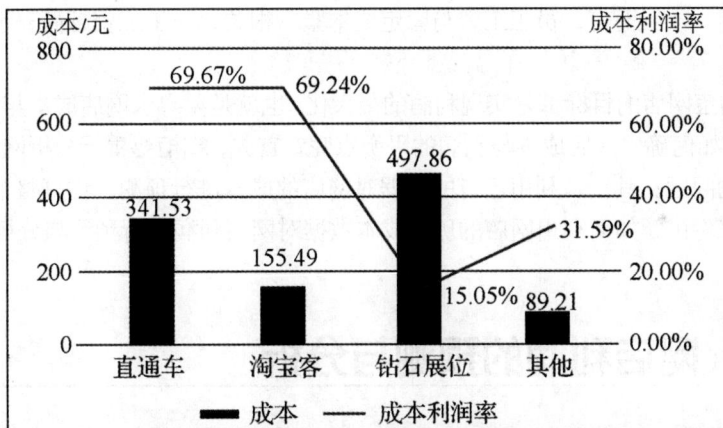

图9-2　不同推广方式的成本和成本利润率

由表9-3和图9-2可知：从成本来分析，钻石展位的成本最高，其次是直通车；再结合成本利润率来分析，钻石展位的成本最高，但是成本利润率最低，直通车和淘宝客有较高的成本利润率。

因此，淘宝卖家可以根据统计的结果对网店的推广方式进行调整。首先，减少对钻石展位的投入；其次，增加对直通车和淘宝客的投入，尤其是淘宝客；最后也适当增加对其他推广方式的投入。

当发展到一定阶段的时候，网店就需要进行一系列的推广。如果淘宝卖家始终保持"酒香不怕巷子深"的观点，不进行有效的营销推广，那么，其网店有可能很快就被淹没在众多的淘宝网店之中。但是，盲目进行推广也是不行的，淘宝卖家需要定期对网店的推广进行有效的数据分析，挖掘出对网店贡献最大的推广方式，再对网店的推广方式进行有目的、有方向的战略调整。

9.2.3 固定成本

固定成本又被称为固定费用，是指成本总额在一定时期和一定业务量范围内，不受业务量增减变动影响或受影响不大的成本。对淘宝网店而言，固定成本主要包括场地租金、员工工资、网络信息费以及设备折旧费用等。

例如，某网店现有2名客服人员、1名美工人员、1名数据运营人员，掌柜对网店最近3个月的固定成本进行了数据统计，结果如表9-4所示。

表9-4 固定成本数据统计

月份	场地租金/元	员工工资/元	网络信息费/元	设备折旧费用/元	合计/元
4月	4000	22 000	100	756.38	26 856.38
5月	4000	21 600	100	270.42	25 970.42
6月	4000	25 800	100	316.66	30 216.66

根据表9-4，场地租金和网络信息费是固定不变的，员工工资和设备折旧费用有小幅度的变动。设备折旧费用属于固定成本中最基础的成本之一，尽量减少人为损伤能在一定程度上减少设备折旧费用。一般而言，员工工资与固定成本紧密相关，员工工资越高表示网店的固定成本越高。

任何一个淘宝网店的目标都是实现利润的最大化，也就是要寻求网店成本与利润的平衡点。那么，掌柜应该如何确定网店成本与利润的平衡点呢？首先，掌柜要善于分析网店的各项成本，总结其中存在的问题；其次，利用已有的数据对网店的成本进行预测，估算整个网店的各项成本支出。接下来将讲解如何利用网店的历史成本数据对网店利润进行预测与分析。

9.3 网店利润的预测与分析

利润的预测是淘宝网店运营必不可少的一个步骤。卖家应在分析网店运营的历史数据和现有生产运营条件的基础上，根据各种影响因素与利润的关系，对网店利润的变化趋势进行预测。

卖家应以网店的实际发展情况和目前淘宝市场的变化动态为出发点，运用数据分析方法对网店利润进行科学合理的预测，把网店运营中的未知变为预知，以便合理组织网店的运营和推广，提高网店的经济效益。预测方法包括线性预测法、指数预测法、图表预测法以及分析工具预测法，下面分别进行讲解。

9.3.1 线性预测法

线性预测法是用来确定两个变量之间的关系的一种数据建模工具。在实际工作中，这种预测方法经常被用于测量一个变量随另一个变量变化的趋势。下面将根据指定的销售目标，预测网店的成本，并由此预测网店利润。

在 Excel 中，TREND 函数可以用来做线性预测，该函数可返回线性回归拟合线的相关参

微课视频

线性预测法

数值，即找到适合已知数组 Known_y's 和数组 Known_x's 的直线（用最小二乘法），并返回指定数组 New_x's 在直线上对应的值。

例如，某淘宝网店主营女士箱包，卖家对上半年的成交量、商品成本、推广成本以及固定成本进行了统计，为了在下半年实现网店利润的快速增长，该卖家制定了下半年的成交量目标，如图 9-3 所示。接下来，该卖家将对下半年的各项成本进行预测。具体步骤如下。

	A	B	C	D	E
1	月份	成交量	商品成本	推广成本	固定成本
2	1月	369	¥9,463	¥1,245	¥11,397
3	2月	412	¥8,599	¥983	¥10,412
4	3月	185	¥6,542	¥671	¥9,822
5	4月	204	¥7,246	¥802	¥10,462
6	5月	351	¥10,349	¥1,279	¥13,029
7	6月	342	¥9,877	¥1,073	¥11,734
8	7月	400			
9	8月	450			
10	9月	500			
11	10月	550			
12	11月	600			
13	12月	600			
14	合计				

图9-3　上半年成交量与各项成本以及下半年成交量目标

第一步，插入 TREND 函数。

首先选中需要进行预测计算的 C8:C13 单元格区域，再单击编辑栏中的"插入函数"按钮，在弹出的"插入函数"对话框中选择"或选择类别"为"统计"，在"选择函数"列表框中选择"TREND"选项，然后单击"确定"按钮，如图 9-4 所示。

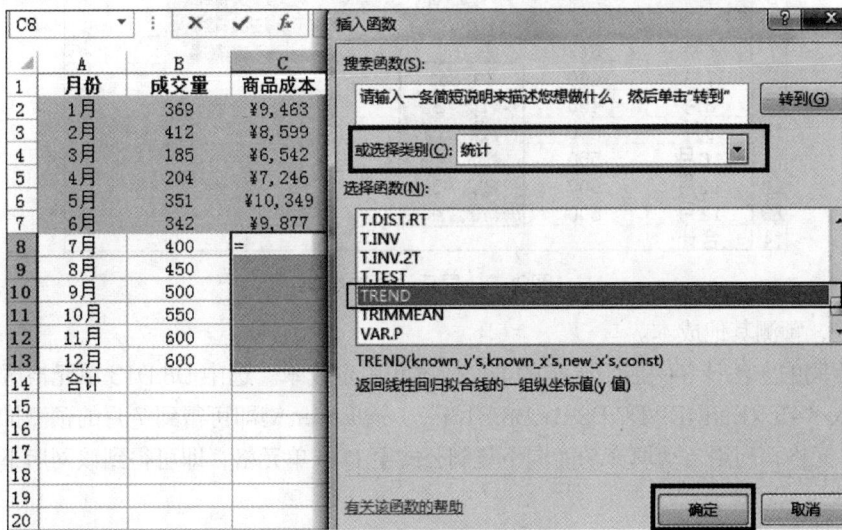

图9-4　插入TREND函数

第二步，设置函数参数值。

系统会弹出"函数参数"对话框，在"Known_y's"文本框中输入"C2:C7"，在"Known_x's"文本框中输入"B2:B7"，在"New_x's"文本框中输入"B8:B13"，最后单击"确定"按钮，如图 9-5 所示。

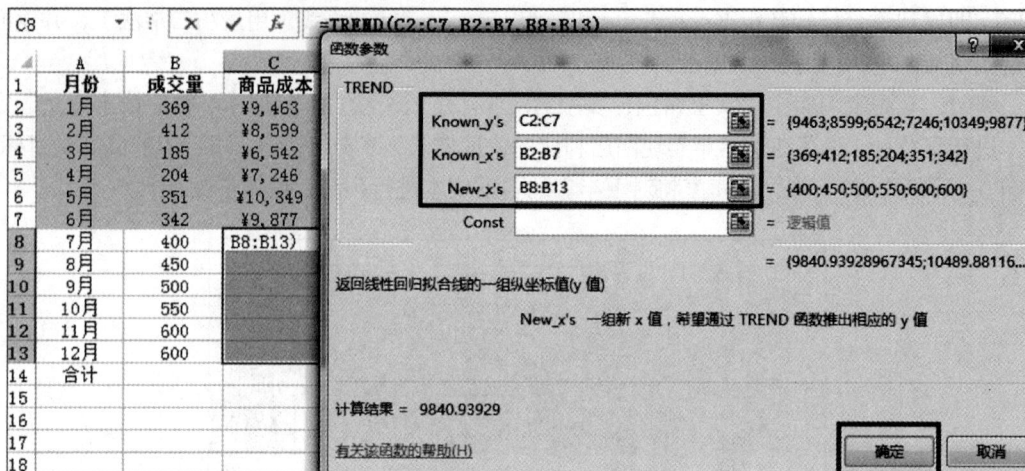

图9-5　设置函数参数值

第三步，显示计算的结果。

选中 C8 单元格，利用自动填充功能向下复制公式至 C13 单元格，即可显示计算的结果，该网店下半年的预测商品成本如图 9-6 所示。

图9-6　显示计算的结果

第四步，预测其他成本。

使用相同的方法计算网店下半年的推广成本和固定成本。选中 D8:D13 单元格区域，在编辑栏中输入 "=TREND(D2:D7,B2:B7,B8:B13)"，按 Enter 键即可得到 7 月的预测推广成本，选择 D8 单元格，利用自动填充功能向下复制公式至 D13 单元格，即可得到该网店下半年的预测推广成本。

再选中 E8:E13 单元格区域，在编辑栏中输入 "=TREND(E2:E7,B2:B7,B8:B13)"，按 Enter 键即可得到 7 月的预测固定成本，选中 E8 单元格，利用自动填充功能向下复制公式至 E13 单元格，即可得到该网店下半年的预测固定成本。

最后在 B14 单元格中输入公式 "=SUM(B2:B13)"，按 Enter 键即可得到全年的预测总成交量，选中 B14 单元格，利用自动填充功能向右复制公式至 E14 单元格，可分别求出 3 项成本的全年预测总值，如图 9-7 所示。

月份	成交量	商品成本	推广成本	固定成本
1月	369	¥9,463	¥1,245	¥11,397
2月	412	¥8,599	¥983	¥10,412
3月	185	¥6,542	¥671	¥9,822
4月	204	¥7,246	¥802	¥10,462
5月	351	¥10,349	¥1,279	¥13,029
6月	342	¥9,877	¥1,073	¥11,734
7月	400	¥9,841	¥1,191	¥11,707
8月	450	¥10,482	¥1,256	¥12,059
9月	500	¥11,757	¥1,442	¥13,012
10月	550	¥12,313	¥1,522	¥13,233
11月	600	¥12,655	¥1,588	¥13,263
12月	600	¥12,740	¥1,610	¥13,427
合计	4963	¥121,864	¥14,662	¥143,557

图9-7　3项成本的全年预测值

如果网店的成交均价为 98.88 元，卖家根据线性预测法可以分别求出网店上半年的总销售额、利润，以及下半年的预计总销售额、预计总成本以及预计利润。

网店上半年的总销售额：（369+412+185+204+351+342）×98.88=184213.44（元）

网店上半年的总成本：（9463+8599+6542+7246+10349+9877）+（1245+983+671+802+1279+1073）+（11397+10412+9822+10462+13029+11734）=124985（元）

网店上半年的利润：184213.44–124985=59228.44（元）

网店下半年的预计总销售额：（400+450+500+550+600+600）×98.88=306528（元）

网店下半年的预计总成本：（9841+10482+11757+12313+12655+12740）+（1191+1256+1442+1522+1588+1610）+（11707+12059+13012+13233+13263+13427）=155098（元）

网店下半年的预计利润：306528–155098=151430（元）

线性预测法是根据自变量 X 和因变量 Y 之间的变化关系，建立 X 与 Y 的线性回归方程进行预测的一种方法。由于影响网店利润的因素是多方面的，所以，卖家在运用线性预测法的时候，需要对影响利润的因素进行多方面的分析和研究。只有当在众多的因素中，存在某一个因素对变量 Y 的影响明显强于其他因素时，才能将这个变量作为自变量 X，并运用线性预测法对网店利润进行预测。

9.3.2　指数预测法

卖家可以使用指数预测法以 LOGEST 函数对网店利润进行预测，LOGEST 函数的作用是在回归分析中，计算出最符合已知数据的指数回归拟合曲线，并返回描述该曲线的数值数组。接下来将讲解利用 LOGEST 函数预测成本的具体方法及步骤。

结合图 9-3 所示范例，首先，在 C8 单元格中输入公式"=INDEX(LOGEST($C$2:$C$7,$B$2:$B$7),2)*INDEX(LOGEST($C$2:$C$7,$B$2:$B$7),1)^ B8"，按 Enter 键即可得到 7 月的预测商品成本，选中 C8 单元格，利用自动填充功能向下复制公式至 C13 单元格，即可得到该网店下半年的预测商品成本，如图 9-8 所示。

使用同样的方法，在 D8 单元格中输入公式"=INDEX(LOGEST($D$2:$D$7,$B$2:$B$7),2)*INDEX(LOGEST($D$2:$D$7, $B$2:$B$7),1)^ B8"，按 Enter 键，选中 D8 单元格，利用自动填充功能向下复制公式至 D13 单元格，得到预测的推广成本。

图9-8 使用指数预测法得到的下半年的预测商品成本

在 E8 单元格中输入公式"=INDEX(LOGEST($E$2:$E$7,$B$2:$B$7),2)*INDEX(LOGEST ($E$2:$E$7, $B$2:$B$7),1)^B8"，按 Enter 键，选中 E8 单元格，利用自动填充功能向下复制公式至 E13 单元格，得到预测的固定成本。

最后在 B14 单元格中输入公式"=SUM(B2:B13)"，按 Enter 键，得到全年的预测总成交量，选中 B14 单元格，利用自动填充功能向右复制公式至 E14 单元格，即可得到 3 项成本的全年预测总值，如图 9-9 所示。

月份	成交量	商品成本	推广成本	固定成本
1月	369	¥9,463	¥1,245	¥11,397
2月	412	¥8,599	¥983	¥10,412
3月	185	¥6,542	¥671	¥9,822
4月	204	¥7,246	¥802	¥10,462
5月	351	¥10,349	¥1,279	¥13,029
6月	342	¥9,877	¥1,073	¥11,734
7月	400	¥9,892	¥1,200	¥11,679
8月	450	¥10,722	¥1,342	¥12,019
9月	500	¥11,621	¥1,500	¥12,369
10月	550	¥12,596	¥1,677	¥12,729
11月	600	¥13,653	¥1,875	¥13,100
12月	600	¥13,653	¥1,875	¥13,100
合计	4963	¥124213	¥15522	¥141852

图9-9 3项成本的全年预测总值

指数预测法在本章中主要用于预测成交量随着时间的变化而按照某种增长率不断增加或减少的成本变化趋势。卖家可以利用指数预测法根据网店的相关数据建立指数曲线方程，并且以此为根据进行数学建模，来推算、预测网店利润的发展趋势和状态。但是这种预测方法只适用于短期预测，因为市场在不同的时期呈现出不同的变化形态，任何一款商品的成交量都不可能长时间保持固定不变的增长率。

9.3.3 图表预测法

图表预测法也是数据预测的方法之一，图表预测法的实质就是通过分析数据源，创建预测图表，并在预测图表中插入趋势线，通过趋势线预测数据的走向。

卖家要使用图表预测法来预测网店的利润，首先需要根据网店的实际运营情况创建成交量分析图，并且对该图进行分析。下面仍结合图9-3所示范例进行讲解。

第一步，计算上半年每月的总成本。

在F2单元格中输入计算公式"=SUM(C2:E2)"，按Enter键得到1月的总成本，选中F2单元格，利用自动填充功能向下复制公式至F7单元格，即可得到网店上半年每月的总成本，如图9-10所示。

F2		▼	:	×	✓	fx	=SUM(C2:E2)

	A	B	C	D	E	F
1	月份	成交量	商品成本	推广成本	固定成本	合计
2	1月	369	¥9,463	¥1,245	¥11,397	¥22,105
3	2月	412	¥8,599	¥983	¥10,412	¥19,994
4	3月	185	¥6,542	¥671	¥9,822	¥17,035
5	4月	204	¥7,246	¥802	¥10,462	¥18,510
6	5月	351	¥10,349	¥1,279	¥13,029	¥24,657
7	6月	342	¥9,877	¥1,073	¥11,734	¥22,684

图9-10　网店上半年每月的总成本

第二步，插入散点图。

选中F2:F7单元格区域并切换到"插入"选项卡，单击"图表"组的对话框启动器，弹出"插入图表"对话框，将对话框切换到"XY（散点图）"选项卡，选择"散点图"，并单击"确定"按钮，返回工作表即可看到图表，如图9-11所示。

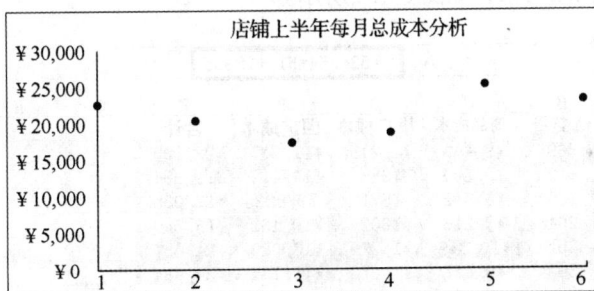

图9-11　插入散点图

第三步，添加并设置趋势线。

选中图表，切换到"设计"选项卡，在"图表布局"组中单击"添加图表元素"右侧的下三角按钮，然后在展开的下拉列表中指向"趋势线"选项，选择展开的子列表中的"线性"选项，此时，即可看到图表中添加了趋势线。选中趋势线并单击鼠标右键，在弹出的快捷菜单中选择"设置趋势线格式"命令，如图9-12所示。

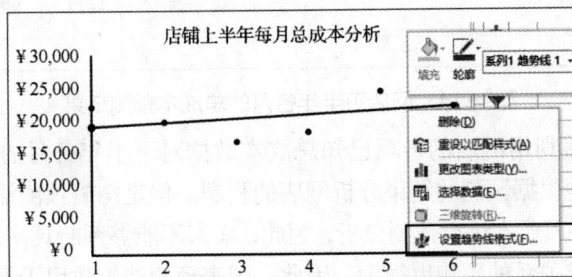

图9-12　设置趋势线格式

在弹出的"设置趋势线格式"对话框中，在"趋势线选项"选项卡下勾选"显示公式""显示 R 平方值"复选框，如图9-13所示。设置完成后，就可以看到图表中的趋势线处显示了使用的线性公式和 R^2 值。

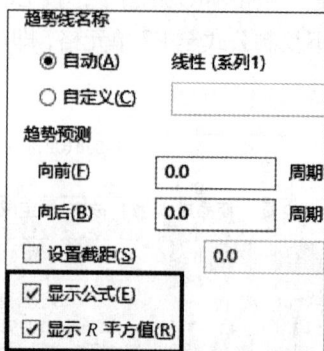

图9-13　设置趋势线选项

第四步，预测下半年的成本。

选中需要创建线性趋势线预测的单元格区域，根据图中显示的线性公式"$y=524.54x+18995$"与 R^2 值，在I15单元格中输入公式"=524.54*H15+18995"，按 Enter 键，得到7月的预测总成本；选中I15单元格，利用自动填充功能向下复制公式至I20单元格，得到网店下半年各月的总成本预测结果，如图9-14所示。

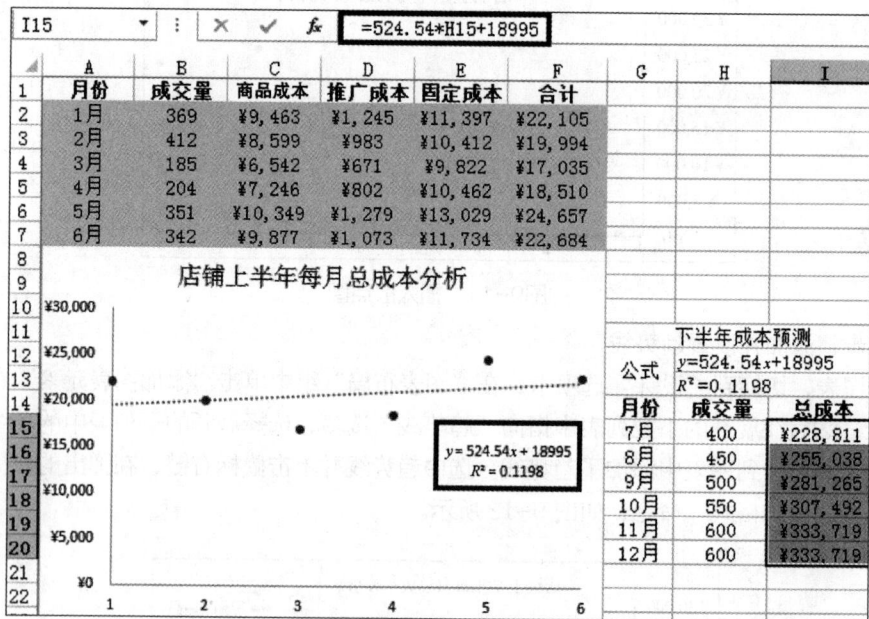

图9-14　网店下半年各月的总成本预测结果

图表预测法是直接利用网店的各项已知总成本数据对下半年各月的总成本进行预测的方法，卖家能够很直观地根据预测的结果分析网店的利润。但是图表预测法仅提供了总成本的预测结果，无法对每月各项成本进行预测分析，因此，卖家不能够判断具体是哪项成本出现问题。网店的商品受市场供求关系的影响也很大，因此，图表预测法仅适用于预测成本变化较小的商品的成本变化情况。

9.3.4 分析工具预测法

为了帮助卖家进一步解决网店日常运营中的活动规划、数据分析与预测等一系列问题，本小节将介绍"移动平均"分析工具，以便卖家对网店的成本及利润进行预测。

移动平均法是一种简单的自适应预测方法。移动平均法利用近期的数据对预测值的影响比较大，而远期数据对预测值影响较小的原理，把平均数进行逐期移动。而移动期数的大小视具体情况而定，移动期数少，能够快速地反映并得出结果，但是不能准确反映变化趋势；移动期数多，能够反映变化趋势，但是预测值带有明显的滞后偏差。接下来将讲解如何利用移动平均法预测网店的成本。

第一步，选择分析工具。

结合图9-3所示范例，单击"数据"标签切换至"数据"选项卡，并在"分析"组中单击"数据分析"按钮，弹出"数据分析"对话框，在"分析工具"列表框中选择"移动平均"选项，单击"确定"按钮，如图9-15所示。

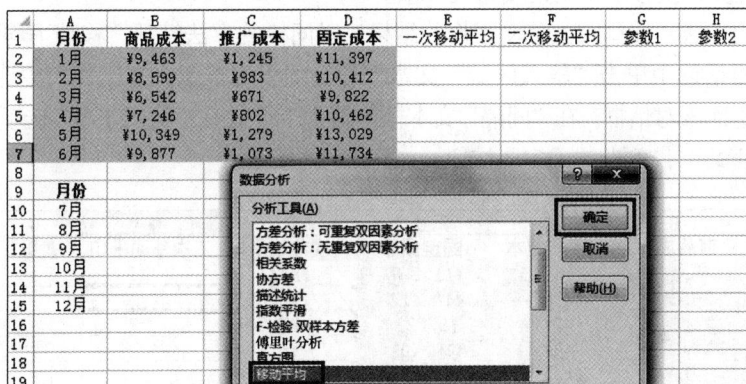

图9-15 选择分析工具

第二步，设置输入和输出区域。

在弹出的"移动平均"对话框中，单击"输入区域"文本框右侧的引用按钮，在工作表中选择"B2:B7"单元格区域后返回该对话框；在"间隔"文本框中输入"2"；在"输出选项"选项组中设置"输出区域"为"$E$2"，单击"确定"按钮，如图9-16所示。

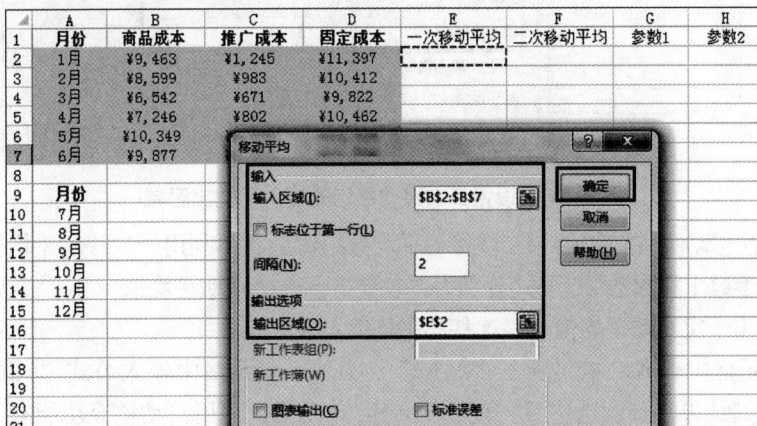

图9-16 设置输入和输出区域

第三步，显示一次移动平均的结果。

返回工作表，系统自动计算出所选数组的一次移动平均的结果，如图 9-17 所示。

	A	B	C	D	E	F	G	H
1	月份	商品成本	推广成本	固定成本	一次移动平均	二次移动平均	参数1	参数2
2	1月	¥9,463	¥1,245	¥11,397	#N/A			
3	2月	¥8,599	¥983	¥10,412	¥9,031			
4	3月	¥6,542	¥671	¥9,822	¥7,571			
5	4月	¥7,246	¥802	¥10,462	¥6,894			
6	5月	¥10,349	¥1,279	¥13,029	¥8,798			
7	6月	¥9,877	¥1,073	¥11,734	¥10,113			
8								
9	月份							
10	7月							
11	8月							
12	9月							
13	10月							
14	11月							
15	12月							

图9-17　显示一次移动平均的结果

第四步，计算二次移动平均的结果及参数。

按照同样的方法，计算二次移动平均的结果。以同样的方法打开"移动平均"对话框，在"移动平均"对话框中单击"输入区域"文本框右侧的引用按钮，在工作表中选择"E3:E7"单元格区域后返回该对话框；在"间隔"文本框中输入"2"；在"输出选项"选项组中设置"输出区域"为"$F$3"，单击"确定"按钮，如图 9-18 所示。

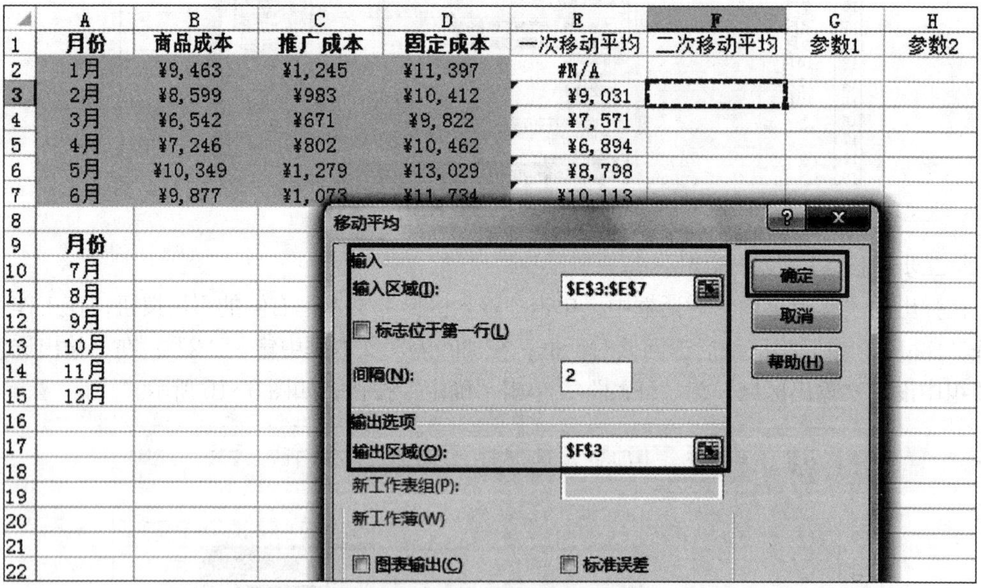

图9-18　设置二次移动平均的输入和输出区域

计算出一次移动平均数组值和二次移动平均数组值后，再利用一次移动平均值和二次移动平均值计算出参数1和参数2，公式分别为"参数1＝一次移动平均值 ×2－二次移动平均值"和"参数2＝（一次移动平均值－二次移动平均值）×2"。

在 G4 单元格中输入公式"＝E4*2-F4"，在 H4 单元格中输入公式"=(E4-F4)*2"，按 Enter 键得到结果，分别选中 G4 单元格和 H4 单元格，利用自动填充功能向下复制公式至 G7 单元格和 H7 单元格，参数1和参数2的计算结果如图 9-19 所示（因后续计算，此图中

"一次移动平均"值保留小数点后两位）。

	A	B	C	D	E	F	G	H
1	月份	商品成本	推广成本	固定成本	一次移动平均	二次移动平均	参数1	参数2
2	1月	9463	1245	11397	#N/A			
3	2月	8599	983	10412	9031.00	#N/A		
4	3月	6542	671	9822	7570.50	8300.75	6840.25	-1460.50
5	4月	7246	802	10462	6894.00	7232.25	6555.75	-676.50
6	5月	10349	1279	13029	8797.50	7845.75	9749.25	1903.50
7	6月	9877	1073	11734	10113.00	9455.25	10770.75	1315.50
8	7月							
9	8月							
10	9月							
11	10月							
12	11月							
13	12月							

图9-19　参数1和参数2的计算结果

第五步，预测下半年的商品成本。

已知预测成本的计算公式为"预测值＝参数1＋参数2×（预测期数－已知期数）"（其中参数1、参数2、已知期数均属于同一期数据），例如，7月数据为"10770.75 + 1315.50×（7－6）"，8月数据则为"10770.75 + 1315.50×（8－6）"；同理，可计算出下半年的商品成本预测值，如图9-20所示。

	A	B	C	D	E	F	G	H
1	月份	商品成本	推广成本	固定成本	一次移动平均	二次移动平均	参数1	参数2
2	1月	9463	1245	11397	#N/A			
3	2月	8599	983	10412	9031.00	#N/A		
4	3月	6542	671	9822	7570.50	8300.75	6840.25	-1460.50
5	4月	7246	802	10462	6894.00	7232.25	6555.75	-676.50
6	5月	10349	1279	13029	8797.50	7845.75	9749.25	1903.50
7	6月	9877	1073	11734	10113.00	9455.25	10770.75	1315.50
8	7月	12086.25						
9	8月	13401.75						
10	9月	14717.25						
11	10月	16032.75						
12	11月	17348.25						
13	12月	18663.75						

图9-20　下半年的商品成本预测值

第六步，预测下半年的推广成本和固定成本。

同理，可以计算出下半年的推广成本和固定成本预测值，如图9-21所示。

月份	商品成本	推广成本	固定成本
1月	9463	1245	11397
2月	8599	983	10412
3月	6542	671	9822
4月	7246	802	10462
5月	10349	1279	13029
6月	9877	1073	11734
7月	12086.25	1379.25	13335.50
8月	13401.75	1514.75	13971.50
9月	14717.25	1650.25	14607.50
10月	16032.75	1785.75	15243.50
11月	17348.25	1921.25	15879.50
12月	18663.75	2056.75	16515.50

图9-21　下半年的推广成本和固定成本预测值

分析工具中的移动平均法比较适用于近期的数据预测，当淘宝市场对某商品的需求增长比较稳定，且不受季节性因素影响的时候，移动平均法能有效地消除预测中的随机波动，使用这种方法预测网店的成本是较准确的。但是移动平均法计算的是平均值，不能精准地反映预测成本的整体变化趋势，会使数据停留在过去的水平上，而导致卖家无法进行准确的研究和分析。

本节主要介绍了 4 种预测方法，即线性预测法、指数预测法、图表预测法以及分析工具预测法，不同的预测方法能达到不同的目的，因此，卖家需要利用 4 种预测方法的长处对网店利润进行全方位的分析，为网店的运营决策提供科学的数据支撑。

9.4 网店利润的规划求解

经过一段时间的运营后，卖家需要对上一阶段的预测结果进行验证、评价和分析，即将实际数据与预测数据进行综合对比，核算预测结果的准确性，分析产生误差的原因，并对原预测方法加以修正。在这个过程中，卖家需要反复对运营数据进行整理和分析，以确保数据预测的准确性。

下面将根据不同因素对网店利润的影响来进行利润最大化分析。

9.4.1 减少推广成本和固定成本

增加网店的利润可以通过减少推广成本来实现。例如，某网店主营女装，为了保证网店的推广力度不受影响，卖家规定下半年的推广成本不得少于总成本的 3%。同时，网店在扣除商品成本的情况下，对上半年推广成本和固定成本的相关数据进行了统计，结果如图 9-22 所示。

	A	B	C	D	E
1	月份	推广成本	固定成本	总成交额	利润
2	1月	872.35	16731.12	23269.36	5665.89
3	2月	713.44	14128.75	19835.21	4993.02
4	3月	1053.02	17756.11	24008.49	5199.36
5	4月	1209.19	19779.88	26613.58	5624.51
6	5月	885.21	16413.43	21368.36	4069.72
7	6月	901.09	16920.54	22759.92	4938.29
8	合计	5634.3	101729.83	137854.92	30490.79

图9-22　网店上半年数据统计

下面利用 Excel 计算减少成本的规划数据。

1. 设置目标单元格和可变单元格

在"数据"选项卡中单击"规划求解"按钮，在弹出的"规划求解参数"对话框的"设置目标"文本框中输入"$E$2"，选中"最大值"单选按钮；单击"通过更改可变单元格"的折叠按钮，返回工作表，选择 B2 单元格，如图 9-23 所示。

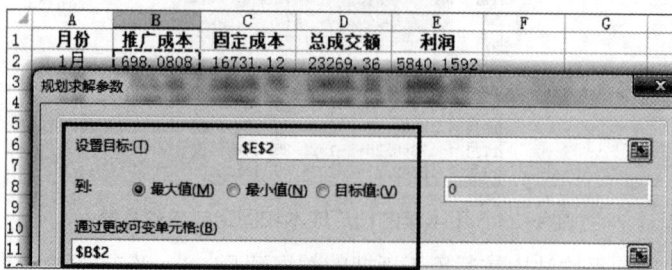

图9-23　设置目标单元格和可变单元格

2. 设置约束条件

单击"添加"按钮，在弹出的"改变约束"对话框中设置约束条件，具体设置如图9-24所示。

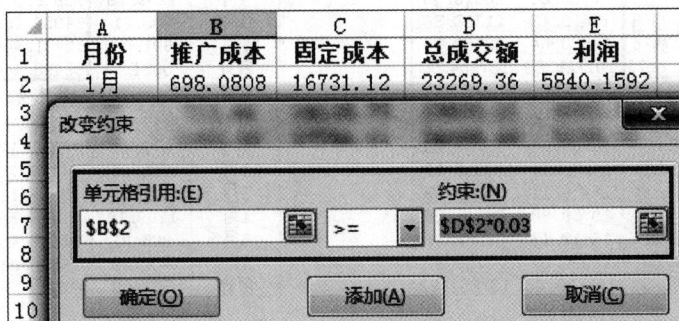

图9-24　设置约束条件

3. 求解最大值

单击"确定"按钮，返回"规划求解参数"对话框，可以看到"遵守约束"列表框显示了所有的约束条件，再单击"求解"按钮，如图9-25所示；在弹出的对话框中单击"保存方案"按钮，如图9-26所示，在弹出的对话框的"方案名称"中输入"减少推广成本"。

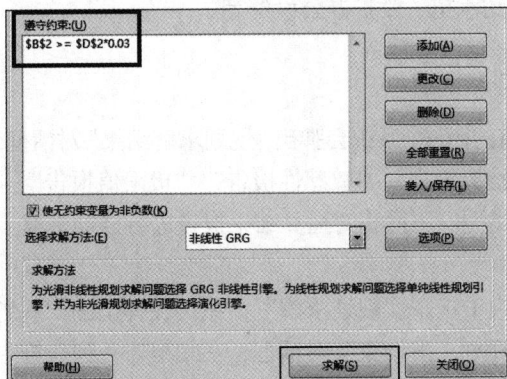

图9-25　求解最大利润

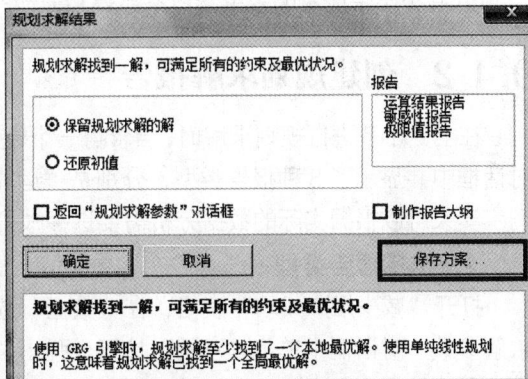

图9-26　保存方案

4. 预测其他月份的推广成本

返回工作表，即可看到1月的规划推广成本为698.0808元，按照同样的方法，计算出2月—6月的推广成本，如图9-27所示；按照同样的方法，预测网店的固定成本，如图9-28所示。

在总成交额一定的情况下，网店通过减少推广成本和固定成本，可增加利润。

网店推广成本减少：5634.3 - 4135.6476=1498.6524（元）

网店固定成本减少：101729.83 - 96498.444=5231.386（元）

网店的利润增加：1498.6524+5231.386=6730.0384（元）

规划数据			
月份	推广成本	固定成本	总成交额
1月	698.0808	16731.12	23269.36
2月	595.0563	14128.75	19835.21
3月	720.2547	17756.11	24008.49
4月	798.4074	19779.88	26613.58
5月	641.0508	16413.43	21368.36
6月	682.7976	16920.54	22759.92
合计	4135.6476	101729.83	137854.92

历史数据			
月份	推广成本	固定成本	总成交额
1月	872.35	16731.12	23269.36
2月	713.44	14128.75	19835.21
3月	1053.02	17756.11	24008.49
4月	1209.19	19779.88	26613.58
5月	885.21	16413.43	21368.36
6月	901.09	16920.54	22759.92
合计	5634.3	101729.83	137854.92

图9-27 上半年的推广成本规划数据

规划数据			
月份	推广成本	固定成本	总成交额
1月	872.35	16288.552	23269.36
2月	713.44	13884.647	19835.21
3月	1053.02	16805.943	24008.49
4月	1209.19	18629.506	26613.58
5月	885.21	14957.852	21368.36
6月	901.09	15931.944	22759.92
合计	5634.3	96498.444	137854.92

历史数据			
月份	推广成本	固定成本	总成交额
1月	872.35	16731.12	23269.36
2月	713.44	14128.75	19835.21
3月	1053.02	17756.11	24008.49
4月	1209.19	19779.88	26613.58
5月	885.21	16413.43	21368.36
6月	901.09	16920.54	22759.92
合计	5634.3	101729.83	137854.92

图9-28 上半年的固定成本规划数据

利润是淘宝网店赖以生存和发展的前提，最大限度地增加利润则是网店的基本目标。网店的一切运营活动都是围绕利润展开的，而有效控制成本是增加利润的关键。卖家在控制成本的时候应该注意以下两点。

① 统计的历史数据必须准确无误，卖家根据前期的运营情况对接下来的运营活动进行控制，制定相关的制度。

② 减少固定成本的支出需要全员参与，如节约水电、爱护办公设备等。

9.4.2 创建规划求解报告

在上一小节进行规划求解时，当求得一个数值的时候，系统会弹出"规划求解结果"对话框，对话框中共显示了3种报告类型，分别是"运算结果报告""敏感性报告""极限值报告"。淘宝卖家可以根据实际的数据分析需要选择报告类型。下面将对运算结果报告进行详细讲解。

1. 选择报告类型

打开"减少推广成本"表格，在"数据"选项卡单击"规划求解"按钮，在弹出的"规划求解参数"对话框中单击"求解"按钮，弹出"规划求解结果"对话框，在"报告"列表框中选择创建的报告类型为"运算结果报告"，单击"确定"按钮，如图9-29所示。

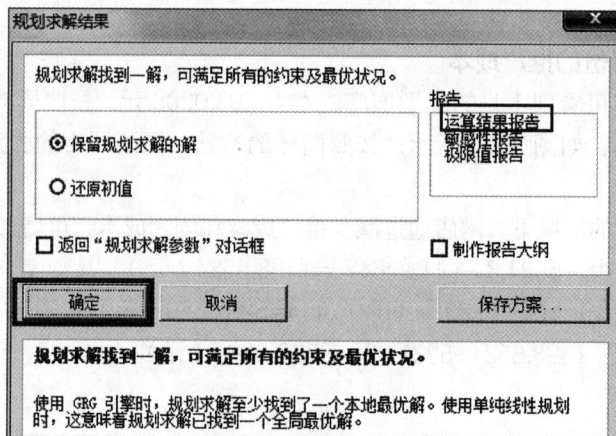

图9-29 选择报告类型

2. 运算结果报告

Excel 会自动在当前的工作簿中插入一个新的工作表用于展示运算结果报告，如图 9-30 所示。

A1 Microsoft Excel 15.0 运算结果报告

	A	B	C	D	E	F	G
13							
14	目标单元格（最大值）						
15		单元格	名称	初值	终值		
16		$E$8	6月 利润	6145.1784	6145.1784		
17							
18							
19	可变单元格						
20		单元格	名称	初值	终值	整数	
21		$C$8	6月 固定成本	15931.944	15931.944	约束	
22							
23							
24	约束						
25		单元格	名称	单元格值	公式	状态	型数值
26		$C$8	6月 固定成本	15931.944	$C$8>=$D$8*0.7	到达限制值	0

图9-30 运算结果报告

运算结果报告的最大优势就是能第一时间反映出相关的核心数据指标。图 9-30 所示的运算结果报告很直观地反映了“目标单元格（最大值）”“可变单元格”“约束”3 项数据指标，不同的数据指标按照单元格、名称、初值等进行综合排列。因此，卖家利用运算结果报告能直观地判断出网店之前的成本规划是否合理，如果相关的数据还存在缺陷，卖家也能及时更改数据，为网店下一阶段的健康运营打下基础。

【数据分析工具】

淘算盘

淘算盘是专业的淘宝网店算账软件之一，能够帮助淘宝网店轻松计算网店利润。淘算盘是专门用来剖析网店利润的数据分析工具。其具有的特色功能如下：能精准地展现利润等 30 多项财务数据；供给精准的单品销售统计结果，能细化到不同的规格；有专门针对网店设计的记账功能；提醒卖家库存占用了多少钱，支付宝每天到账多少。淘算盘具体的功能介绍如图 9-31 所示。

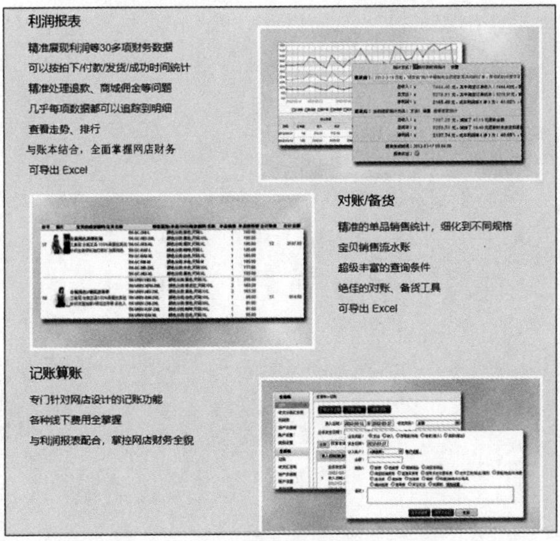

图9-31 淘算盘具体的功能介绍

【素养提升小课堂】

随着电商行业逐渐壮大，电商已全面融入各个领域，高销量往往会带来高利润，因此电商企业面临的税务问题也比较多。《电子商务法》第十一条规定："电子商务经营者应当依法履行纳税义务，并依法享受税收优惠。依照前条规定不需要办理市场主体登记的电子商务经营者在首次纳税义务发生后，应当依照税收征收管理法律、行政法规的规定申请办理税务登记，并如实申报纳税。"

要点提示： 电商企业应该依法纳税，依法从业。

【课后思考题】

从开店到现在，淘宝卖家小王对网店的历史数据进行了统计，细心的小王发现，网店的生意虽然比以前好，但是利润涨幅却不甚明显，甚至在有段时间网店基本上处于收支平衡状态。

小王不禁开始担心，如果网店按照现在这种状况发展下去，到年底也差不多只能维持收支平衡，甚至无法为客服人员发放承诺过的年终奖，这会直接导致人员流失，更关键的是网店的发展将举步维艰。因此，小王决定对下半年的各项成本进行预测，包括细小环节的成本。

请根据本章所学内容，为小王制定一份网店利润的分析方案。

数据化运营案例分析

本章基于淘宝网店的真实案例,力图向广大卖家传递具有指导意义的网店运营经验和知识。

淘宝网店的真实案例可引导卖家进行思考和探索。卖家可针对相关的运营问题进行深入的研究与分析,从中挖掘出一定的规律,并将其作为网店运营和决策的理论支持。

本章的数据化运营案例仅供参考,卖家在分析案例的时候完全可以按照自身的实际情况创造出崭新的结果。

关键知识点

- 流量数据和销量数据分析
- 需求数据分析
- 库存数据分析
- 供应数据分析
- 服务过程数据分析

思维导图

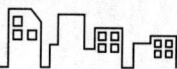

做网店数据化运营分析，首先要学会将数据分解，将问题分解。网店运营过程中，我们很多时候找不到努力的方向，往往是由于分解的能力还不够，只盯着最后大的成交额指标不放，不去挖掘这个指标背后的影响因素，而这些因素就是所谓的细节。我们通过层层分解，找出更多的"子数据"，通过对子数据的挖掘和优化，往往能逐个击破，找到方向，提升最后的"关键指标"。分解数据还有一个好处是可以帮助运营人员更好地进行分工，进行组织架构的优化调整——使员工更专业，更聚焦于某一块业务，从而培养出一个个细分职能的专家，当每个细分职能都有专家时，就会反映在运营细节的优化上。

网店运营过程会产生大量的数据，例如流量数据、销售数据、供应链数据、服务数据等，整理并分析各类数据，对网店运营策略的制定与调整有至关重要的作用。

网店运营过程中的问题，是通过数据追踪出来的，不是凭肉眼看出来的。经过积累和沉淀的数据才能帮助我们发现问题，孤立的数字没有任何意义，只能被称为 "数值"。比如一个店铺今天的流量是 2000，转化率是 1.5%，成交额是 3000 元，这是好还是不好？进步还是退步了？我们不知道。只有把它们放到近 1 周、近 1 个月，甚至是近 1 年的数据中，利用制成的线性趋势图研究，我们才能进行判断，这个时候，这些数据才是有意义的。

所以，无论是处于哪一个阶段的店铺，都要养成每日积累数据的习惯。我们知道淘宝后台有成熟的数据产品，它会向我们展示趋势和历史数据，但这远远不够，我们需要把所有数据都摘录到 Excel 表格中，建立自己店铺的数据库，这个数据库不用特别复杂，我们每年做一个 Excel 表格记录所有数据即可。记录的目的在于，结合不同数据维度来综合分析问题。

10.1 美食类网店运营案例分析

某零食网店是当前销售规模较大的食品电商企业，其主营业务覆盖了坚果、肉脯、果干、膨化食品等全品类休闲零食。要想了解该零食网店是如何进行运营的，必须熟悉该零食网店的数据化运营策略，从数据化运营分析过程中获取该零食网店运营的技巧和方法。下面将从流量数据分析和销售数据分析两个方面对该零食网店数据化运营进行分析。

10.1.1 流量数据分析

流量是网店的生命线，是所有的电商企业每天都要关注的数据。流量数据分析主要包括两个方面：流量来源数据分析、流量转化数据分析。

1. 流量来源数据分析

流量可分为付费流量和免费流量。该零食网店的流量分类及流量来源如表 10-1 所示。

表 10-1 某零食网店的流量分类及流量来源

流量分类		流量来源
付费流量		直通车、钻石展位、淘宝客、聚划算、超级推荐等
免费流量	淘内免费	手淘搜索、手淘淘金币、手淘直播、微淘、淘宝头条、有好货、聚划算百亿补贴等
	自主访问	我的淘宝、购物车、直接访问等
	淘外免费	短视频平台，如抖音、快手、美拍等
		社交网络平台，如小红书、知乎、微博、微信等

网店在引入站外流量前，需要先调整好网店形象，优化好商品的页面描述等，以达到刺激消费的目的，否则即使引入再多的站外流量，商品转化效果也得不到大幅增强。

下面以淘宝某零食网店以月为单位的各流量渠道的访客数分析为例进行讲解。

进入生意参谋"流量"板块，选择时间维度为"月"，在"流量总览"页面可以看到该时段在访问店铺、访问商品、转化3个维度的流量数据及与上月环比增长情况，如图10-1所示。

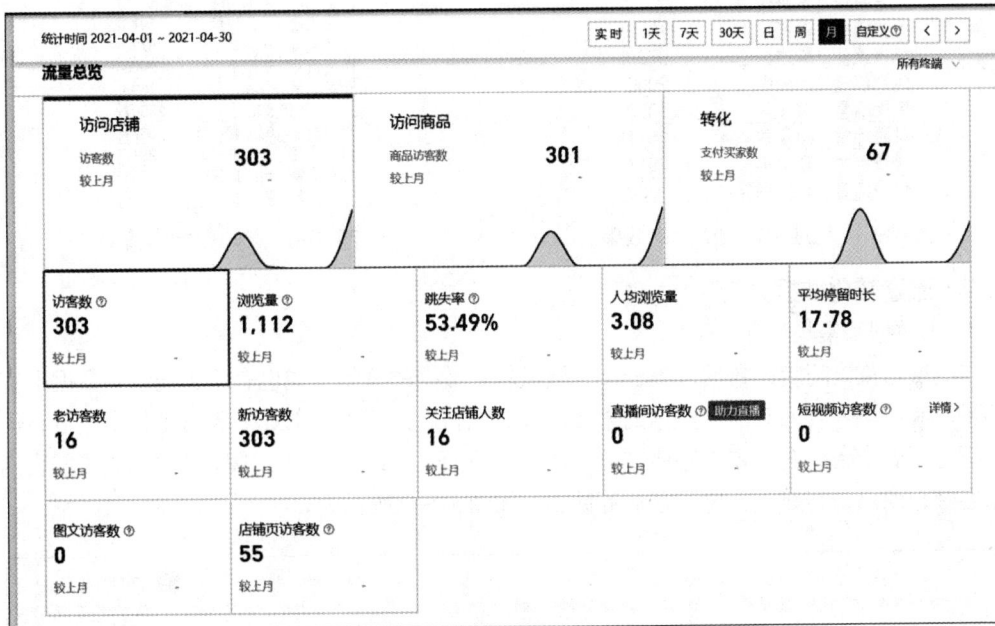

图10-1　"流量总览"页面

为了分析各来源流量的具体表现，需要对具体流量来源数据进行采集。前往"流量看板"页面，"流量来源排行Top10"区域对排名前10的流量的来源名称、访客数、下单买家数、下单转化率等数据进行了展示，如图10-2所示。

图10-2　"流量来源排行Top10"区域

将手工摘录或下载的该零食网店的流量数据进行分类汇总，采用排序的方式对免费流量、付费流量进行归类，完成数据归类后的效果如图10-3所示。

为了展示该零食网店免费流量汇总和付费流量汇总情况，可以对免费流量访客数和付费流量访客数进行求和，结果如图10-4所示。

流量来源	来源明细	访客数
免费流量	淘宝搜索	11970
免费流量	购物车	8739
免费流量	淘金币	2908
免费流量	微淘	1890
付费流量	淘宝客	3671
付费流量	直通车	2917
付费流量	超级推荐	398

图10-3　完成数据归类后的效果

流量来源	来源明细	访客数
免费流量	淘宝搜索	11970
免费流量	购物车	8739
免费流量	淘金币	2908
免费流量	微淘	1890
免费流量汇总		25507
付费流量	淘宝客	3671
付费流量	直通车	2917
付费流量	超级推荐	398
付费流量汇总		6986

图10-4　数据求和结果

2. 流量转化数据分析

（1）数据采集与处理

与流量总览访问店铺数据采集一样，流量转化数据的采集方式也有手工摘录和数据报表下载两种。完成该零食网店流量数据的采集后，我们将数据添加至Excel表格工具中进行整理，为数据分析做准备。在该零食网店"流量总览"页面，可以从"流量总览"中获取该零食网店的访客数、商品访客数、支付买家数等数据，如图10-5所示。

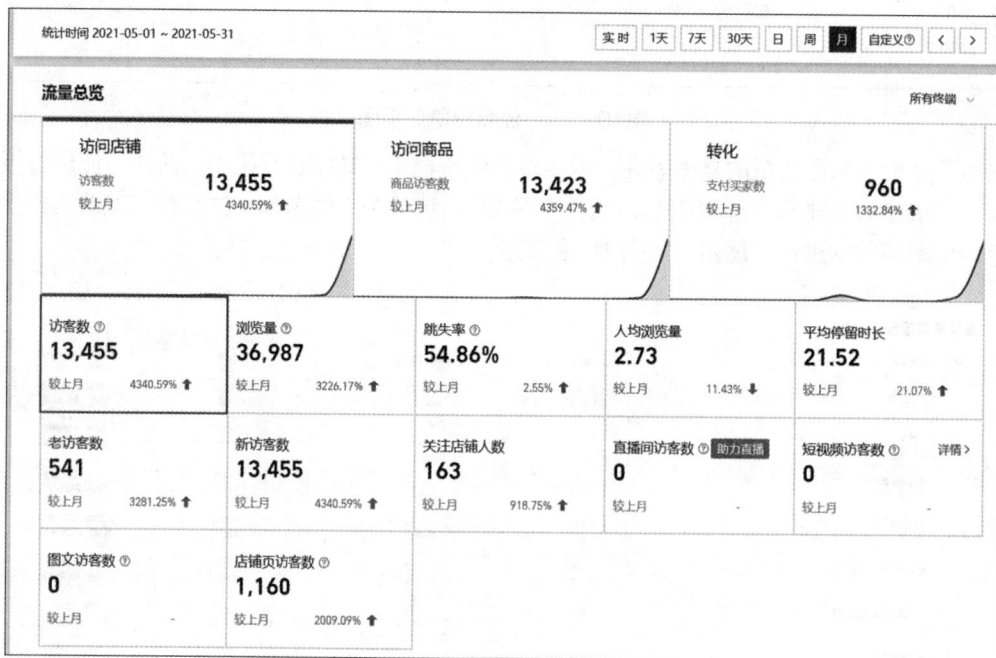

图10-5　"流量总览"页面

（2）数据可视化与分析

以某零食网店各流量来源的订单支付情况为例进行讲解。对该零食网店最近一个月订单支付的相关数据进行整理，结果如表10-2所示，并且我们继续按照流量来源对订单支付率进行分析。

表 10-2 按照流量来源对订单支付率进行统计的结果

流量来源	浏览量	访客数	订单金额 / 元	成交金额 / 元	订单支付率
手淘搜索	10954	8921	13798.75	24615.42	65.88%
淘宝头条	8679	6479	11456.88	13034.12	96.11%
淘宝活动	6598	6752	10941.39	15879.63	74.04%
付费推广	2894	1052	12349.11	7649.12	62.32%
站外访问	1629	618	1623.45	5697.37	34.49%

选择各流量来源的浏览量和订单支付率数据制作柱形折线组合图，结果如图 10-6 所示。根据图 10-6，我们可以清晰看出该零食网店成交金额最大的流量来源是手淘搜索，订单支付率最高的是淘宝头条。

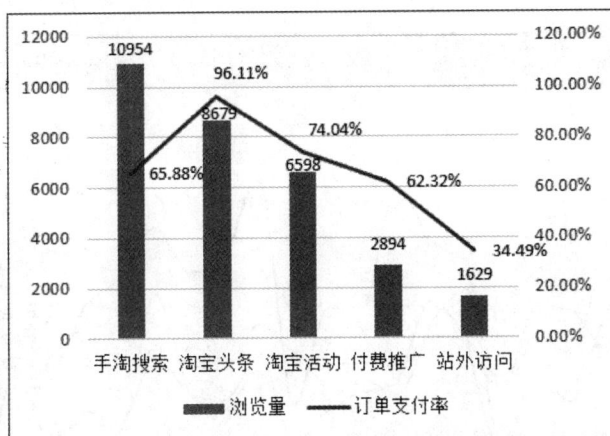

图10-6 某零食网店流量转化情况组合

10.1.2 销售数据分析

网店在经营过程中会产生大量的销售数据，对这些销售数据进行分析可以帮助网店及时调整和优化经营策略、实现销售目标。在对销售数据进行分析时需重点分析交易、利润、客单价 3 类数据。下面以淘宝销量排名前 10 的某零食网店为例，从交易数据、利润数据以及客单价数据 3 个方面进行销售数据分析。

1. 交易数据分析

以该零食网店的交易数据为例，生意参谋交易分析页面已对数据进行了良好的可视化呈现，运营人员适时对数据及图表进行查看分析即可。图 10-7 所示是该零食网店 2020 年 5 月的交易概况。由数据不难看出，该网店 5 月的各项交易数据都呈下降趋势，且下单转化率和支付转化率都较低。

该零食网店交易趋势以折线图的方式呈现如图 10-8 所示。我们在时间维度上可以选择"最近 30 天""日""周""月"，指标包括支付金额、支付买家数、客单价等支付相关数据、下单金额、下单买家数等下单相关数据，以及支付转化率、下单支付转化率等转化相关数据，指标可按需选择 1~4 个。我们还可将自身交易数据与同行的进行对比，进而找出自身的优劣势，对相关项目进行重点优化。

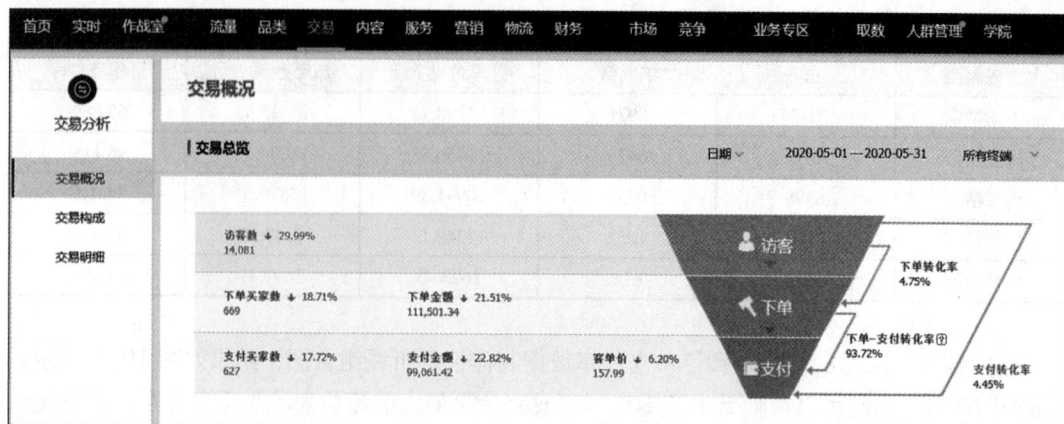

图10-7 某零食网店交易概况

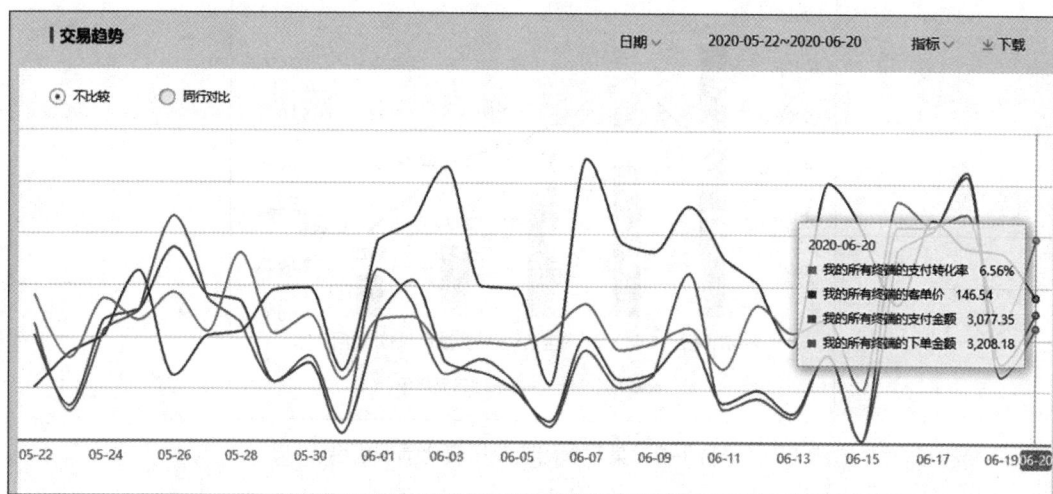

图10-8 某零食网店交易趋势

2. 利润数据分析

（1）数据采集与处理

以某零食网店为例，通过前面的交易数据采集，我们可以获得一段时间的成交金额数据，再把日常记录的成本数据汇总到一个数据表中，如表10-3所示。

表10-3 某零食网店2022年1月—6月利润数据表

月份	网店总成交额/万元	商品成本/万元	推广成本/万元	固定成本/万元	利润/万元	利润率
1月	2123.5	45	216	20	1842.5	86.77%
2月	1132.1	47	116.5	20	948.6	83.79%
3月	1138.2	48	173.1	20	897.1	78.82%
4月	1140.6	48.5	217.8	20	854.3	74.90%
5月	945.9	49	118	20	758.9	80.23%
6月	3158.9	52	321.6	20	2765.3	87.54%

（2）利润数据趋势分析

在 Excel 中进行图表趋势预测的基本流程如下。

第一步，根据给出的数据制作折线图。

将某零食网店2022年1月—6月利润数据添加到 Excel 表格中，选中月份与利润两列数据，选择"插入"选项卡，在"图表"组中单击"折线图"下拉按钮，选择"带数据标记的折线图"选项，即可完成折线图的添加，添加的折线图如图 10-9 所示。

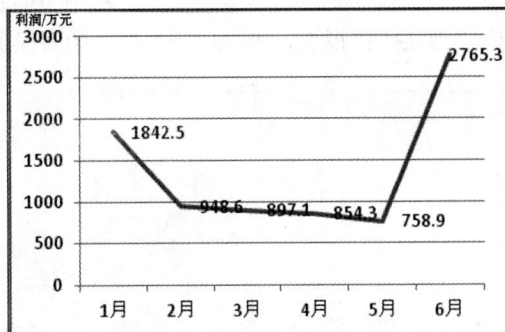

图10-9　某零食店铺2022年1月—6月利润

第二步，利用趋势线外推或利用回归方程计算预测值。

双击插入的趋势线，系统会自动弹出"设置趋势线格式"对话框，在本例中，我们如需往前预测1个月的利润，即可在"趋势预测"选项区中的"向前"文本框中输入1，选中"显示公式"复选框，然后单击"关闭"按钮，效果如图 10-10 所示。

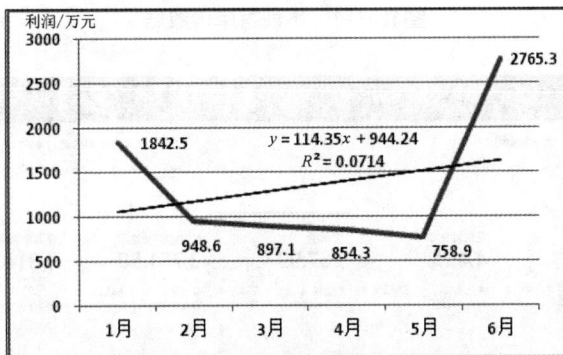

图10-10　设置某零食网店利润趋势线

在图表中查看预测公式为"$y=114.35x+944.24$"，其中 x 是月份对应的第几个数据点，y 是对应月份的利润。由于7月是第7个数据点，由此计算出 2022年7月的预测利润。

$$y_{7月}=114.35×7+944.24=1744.69（万元）$$

3. 客单价数据分析

客单价的高低直接决定网店的销售额，并进一步影响网店的利润。因此，如何通过各种渠道和促销活动提高网店的客单价，从而实现网店利润最大化是每个卖家关注的核心问题。

在分析客单价数据之前，首先需要掌握客单价的含义及客单价的影响因素有哪些。

客单价即平均交易金额，指单位时间内每个客户平均购买产品的金额。客单价的计算公式如下。

$$客单价 = 成交总金额 ÷ 成交客户总数$$

客单价与商品定价、促销活动等有重大关系。在订单数量基本稳定的情况下，提高客单价就可以增加网店的销售额；反之，则会导致销售额下降。

（1）数据采集与处理

客单价数据可以在多页面进行采集，卖家可在"交易趋势"页面选择"客单价"指标，选择时间范围，单击"下载"按钮就可以获得某零食网店的客单价数据，如图10-11所示；也可在"首页"—"运营视窗"—"整体看板"区域摘录该零食网店的客单价数据，如图10-12所示；还可进入"取数"模块创建数据报表，下载该零食网店的客单价数据。

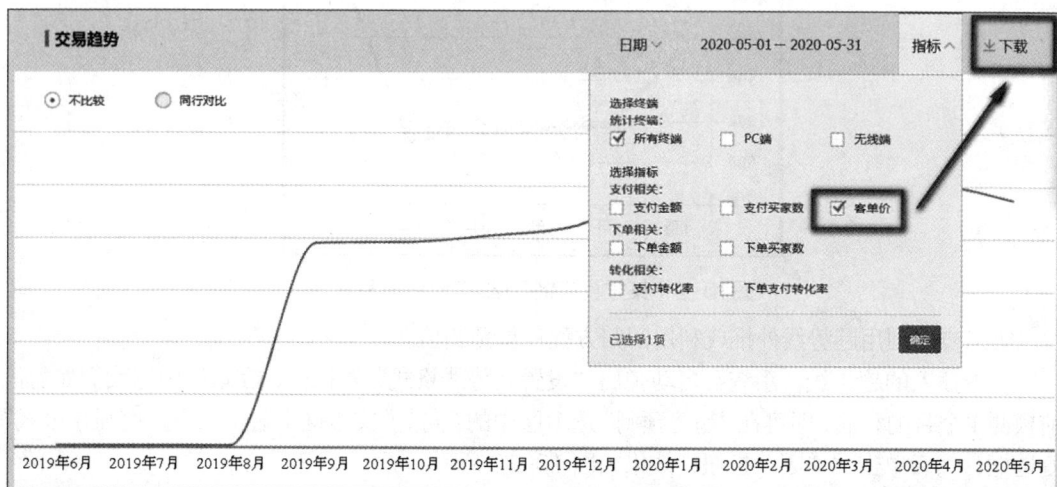

图10-11 下载客单价数据

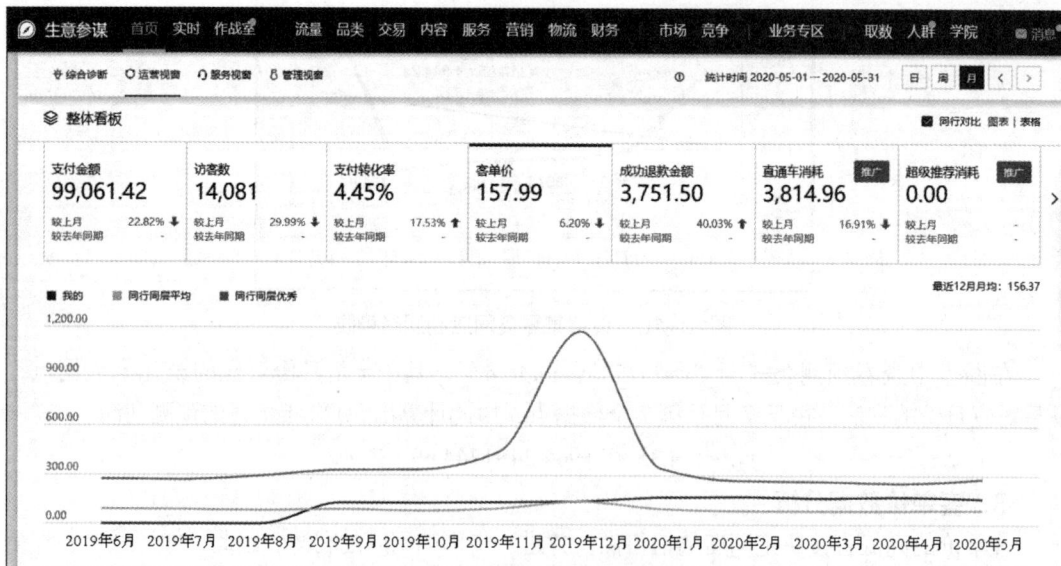

图10-12 摘录客单价数据

用以上任一方法获得的该零食网店2020年上半年各月的客单价数据，如表10-4所示。

表 10-4　某零食网店 2020 年上半年各月的客单价数据

统计时间	客单价 / 元
2020 年 1 月	157.03
2020 年 2 月	131.77
2020 年 3 月	169.40
2020 年 4 月	162.17
2020 年 5 月	168.44
2020 年 6 月	157.99

（2）数据可视化与分析

选择柱形图对某零食网店 2020 年上半年各月的客单价数据进行可视化展现，效果如图 10-13 所示，从该图不难发现该网店上半年各月的客单价数据比较平稳，基本分布在 130～170 元区间，且在 2020 年 3 月达到客单价最大值，我们可以进一步分析 3 月的营销活动，为后续制定提高客单价的策略提供指导。

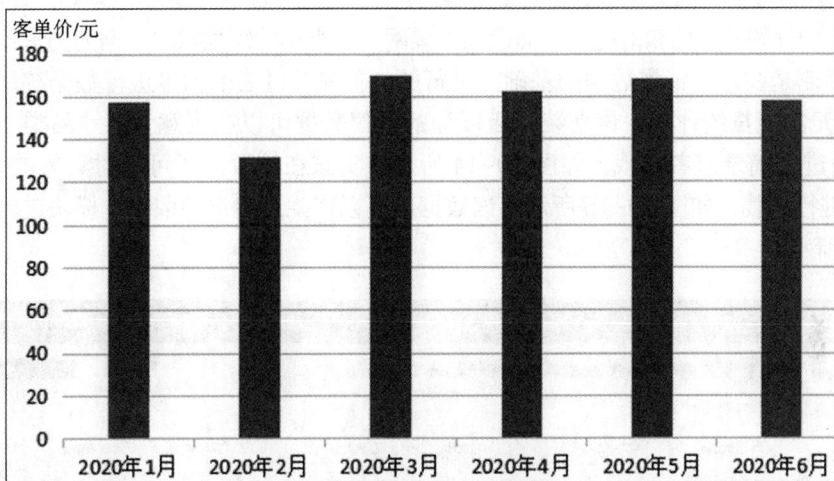

图10-13　客单价柱形图

如通过分析发现客单价不理想，可从以下几个方面进行优化。

① 组合搭配，关联销售。例如，将茶叶和茶漏、饭盒和保温袋等组合进行销售，建议分析 1～2 款热销产品，统计购买此款产品的客户同时购买了哪款产品，做关联营销，提供组合优惠，这样更能促进成交。

② 优惠券、满减使用得当可以帮助我们增加购买笔数。这在设置的时候需要一定技巧，例如，一个零食网店在某一段时间内可以主推巧克力和面包，巧克力的价格为 10～100 元，面包的价格为 20 元，网店一般可以设置满 50 元减 5 元的优惠。

③ 在客户选择产品的时候，网店可以提供 2～3 款具有差异的同类产品，在客户比较的过程中可以把他们带入"我需要选择哪一款产品"的思维中，而不是只停留在"我是否需要买这一款产品"的状态。这样可以抓住一部分可能会流失的客户。

④ 网店可以推荐购买某某套餐，并且该套餐在总价上有一定的优惠；或者在产品详情页内加入其他产品的搭配图片及链接，吸引客户购买更多的产品。

此外，网店的老客户数、客户的购买能力、客服的合理推荐等因素同样会影响客单价，网店可以通过优化以上几个方面，以提高客单价。

10.2 服装类网店供应链数据运营案例分析

某年前期财报显示，某女装品牌营收同比增长11.27%，达6.79亿元，该品牌是如今带动女装营收增长的主力，其客户多是常被人们忽略的"00后"。

对该女装网店进行的数据化运营分析以该女装网店的供应链数据分析为主。供应链将供应商、制造商、分销商直到最终用户连成一个整体的功能网链。在电商环境下，供应链数据分析内容主要包括以下3个方面：需求数据分析、库存数据分析和供应数据分析。下面以某女装网店为例，从需求、库存以及供应3个方面进行详细的数据分析。

10.2.1 需求数据分析

该女装网店要进行服装采购，首先要对客户需求进行分析，需求分析是采购工作的第一步，也是制订采购计划的基础和前提。下面以某女装网店上半年的短袖需求数据为例进行讲解。

需求预测是在以往销售数据的基础上进行的，首先对过去的销量进行数据统计，得出以SKU为单元的销量统计表。该女装网店以往的销售数据可以在生意参谋"品类"—"商品360"页面进行摘录或者下载，如图10-14所示。卖家在该页面还可以对具体的SKU销售详情数据进行下载，如图10-15所示。该数据也可以在生意参谋"取数"模块进行下载，如图10-16所示。

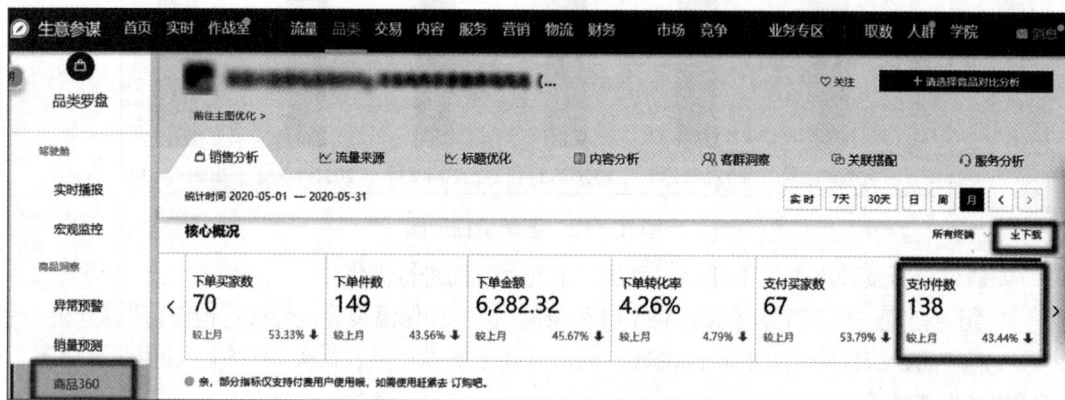

图10-14 "品类"—"商品360"页面

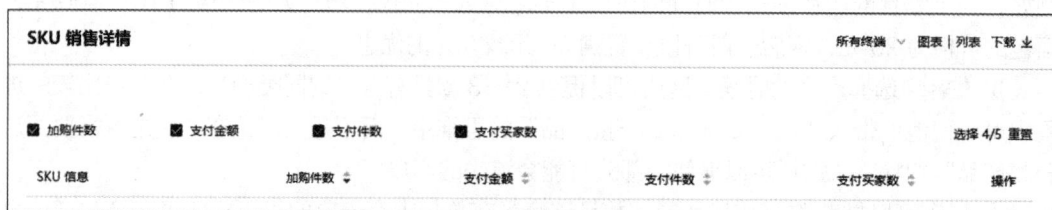

图10-15 "品类"—"SKU销售详情"页面

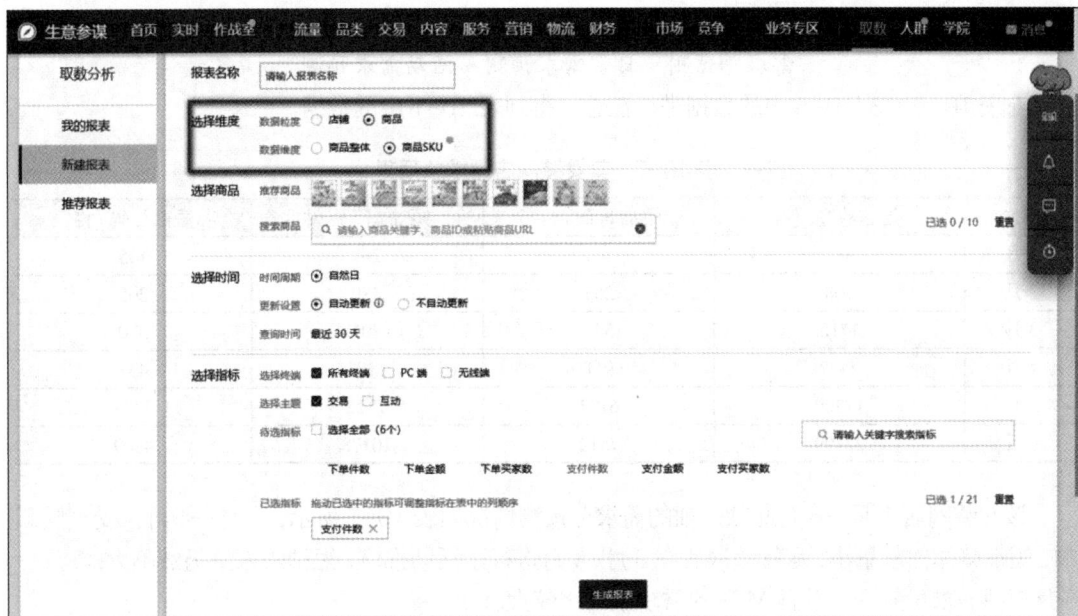

图10-16 "取数"模块

获取了产品以往的销售数据后，卖家需要在此基础上分别对日常销量和活动销量进行预测，得出需求预测数据。

例如，该女装网店在往期销量的基础上，初步进行了日常需求预测和活动需求预测，结果分别如表10-5和表10-6所示。对日常需求和活动需求进行预测可以参照往年同期数据，并结合当时的市场环境。

表10-5 某女装网店日常需求预测

月份	汇总数量/件	短袖S码/件	短袖M码/件	短袖L码/件
1月	581	169	267	145
2月	908	263	380	265
3月	698	197	331	170
4月	811	295	415	101
5月	9685	3375	3815	2495
6月	13365	4355	5835	3175

表10-6 某女装网店活动需求预测

月份	汇总数量/件	短袖S码/件	短袖M码/件	短袖L码/件
1月	—	—	—	—
2月	—	—	—	—
3月	1020	350	470	200
4月	1716	616	768	332
5月	7515	2727	3510	1278
6月	9134	3157	4343	1634

接下来，基于时间维度进行需求预测汇总，计算公式如下所示。

$$需求总预测 = 日常需求预测 + 活动需求预测$$

对表 10-5、表 10-6 中的数据进行汇总，得到表 10-7 中的数据。

表 10-7　某女装网店需求总预测

月份	汇总数量/件	短袖 S 码/件	短袖 M 码/件	短袖 L 码/件
1 月	581	169	267	145
2 月	908	263	380	265
3 月	1718	547	801	370
4 月	2527	911	1183	433
5 月	17200	6102	7325	3773
6 月	22499	7512	10178	4809

该女装网店1月—6月此款短袖的需求总预测情况如表10-7所示，1月—4月，受气候影响，短袖整体需求量小，尽管该网店在3月、4月进行了活动推广，短袖需求量仍然不大；5月—6月短袖需求量飙升，并且M码的需求量占比较大。

该女装网店的需求通常会受到一些可预测因素的影响，在不同时期，需求不断发生着变化。这些因素包括季节性因素和非季节性因素，季节性因素如风扇、羽绒服等季节性产品受季节影响较大；非季节性因素，如促销活动等对产品销售带来的影响。

在制订需求计划时，卖家需要把可预测因素尽量考虑全面，这样需求预测才能更加贴近实际需求，最大限度地避免需求旺季大量缺货供不应求，以及需求淡季库存过多造成产品积压及库存成本增加。

10.2.2　库存数据分析

卖家进行库存数据分析的意义不仅在于核对产品数量的对错，还在于通过数据分析了解产品库存的情况，从而判断库存产品结构是否完整、产品数量是否适中，以及库存是否处于健康水平、是否存在经济损失的风险。因此，卖家应做好库存数据分析。

1. 数据采集与处理

进行库存数据采集通常涉及产品库存数、发货量、库存周转率、残次库存比等数据。在进行这些数据的采集时，主要采取对产品出入库数据进行监控记录的方式。仓储部门通常每月会生成相关的数据报表，月度库存统计表如表10-8所示，数据采集人员对相应的报表数据进行摘录即可。

表 10-8　月度库存统计表

品名	规格	单位	当月出库总数	月初库存量	月末库存量	残次产品量	库存周转率	目标值

2. 数据可视化与分析

（1）库存结构分析

库存结构分析主要是通过分析库存产品的占比情况，了解产品结构是否符合市场需求，从而及时调整销售策略。例如，某女装网店 1 月—6 月服装库存数量如表 10-9 所示。

表 10-9　某女装网店 1 月—6 月服装库存数量

月份	短袖 / 件	连衣裙 / 件	牛仔裤 / 件
1 月	2514	3593	1080
2 月	3540	3421	1388
3 月	3335	2595	579
4 月	1376	1545	405
5 月	449	536	1071
6 月	167	238	1346

（2）库存数量分析

在电商运营过程中，产品库存数量要适中，既要保证产品供应充足，满足日常销售所需，又不能有太多积压，以免产生较多仓储成本，因此卖家需要对库存数量进行分析，为确定下次的入库数量提供数据支持。例如，某女装网店的服装出入库记录如表 10-10 所示。

表 10-10　某女装网店的服装出入库记录

产品型号	入库时间	期初数量 / 件	入库数量 / 件	出库数量 / 件	结存数量 / 件	标准库存量 / 件
GTS1101	2020/4/10	22	400	375	47	100
GTS1102	2020/4/10	50	300	285	65	120
GTS1103	2020/4/10	21	200	198	23	120
GTS1104	2020/4/10	45	800	828	17	100
GTS1105	2020/4/10	115	1000	1068	47	100

为了直观地判断是否需要进行补货，卖家可以将表 10-10 中"结存数量"与"标准库存量"的数据转化为簇状柱形图，效果如图 10-17 所示。

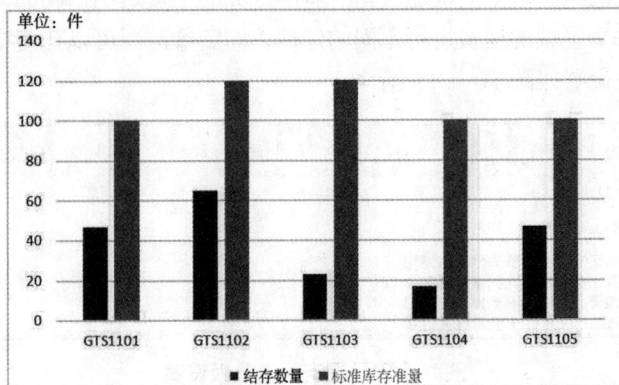

图 10-17　结存数量与标准库存量簇状柱形图

通过图 10-17，我们可以清晰地观察到，每一型号产品的结存数量与标准库存量差距都较大，因此卖家需要及时补货，保证网店有充足的库存。

10.2.3　供应数据分析

对网店的供应数据进行分析，主要是对网店产品物流数据进行分析，通过物流数据分析，卖家可以完成实时物流订单追踪、订单时效监控以及异常物流诊断等，避免因为物流问题造成客户投诉和客户流失等。下面将对某女装网店的供应数据进行分析。

1. 数据采集与处理

某女装网店采集的物流数据主要包括物流概况数据、物流时效数据、物流异常数据。卖家在采集物流概况数据时，可以通过各订单配送单号在相应的物流公司网站上查询，也可以在生意参谋"物流"—"物流概况"页面进行采集，如图 10-18 所示。

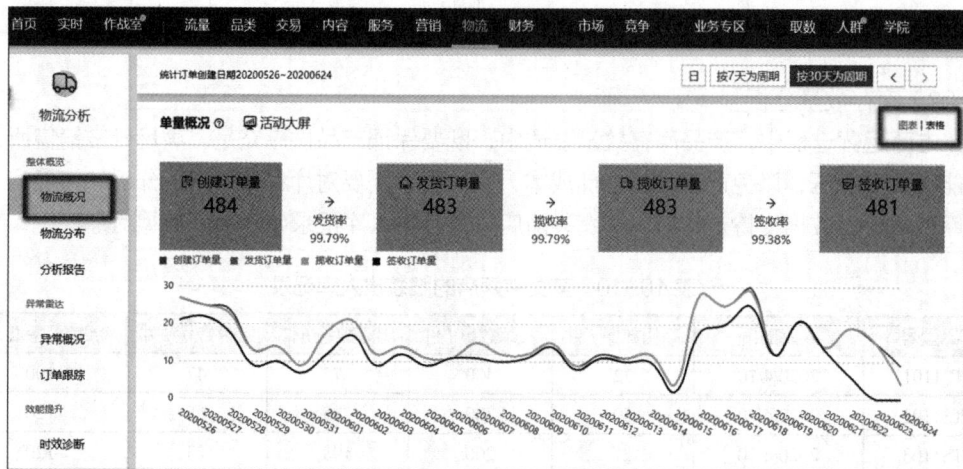

图10-18　生意参谋"物流"—"物流概况"页面

2. 数据可视化与分析

（1）物流运费分析

考虑到成本的问题，卖家一般会选择与一家或多家快递公司进行合作，在选择快递公司之前，首先要注意地区的概念，不同快递公司、不同区域的运费是不相同的，所以网店物流配送应划分区域，并对每个区域的运费进行不同的定价，而定价范围可以在与物流公司进行协商后决定。物流运费模块设置如图 10-19 所示。

图10-19　物流运费模板设置

确定好合作的快递公司后，物流运费分析的核心问题就是产品是否包邮，卖家需要在包邮带来的产品竞争力与不包邮带来的产品利润之间找到一个平衡点。

（2）订单时效分析

订单时效是指客户从完成订单支付到完成产品签收的时间跨度。随着电商的发展，客户对于物流时效的要求越来越高，缩短到货时长是优化客户消费体验的重要因素。卖家可以用自家网店的到货时长、及时揽收率等和行业数据进行比较，找出差异，进而进行逐项优化，如图 10-20 所示。

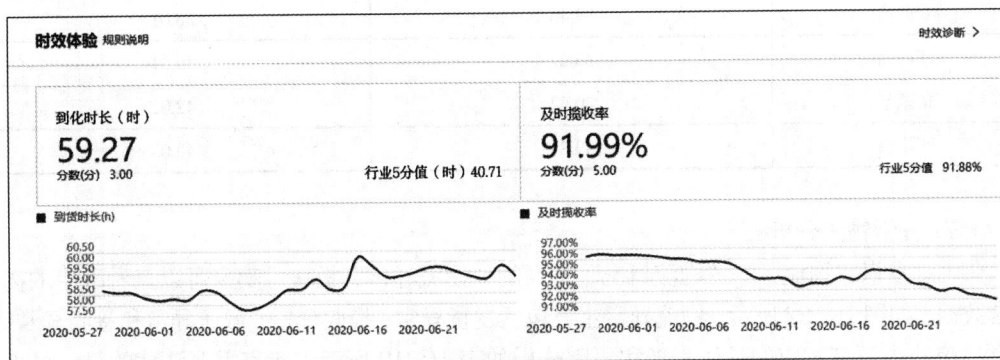

图10-20 时效体验数据

图 10-21 所示是某女装网店与顺丰速运合作而产生的部分物流数据，如果网店有多家合作快递公司，卖家就可以将实际订单中不同物流公司的相关指标进行对比，以找出最优方案。

收货地	揽收包裹数	(占比)	签收成功包裹数	(占比)	平均揽收—签收时长	签收成功率	操作
中国	648	(100.00%)	682	(100.00%)	46.71小时	99.85%	趋势
北京	76	(11.73%)	75	(11.00%)	63.83小时	98.68%	趋势
山东省	55	(8.49%)	69	(10.12%)	49.80小时	100.00%	趋势
辽宁省	53	(8.18%)	52	(7.62%)	89.21小时	100.00%	趋势
河北省	52	(8.02%)	63	(9.24%)	64.04小时	100.00%	趋势
陕西省	44	(6.79%)	45	(6.60%)	18.43小时	100.00%	趋势
上海	44	(6.79%)	44	(6.45%)	17.89小时	100.00%	趋势
山西省	42	(6.48%)	44	(6.45%)	34.62小时	100.00%	趋势
天津	40	(6.17%)	41	(6.01%)	65.09小时	100.00%	趋势
湖北省	38	(5.86%)	40	(5.87%)	45.70小时	100.00%	趋势

图10-21 某女装网店与顺丰速运合作而产生的部分物流数据

以平均揽收—签收时长指标为重点分析对象，对某女装网店合作的 A 快递公司和 B 快递公司的平均揽收—签收时长数据进行整理，结果如表 10-11 所示。

表 10-11 A 快递公司与 B 快递公司平均揽收—签收时长对比

省级行政区	A 快递公司时长 / 时	B 快递公司时长 / 时
广东省	38.67	40.95
浙江省	36.21	37.06
江苏省	36.85	37.55

省级行政区	A 快递公司时长 / 时	B 快递公司时长 / 时
上海	42.89	44.32
湖北省	32.07	34.07
山东省	33.67	34.51
安徽省	37.46	38.01
江西省	36.27	39.31
湖南省	40.62	42.02
四川省	39.81	40.03

（3）异常物流分析

在生意参谋"物流"—"物流概况"页面的"物流异常"板块，卖家可以查看网店的物流异常数据，如图 10-22 所示。物流异常主要包括发货异常、揽收异常、派送异常和签收异常等，异常物流分类及其对应的具体表现和原因分析如表 10-12 所示。卖家需要注意的是，各平台的划分维度及标准略有不同，节假日及特殊区域的快递也会被区别对待。

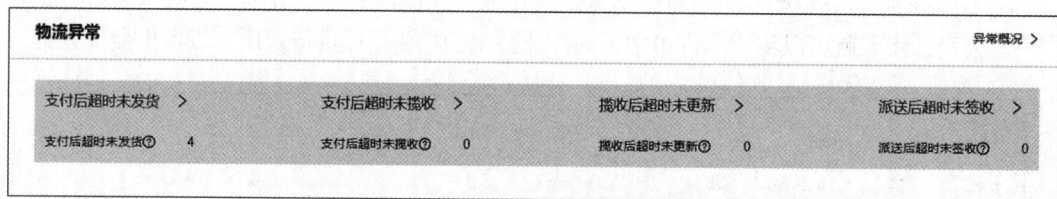

图10-22　物流异常数据

表 10-12　异常物流分析详情

异常物流分类	具体表现	原因分析
发货异常	客户下单完成支付后 24 小时仍未发货的包裹	● 缺货 ● 出货量大，不能及时发货 ● 订单被遗漏等
揽收异常	产品发货后超过 24 小时仍未揽收的包裹	● 物流公司原因 ● 物流信息未及时上传
派送异常	产品到达目的地后停滞超过 24 小时仍未派送的包裹	● 物流运输原因 ● 物流信息未及时上传
签收异常	当日派件，但在次日还没有签收的包裹	● 快递原因导致未妥投，如货物破损等 ● 客户原因导致未妥投，如客户拒签、改签等 ● 节假日、恶劣天气等导致未妥投

10.3　快消品网店服务数据运营案例分析

买家在网店有了购买行为之后，就从潜在客户变成了网店的价值客户。网店一般都会将客户的交易信息，包括购买时间、购买商品、购买数量、支付金额等信息保存在自己的数据库中，所以对于这些客户，网店可以基于自己的运营数据对客户的交易行为进行分析，以估计每位客户的价值及针对每位客户进行扩展营销的可能性。茶叶作为快消品行业的热门商品，客户需求量大，网店不仅需要做好营销工作，更重要的是要对客户进行维护，而要想维护好客户，网店必须进行服务数据分析。

某网店主营茶叶，接下来将以该茶叶网店为例，从服务过程数据分析、评价数据分析两个方面讲解服务数据分析。

10.3.1 服务过程数据分析

服务过程数据分析主要包括咨询转化率分析、响应时间分析及退换货数据分析。

1. 咨询转化率分析

网店的客服人员在整个购物流程中扮演着重要的角色，客服人员已经不再是简单的"聊天对象"，而是直接面对买家的销售员。客服人员咨询转化率的高低对网店的销售额有着关键影响。

咨询转化率是指通过咨询客服人员后下单的人数与咨询总人数的比率，具体公式如下。

$$咨询转化率 = 咨询客服人员后下单的人数 \div 咨询总人数 \times 100\%$$

当在访问过程中产生一些疑问时，绝大多数的买家会与客服人员进行交流，如果客服人员解决了买家的相关问题，有一部分买家就会选择购买商品。在直接层面上，咨询转化率会影响整个网店的销售额；在间接层面上，咨询转化率会影响买家对网店的黏性及回购率，甚至是整个网店的品牌建设和持续发展。

（1）数据采集与处理

咨询转化率能直接反映出一名客服人员的工作质量。在同等条件下，咨询转化率越高，客服人员对网店的贡献就越大。某网店运营人员针对网店 4 名客服人员 5 月的咨询转化率做了相关的数据统计，结果如表 10-13 所示。

表 10-13　客服人员 5 月的咨询转化率

客服人员	咨询总人数 / 人	咨询客服人员后下单的人数 / 人	咨询转化率
小雪	2230	679	30.45%
洋洋	3241	580	17.90%
萍萍	2769	479	17.30%
可儿	1898	368	19.39%

（2）咨询转化率数据分析

选中客服人员、咨询客服人员后下单的人数、咨询转化率数据列制作组合图，效果如图 10-23 所示。

通过图 10-23，我们可以清晰看出 4 名客服人员的工作情况：小雪是 4 个人中表现最优秀的，萍萍相对较差。后续可以继续分析 4 名客服人员的个人接待能力，包括客服人员回复人数、客服人员客单价、咨询客服人员后买家的支付金额等数据，进一步找出客服人员的哪些个人接待能力是需要提升的，并制定对应的优化策略。

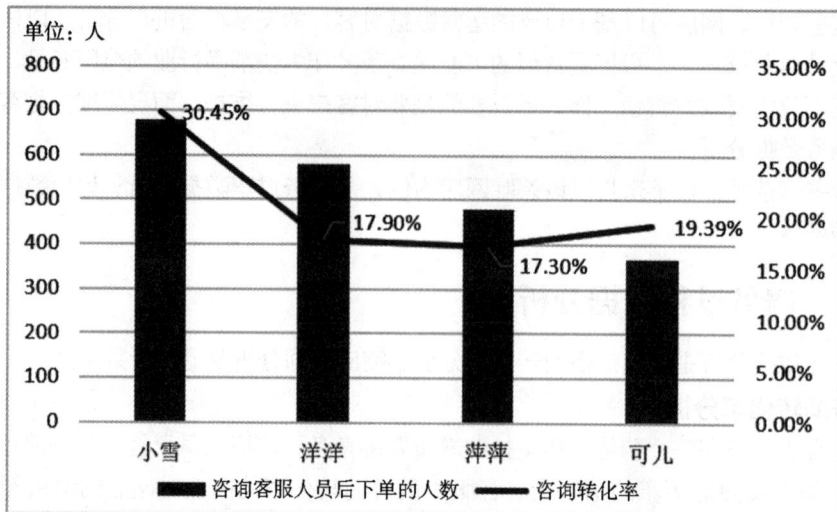

图10-23　客服人员的咨询转化率对比

2. 响应时间分析

响应时间是指买家咨询客服人员至客服人员回复买家的时间间隔。

（1）数据采集与处理

响应时间数据可以在生意参谋"服务"—"体验诊断"页面获取，如图 10-24 所示。表 10-14 所示为某茶叶网店针对客服人员制定的响应时间考核表。

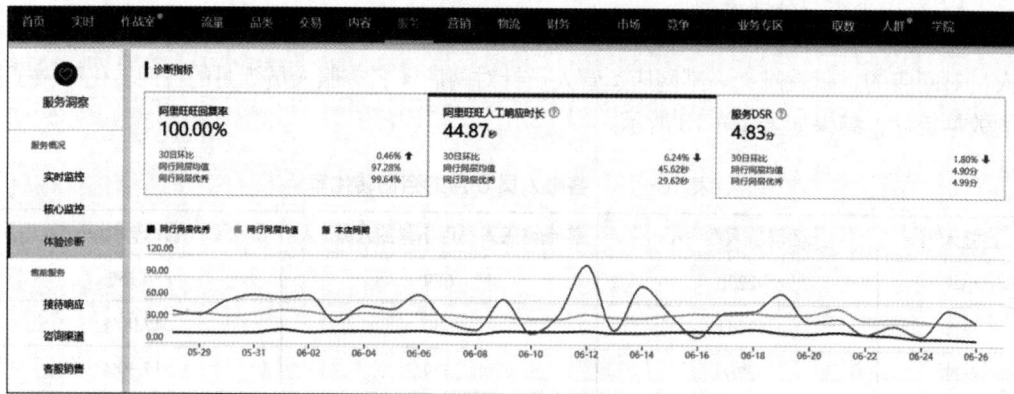

图10-24　"服务"—"体验诊断"页面

表 10-14　响应时间考核表

KPI 考核指标	评分标准	分值	权重
首次响应时间（ST）/秒	$ST \leqslant 5$	100	10%
	$5 < ST \leqslant 7$	90	
	$7 < ST \leqslant 10$	80	
	$10 < ST \leqslant 13$	70	
	$13 < ST \leqslant 15$	60	
	$ST > 15$	0	

KPI 考核指标	评分标准	分值	权重
平均响应时间（PT）/ 秒	$PT \leqslant 5$	100	5%
	$5 < PT \leqslant 10$	90	
	$10 < PT \leqslant 15$	80	
	$15 < PT \leqslant 20$	70	
	$20 < PT \leqslant 25$	60	
	$PT > 25$	0	

某茶叶网店管理人员对 4 名客服人员最近 30 天的响应时间进行了统计，并根据表 10-14 计算出了 4 名客服人员的首次响应时间和平均响应时间各自对应的得分和权重得分，结果如表 10-15 所示。

表 10-15　客服人员最近 30 天的响应时间统计表

客服人员	首次响应时间 / 秒	得分	权重得分	平均响应时间 / 秒	得分	权重得分
小雪	2	100	10	4	100	5
洋洋	6	90	9	8	90	4.5
萍萍	8	80	8	12	80	4
可儿	12	70	7	16	70	3.5

对 4 名客服人员的响应时间权重得分进行汇总，结果如表 10-16 所示。

表 10-16　客服人员响应时间得分统计表

客服人员	首次响应时间 / 秒	得分	权重得分	平均响应时间 / 秒	得分	权重得分	总得分
小雪	2	100	10	4	100	5	15
洋洋	6	90	9	8	90	4.5	13.5
萍萍	8	80	8	12	80	4	12
可儿	12	70	7	16	70	3.5	10.5

（2）响应时间数据分析

选中客服人员及总得分数据列绘制柱形图，效果如图 10-25 所示。

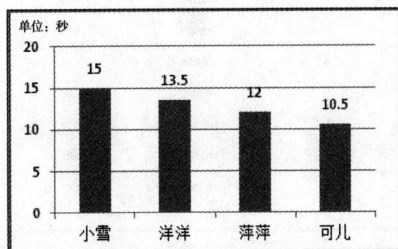

图10-25　客服人员响应时间得分对比

根据某茶叶网店客服人员的响应时间数据，我们可以发现：在4人当中，小雪得分最高，说明小雪能较快响应客户；可儿得分最低，说明可儿回复客户的间隔时间最长。

3. 退换货数据分析

退换货指已经发出去的订单被客户申请退回或者要求换货。产生退换货的原因一般可以总结为以下几点：拍错／不喜欢／效果不好、材质与商品描述不符、大小尺寸与商品描述不符、卖家发错货、假冒品牌、收到的商品少件／破损或有污渍、商品做工粗糙／有瑕疵、实际的生产日期／保质期与描述不符、商品的实际颜色／款式与描述不符等。

淘宝卖家需要对一段时间内的退换货数据进行统计并分析，逐一优化相关因素，这样才能更好地提高网店的整体服务水平。下面将以某茶叶网店为例，重点讲解该网店退款数据分析。

（1）数据采集与处理

某茶叶网店退换货数据可以前往生意参谋的"商家中心"—"客户服务"—"退款管理"下载表格获得，如图10-26所示。也可以前往"服务"—"维权分析"页面查看退款原因数据，如图10-27所示。在退款原因分析里面，卖家可以查看具体商品的退款数据、退款原因分析等信息，分别如图10-28和图10-29所示。

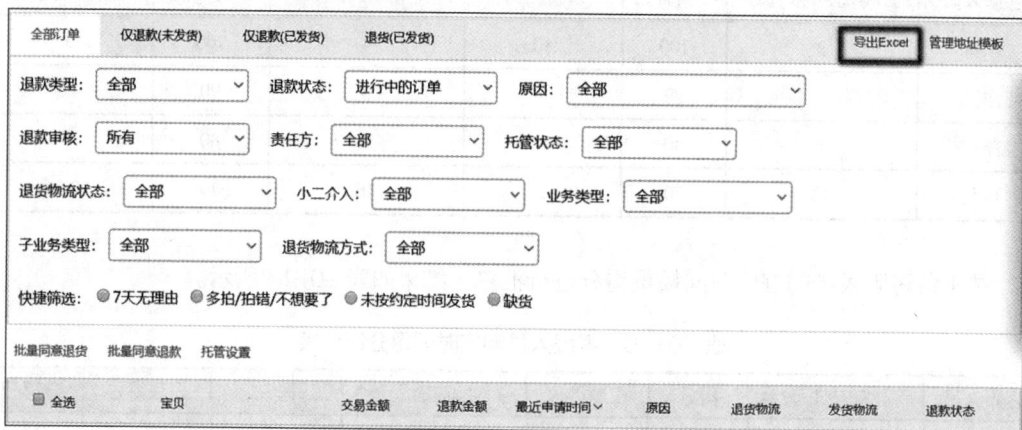

图10-26 商家中心—客服服务—退款管理

图10-27 退款原因数据

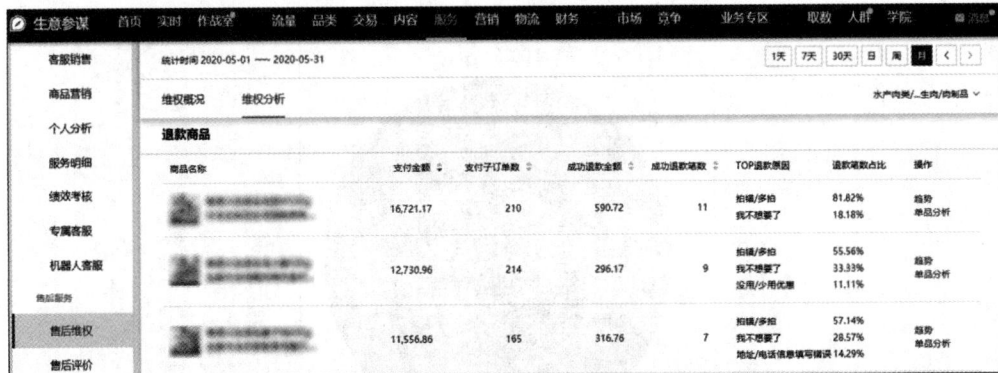

图10-28　具体商品的退款数据

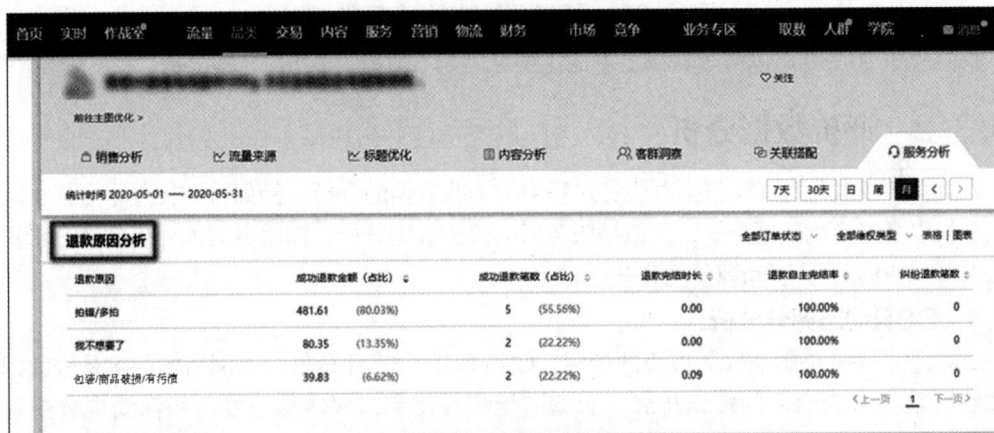

图10-29　退款原因分析

以某茶叶网店近一个月的退款原因数据为例，完成退款原因数据的摘录和整理，结果如表10-17所示。

表10-17　退款原因数据

退款原因	纠纷退款笔数	退款自主完结率	退款完结时长	成功退款金额	成功退款金额占比	成功退款笔数	成功退款笔数占比
拍错/多拍	0	100.00%	0.00	1678.90	50.84%	36	45.57%
我不想要了	0	100.00%	0.03	731.63	22.15%	18	22.78%
地址/电话信息填写错误	0	100.00%	0.10	686.57	20.79%	14	17.72%
没用/少用优惠	0	100.00%	0.00	128.70	3.90%	6	7.59%
退运费	0	100.00%	0.04	76.80	2.32%	5	6.34%
包装/商品破损/有污渍	0	100.00%	0.01	0.00	0.00%	0	0.00%
不喜欢/不想要	0	100.00%	5.02	0.00	0.00%	0	0.00%

（2）退款数据分析

选中退款原因和成功退款笔数占比数据列，绘制饼状图，效果如图10-30所示。

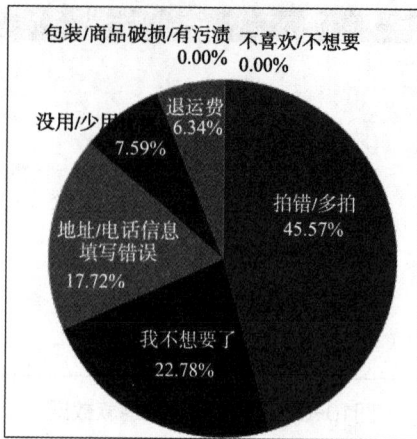

图10-30　退款原因和成功退款笔数占比

我们从图 10-30 可以清晰看出退款的主要原因是"拍错 / 多拍"，其次是"我不想要了"。

10.3.2　评价数据分析

网店服务数据分析不仅包括对服务过程中的一些数据的分析，例如咨询转化率分析、响应时间分析以及退换货数据分析，还包括服务后的评价数据分析，而服务后的评价数据分析主要包括 DSR 动态评分分析和评价内容分析。

1. DSR动态评分分析

DSR 动态评分是影响服务评级的指标，如果 DSR 动态评分低，对网店的影响是较大的，比如会影响到网店商品的搜索排名，影响流量和转化率，网店参与推广和活动也会受到限制。另外，DSR 动态评分或好评率低，不仅会影响到网店权重，也会对商品权重产生一定的影响。

DSR 动态评分可以在网店首页的基本信息中查看，如图 10-31 所示，每天的详细评分情况可以前往生意参谋"取数"模块，在"服务"主题下选中指标下载相关数据。

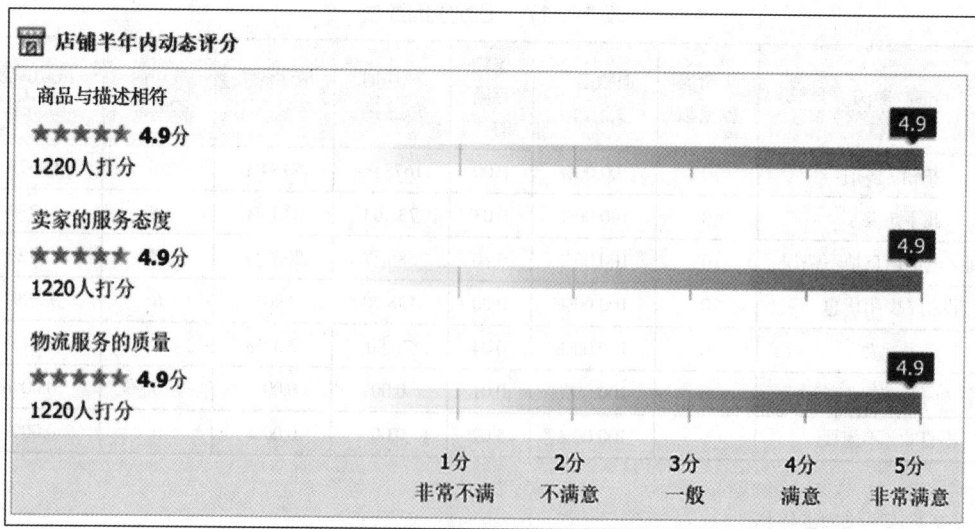

图10-31　网店半年内DSR动态评分

DSR 动态评分的计算方法是每一家网店评分，取连续 6 个月内，买家给予这项评分的总和，除以连续 6 个月内，买家给予这项评分的评分次数。

DSR 动态评分 =（5 分评价）人数 ×5+4 分评价人数 ×4+3 分评价人数 ×3+2 分评价人数 ×2+1 分评价人数 ×1）÷ 总评价人数。

假如半年的时间内，一共有 50 个买家主动给一家网店评价，其中有 45 人给了 5 分，3 人给了 4 分，1 人给了 3 分，1 人给了 1 分。

那么根据计算公式，得出的 DSR 动态评分就是（45×5+3×4+1×3+1×1）÷50=4.82（分）。

2. 评价内容分析

（1）数据采集

在"累计评论"页面中，卖家可以查看每个商品的评价内容，如图 10-32 所示，"大家印象"处清晰地展示了某一商品整体的正面和负面评价内容。卖家也可以前往生意参谋"服务"—"售后评价"页面获取网店整体的各类正面评价、负面评价的汇总情况，如图 10-33 所示。

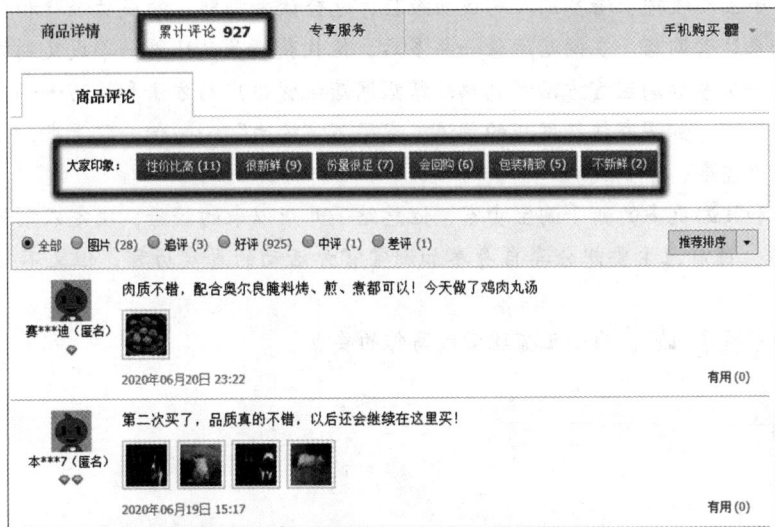

图10-32 "累计评论"页面

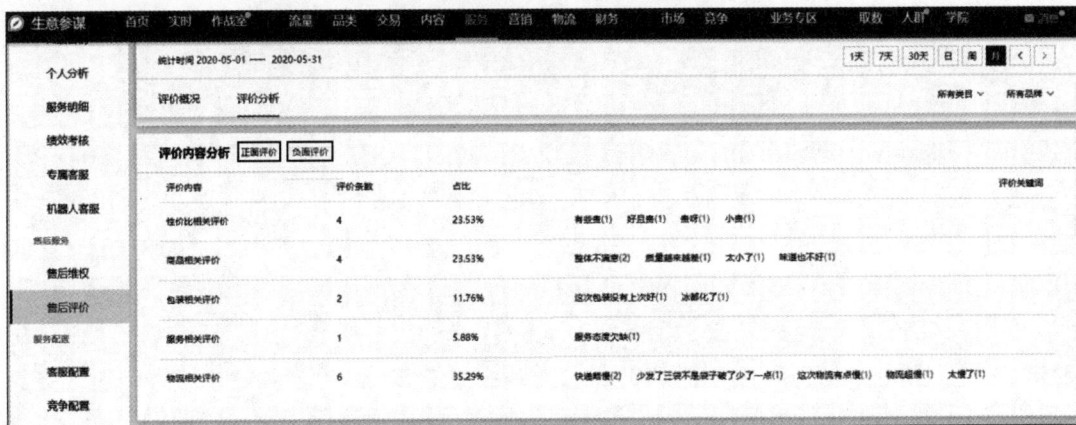

图10-33 "服务"—"售后评价"页面

（2）数据分析

商品评论会影响到该款商品后续的销售情况。买家看评论主要是想在评论中看这款商品是否有差评，是否有自己没有想到或不知道的劣势。差评造成的主推商品转化率的折损，会直接影响到其他与其关联的商品，导致整个网店的转化率下降、客单价降低。

【素养提升小课堂】

电商企业在进行数据化运营时，不仅要通过数据化运营来优化销售模式和经营模式，还要维护消费者的合法权益，不得欺骗消费者。根据《电子商务法》第三十二条规定："电子商务平台经营者应当遵循公开、公平、公正的原则，制定平台服务协议和交易规则，明确进入和退出平台、商品和服务质量保障、消费者权益保护、个人信息保护等方面的权利和义务。"

要点提示：电商企业应遵循公平公正原则，保护消费者权益。

【课后思考题】

淘宝卖家小王比较擅长借鉴别人的成功经验，也会试着将别人的成功经验和自己网店的实际情况相结合来运营网店。在网店运营一年多后，他收获颇多，从第一单成交到第一个回头客的出现，从第一次参加淘宝官方活动到熟练掌握网店运营推广的方法和技巧……在这期间，他也到了很多的坎坷，如买家抱怨网店的物流、客服不"给力"……但一路走来，他始终保持最初的信念："有志者，事竟成。"

为了帮助和鼓励更多的新手淘宝卖家，他总结了开店以来的经验，决定以案例的形式在淘宝论坛中发帖，目前他主要想分享自身参加淘宝官方活动的真实历程，但又不知道该从何处下笔。

请根据本章所学内容，为小王梳理案例写作的要点。